Pousser les murs

Muriel Pénicaud

Pousser les murs

Éditions de
L'Observatoire

ISBN : 979-10-329-0891-4
Dépôt légal : 2021, mai

170 *bis*, boulevard du Montparnasse, 75014 Paris

À mes enfants et petits-enfants,
aux apprentis et à tous les jeunes.

Introduction

Les défis de notre époque sont aussi redoutables qu'essentiels. Le futur est urgent. Toutes celles et ceux qui le peuvent doivent s'y engager et se mettre à son service. Ma contribution, avec ce livre, est fondée sur ma vie, mes expériences, mes convictions, mes propositions, mon élan.

Tout a peut-être commencé lorsque j'avais 10 ans. En classe de sixième, dans mon école de filles, nous eûmes une rédaction à écrire : « Que voulez-vous faire quand vous serez grande ? » J'étais passionnée par la musique de Tchaïkovski. Pour Noël, j'avais demandé le disque 33 tours de *Casse-Noisette*. C'était mon premier disque. La fenêtre grande ouverte par tous les temps, j'écoutais la musique se mêler au chant des oiseaux, et je dirigeais pendant des heures l'orchestre invisible. Je voulais devenir chef d'orchestre. J'ai donc mis tout mon cœur dans cette rédaction, décrivant mon métier futur et l'harmonie des timbres de tous les instruments de l'orchestre.

La directrice est venue rendre les copies et a égrainé une par une les notes. J'étais souvent tête de classe. Mais ce jour-là j'ai eu 5/20, la plus mauvaise note. Les larmes aux yeux, entre incompréhension et humiliation, j'écoutai son explication : « C'est remarquablement écrit, mais hors sujet. » Je répliquai, abasourdie : « Comment ça, hors sujet ? » « Oui, on vous a demandé un exercice de réflexion sur votre futur, pas d'imagination. Or une femme ne peut pas être chef d'orchestre. Vous avez trop d'imagination. »

Je compris brutalement ce jour-là que les filles n'avaient pas le même destin que les garçons. Cette injustice, soudainement découverte, me révolta. Je pris conscience des obstacles que mes consœurs et moi-même allions rencontrer sur le chemin de nos rêves. Depuis, je n'ai cessé de pousser les murs qui se sont dressés devant moi, devant nous.

J'ai vu, et je vois encore, tant de femmes empêchées de se réaliser pleinement dans leur vie, et que la crise sanitaire précarise encore davantage. Je vois tant de jeunes désespérés, ironiques, désabusés, révoltés au regard de la situation écologique, financière et sociale que nous leur léguons.

Je vois aussi tant de gens courageux, toujours prêts à se « retrousser les manches » partout sur le terrain pour avoir un impact sur le réel et tenter de bâtir le monde de demain dans un environnement chaotique, conscients que cette crise soudaine, violente, imprévisible est aussi un accélérateur, un catalyseur des changements de l'organisation des sociétés qui s'amorçaient déjà depuis longtemps.

Dans ce livre, j'évoquerai mon parcours, les sources de mon énergie, les enseignements que je tire de mon expérience au cœur de la société civile et de l'appareil d'État comme ministre, les réalisations que nous avons mises en œuvre dans les domaines du droit du travail, de l'apprentissage, du développement des compétences, de l'égalité femmes-hommes, de l'insertion professionnelle des plus vulnérables, et des mesures d'urgence pour affronter la crise.

Rien de cela ne s'avère obsolète, bien au contraire. Il faut poursuivre et amplifier cette dynamique. Nous devons aller plus loin, beaucoup plus loin. Je pense urgent et prioritaire de lancer en France et en Europe un grand plan Marshall pour la jeunesse qui mobilise toutes les forces vives, à commencer par les jeunes eux-mêmes.

Je pense qu'il est urgent et possible de transformer notre modèle économique, social et écologique sur le plan local comme sur le plan international, en partageant une autre vision, une autre pratique de l'entreprise et du capitalisme.

Dans ce livre, j'évoquerai les nombreuses rencontres fécondes avec des femmes et des hommes croisés sur le terrain, car nous sommes constitués de ce lien tissé par les uns et les autres ainsi que de notre enracinement avec la nature, les arts et la culture. C'est cet environnement humain et multiple qui nous donnera l'élan nécessaire pour renouveler la démocratie et imaginer le futur.

Ce livre relate mon parcours, celui d'une femme engagée. Je crois en notre capacité collective à transformer le monde, à faire de demain l'exigence d'aujourd'hui.

1

La force des femmes

> « Les femmes ne peuvent pas changer le monde tant qu'elles ne sont pas à l'aise avec l'idée d'utiliser le pouvoir, et tant qu'elles ne comprennent pas qu'elles sont déjà puissantes. »
>
> Naomi Wolf

Le choc arriva sous forme d'une cinquantaine d'e-mails, le jour de ma nomination comme directrice générale des ressources humaines du groupe Danone. « Si on avait su que tu deviendrais DGRH, on aurait attendu. Pour nous c'est trop tard, mais on compte sur toi pour agir pour les autres. » Ils provenaient de femmes de talent qui avaient quitté l'entreprise par déception de ne jamais être promues aux postes les plus importants. « Tu es la première femme nommée au comex [le comité exécutif] de Danone. On a besoin de toi pour briser le plafond de verre pour nous toutes », clamait l'autre moitié des messages provenant de femmes ayant des responsabilités intermédiaires dans l'entreprise. Ces messages changèrent ma vision. Ces femmes me connaissaient, j'avais déjà passé neuf ans chez Danone avant de devenir directrice générale adjointe de Dassault Systèmes. Je revenais comme DGRH, et je recevais en quelque sorte un mandat de mes collègues femmes.

Malgré ma sensibilité à ce sujet dès mon enfance, j'avais d'une certaine façon effacé l'inégalité des chances entre les femmes et les hommes de mes combats prioritaires. Ou peut-être justement parce que cela me révoltait, je voulais prouver par moi-même, « à l'arrache » si nécessaire et quel qu'en soit le prix, que les femmes pouvaient être libres et réussir. Nous étions nombreuses à penser que militer pour les femmes c'était encore se ranger parmi les victimes, au lieu de bousculer l'ordre établi et démontrer qu'une autre voie était possible. Plusieurs de mes amies étaient ingénieure, médecin, avocate, inspectrice des impôts, nous voulions investir le monde professionnel des hommes et prouver notre capacité à réussir autant qu'eux. Militer pour la cause des femmes nous semblait adopter une posture de victime issue d'une minorité, il nous fallait démontrer par l'exemple qu'il était possible pour une femme de réussir.

Nous avions pourtant été inspirées par la génération de militantes précédente : Simone de Beauvoir, Yvette Roudy, Gisèle Halimi. Nous faisions partie, grâce à elles, de la première génération qui disposait de la contraception à l'âge des premiers rapports sexuels. Le droit à la contraception et à l'avortement, à disposer librement de notre corps, était pour nous une évidence, une nécessité, une exigence. Notre défi était désormais de réussir professionnellement malgré le plafond de verre contre lequel nous nous cognions en permanence, et malgré les pressions machistes.

Dès mon premier poste à 21 ans, je fus confrontée au harcèlement sexuel. Je travaillais depuis trois mois au CFPC (Centre de formation des personnels communaux). J'avais rédigé un document de propositions sur la formation continue. Ma hiérarchie me demanda de le présenter au conseil d'administration, honneur incongru pour une dernière arrivée à un poste modeste. Des collègues et une syndicaliste m'alertèrent : le président, élu inamovible et influent qui avait présidé un conseil régional et mis en place le CFPC, avait coutume de pratiquer une sorte de « droit de cuissage » comme chantage à la promotion. Le jour de ma présentation, le président conclut : « C'est très bien Muriel. Nous n'avons pas le temps d'approfondir maintenant. Venez dans mon bureau, nous pourrons continuer cette intéressante discussion tous les deux. » Outrée, tremblante, je lui répondis : « C'est quand vous voulez Pierre, vous pouvez venir dans mon bureau. » Il y eut un grand silence. Personne ne l'avait jamais appelé autrement que « Monsieur le président ». Et surtout personne n'avait osé lui résister publiquement. Je suis sortie en vacillant, persuadée d'être licenciée le jour même. Il n'a pas osé.

Bien au-delà de cette anecdote personnelle, il faut comprendre que l'époque autorisait fréquemment ce type de comportements dans les milieux du pouvoir. Quarante-cinq ans plus tard, certains hommes politiques, artistes, sportifs reconnus, ou des chefs d'entreprise se comportent encore ainsi. La vague de dénonciation #MeToo, même avec ses excès, est salutaire car elle révèle les scandales, donne du courage aux victimes, fait changer la honte de camp et peut faire bouger les lignes.

Deux ans plus tard, le statut d'administrateur territorial fut créé par la loi. Pour la première promotion au CFPC, il y eut des admissions sur titre. Je fus refusée, comme toutes les femmes. Je démissionnai. Geneviève

Cahour, la numéro deux de l'organisation, une des rares femmes à un poste de haut niveau, me demanda de reprendre ma lettre de démission. Quelques jours plus tard, j'étais nommée. Elle fut la première personne à me faire confiance, mon premier modèle de femme dans la vie professionnelle, et un mentor implicite. Elle avait un grand sens stratégique. Elle m'expliqua que l'action publique ressemblait à un jardin : il faut savamment anticiper les plantations pour obtenir des floraisons douze mois sur douze, en composant avec la diversité des espèces, des tailles, des couleurs et des parfums souhaités. Il faut planifier à long terme, et en même temps prendre soin de son jardin un peu chaque jour, une taille par ici, un peu d'engrais par-là, accepter une plante imprévue.

Notre promotion partit en formation à Amiens. J'étais la seule femme et, à 23 ans, la plus jeune au milieu de cinquante hommes âgés de 35 à 50 ans. Certains collègues étaient grossiers et pénibles, lançant fréquemment des blagues ou des insultes salaces. Très vite une garde rapprochée d'amis se constitua, en mode frangins. Armand Vial, Gérard Buhan et Joachim Pascual devinrent des amis fidèles. J'appris que le combat des femmes pour conquérir leur place au soleil passe aussi par l'alliance de femmes et d'hommes engagés.

Ce jour de 2008 où une cinquantaine de femmes qui avaient travaillé chez Danone ou y travaillaient encore m'interpellèrent, je me suis donc sentie « mandatée » par elles. Je demandai à mes équipes RH une analyse des salaires et des trajectoires de carrière, qui n'avait jamais été faite auparavant. L'évidence était là : même dans un groupe aussi avancé socialement que Danone, et dans un secteur aussi mixte que la grande consommation, s'il y avait bien 42 % de femmes chez les managers, elles n'étaient plus que 25 % dans les comités de direction, et 11 % parmi les dirigeants.

Le plafond de verre était là, bien visible, bien solide, et peu évolutif dans le temps. Ma première tentative pour faire bouger le comité exécutif se solda par un échec. Malgré notre culture commune du double projet économique et social lancé par Antoine Riboud, les réactions du comité furent vives et caractéristiques de ce que la plupart des hommes pensaient à l'époque : « Tu vas pas nous emmerder avec ces histoires de bonnes femmes féministes ! Ça va mettre le bordel. »

Loin de me résigner, je m'y pris autrement. Un groupe de femmes terminait une formation au développement personnel. Je proposai à Franck Riboud, alors P-DG de Danone, de les rencontrer avec moi au cours d'un petit déjeuner. Je briefai le groupe et leur conseillai de lui parler business et non plafond de verre. Franck fut emballé par leurs idées en matière d'innovation. Je lui dis : « Tu sais, il y en a beaucoup d'autres comme elles, il y a plein de pépites, mais elles sont cachées dans l'organisation, on ne voit pas tout ce qu'elles pourraient apporter au business. » Il me demanda d'organiser un événement. Ce fut le premier « EVE » – qui ne portait pas encore ce nom – réunissant une centaine de femmes cadres et directrices, à usage interne Danone. Le matin était consacré à élaborer des propositions d'innovation business. L'après-midi à analyser les freins au développement professionnel des femmes dans l'entreprise. Ce fut un succès. Franck Riboud me demanda de l'ouvrir à d'autres entreprises, avec l'aide d'Anne Thévenet qui travaillait auprès de lui sur l'innovation. J'étais productrice de l'événement, Anne réalisatrice. Elle dénicha les meilleurs intervenants dans le monde sur ce sujet et fut très créative dans la conception du programme. Dix grandes entreprises se joignirent très vite à l'aventure, dont L'Oréal, le Crédit Agricole, la SNCF, Google ou Orange.

Depuis une dizaine d'années, le programme EVE contribue ainsi à accélérer le développement professionnel et personnel de milliers de femmes en entreprise. Les ateliers et intervenants innovants se succédaient dans la « Grange aux Lacs », salle tout en bois, à Évian, sur le thème « Oser être soi pour pouvoir agir ». Parmi les participants, j'avais invité 20 % d'hommes pour éviter l'entre-soi, et les soupçons qui en découleraient inévitablement. La veille du premier séminaire, plusieurs hommes m'envoyèrent un e-mail du genre : « Tu m'as invité à un programme de développement pour les femmes, j'ai un problème ? » Au bout de deux jours, le succès du programme était tel qu'il se répandit comme une traînée de poudre, et je reçus des e-mails d'autres hommes : « Tu ne m'as pas invité au programme EVE. Est-ce que j'ai un problème ? » C'était gagné. Les hommes découvraient une autre manière de voir la réalité, dans la vie professionnelle comme dans leur couple. Les femmes osaient davantage, brisant le « plafond de verre intérieur » qui leur faisait douter de leur légitimité et de leurs compétences, et repoussant la croyance que vie professionnelle et vie familiale étaient incompatibles.

Toutes les femmes que je connais, moi compris, ont ressenti un jour ce sentiment d'illégitimité, de doute sur leurs capacités, très rare chez les hommes. Dans de nombreuses conférences et dans de nombreux pays, je l'ai vérifié. J'interpellai l'auditoire : « Les femmes postulent rarement à des postes si elles n'ont pas déjà 100 % des compétences. » Une femme levait presque toujours la main : « Plutôt 120 %, on ne peut pas être prise en défaut. Déjà qu'on n'est pas légitimes... » Je continuai : « Les hommes postulent à un poste quand ils ont 80 % des compétences. » Invariablement un homme prenait la parole : « Non, 50 % suffisent. Il y a toujours des collègues et des collaborateurs pour compenser au début. Et puis, quel est l'intérêt de prendre un poste où il n'y a rien à apprendre ? » Pour une fois, c'étaient eux qui avaient raison...

Le syndrome du bon élève limite la confiance en soi et l'audace. Nous avons développé le *mentoring* et les réseaux de femmes, qui sont parmi les outils les plus efficaces pour renforcer l'estime de soi, condition essentielle pour oser agir et réussir. Même au niveau d'un gouvernement, ce doute sur la légitimité peut encore exister, tant il est « engrammé » dans notre éducation et notre culture. Emmanuel Macron m'a confié avec étonnement que, lors de la nomination des membres du gouvernement, seules certaines femmes lui avaient dit : « Mais en suis-je capable ? » Ce prisme culturel de la perception de non-légitimité est le miroir de la discrimination consciente ou inconsciente mais bien réelle qu'on observe dans les pratiques managériales et aux ressources humaines. Le plafond de verre intérieur est la forme intériorisée du plafond de verre de l'organisation. Les deux doivent être combattus.

La première fois que Franck Riboud est intervenu devant les trois cents femmes et quelques hommes réunis pour EVE, en s'asseyant à côté de moi au premier rang juste avant son intervention, il m'a confié : « J'ai peur. » J'étais stupéfaite, car je ne l'ai jamais vu avoir peur devant les clients, les investisseurs lors des *road-shows* internationaux, les actionnaires ou les collaborateurs. « J'ai le trac de parler devant toutes ces femmes – et si je ne leur plaisais pas ? » Je répondis : « Bienvenue au club ! En tant que minoritaires parmi les dirigeants, nous les femmes on ressent ça souvent. » Il a parlé avec ses tripes, et c'était formidable, un moment de vrai échange. Franck Riboud est devenu un extraordinaire promoteur de EVE, un des premiers patrons à s'engager sur ce sujet. Je lui ai proposé ensuite de créer le programme Octave, qui visait le même développement professionnel et personnel chez les jeunes à potentiel du monde entier. Nous l'avons fait. La leçon est claire : on peut bouger les lignes, changer les mentalités, quel que soit le chemin pour y arriver, en inventant les solutions.

La prise de conscience est la première étape, mais il faut aussi transformer l'essai dans les actes. Inévitablement, on m'opposait la ténuité du vivier, le manque de leadership ou d'ambition chez les femmes. Sur la perception du leadership, j'ai mené une expérience. Philippe Bassin, directeur mondial des achats, était ouvert mais sincèrement convaincu qu'il n'y avait pas de femmes leaders dans ses équipes. Je lui proposai de rencontrer une femme de son choix qu'il admirait fortement. Il pensa immédiatement à Nicole Notat, qui, pour lui, représentait une leader exceptionnelle, courageuse, meneuse d'hommes, imprégnée d'une vision transformatrice. Nicole et moi nous connaissons bien, nous sommes proches et nous apprécions. J'organisai un déjeuner à trois. À l'issue du repas, je vis mon collègue mal à l'aise : « Je n'y comprends rien, me dit-il. Je l'admire énormément, et pourtant pendant tout le repas, je me disais que jamais je ne l'aurais embauchée même comme simple manager : elle a une toute petite voix. » Philippe réalisa l'énormité de son propos en le formulant : « Je viens de réaliser que j'ai toujours pensé que le leadership c'était avoir une grosse voix et gueuler. » Cette prise de conscience le fit radicalement changer de point de vue et il commença à détecter et promouvoir des femmes pleines de talent.

Les codes culturels sont un vrai sujet. De nombreuses femmes se restreignent dans leur carrière pour ne pas avoir à adopter les codes culturels « de la domination masculine » comme disent les féministes, codes fondés sur la compétition et une certaine forme d'agressivité liées au pouvoir. Un des collègues dirigeants de Danone me dit un jour : « On est soulagés, on avait peur qu'avec une femme au comex, on ne puisse plus être nous-mêmes et faire nos blagues à la con, mais rien ne t'effraie, tu es la première à nous renvoyer dans nos buts. » Un autre m'interpella : « Tu nous as convaincus que nous avions une culture inconsciente machiste, hiérarchique et verticale. Mais on ne va pas changer la culture de Danone. Alors pourquoi promouvoir des femmes puisque, de toute façon, pour réussir elles devront adopter les codes masculins ? Les femmes qui réussissent sont celles qui se comportent comme des hommes. Alors autant avoir l'original plutôt que le Canada Dry. » Je fis une chose que je n'ai jamais refaite depuis : je battis des paupières, minaudai et lui dis de la voix la plus mièvre que je pouvais : « Ah ! Parce que tu trouves que je me comporte comme un homme ? » Mon jeu généra une sorte de panique chez lui : « Mais moi aussi j'ai une part féminine ! » Il avait beaucoup choqué des femmes de l'entreprise lors d'un repas où il avait déclaré qu'il attendait qu'on lui prouve que les femmes étaient plus performantes que les hommes pour accepter d'en promouvoir comme directrices d'usine. Les résistances sont coriaces… Mais notre détermination l'est tout autant.

Chez Dassault Systèmes puis chez Danone, j'étais la première et seule femme au comité exécutif. J'essayai le mode coopératif, lequel me paraît toujours par défaut le plus efficace et le plus agréable, d'autant plus que j'appréciais les membres de l'équipe dirigeante. Un jour, Franck Riboud me conseilla : « Quand tu coopères, tu as l'air de demander de l'aide ou de ne pas être sûre de toi, ça te met en situation de faiblesse. Tu devrais attaquer tes collègues comme ils le font. » Je me rappelai mon expérience de famille nombreuse, bon laboratoire d'observation des dynamiques de groupe, et décidai de jouer. Je préparai une attaque sur un sujet choisi à l'avance, envers un collègue qui torpillait le travail d'équipe. Ma colère froide, ciblée et d'autant plus efficace qu'elle n'exprimait pas l'once d'une émotion, surprit tout le monde. Franck Riboud déclara : « La seule qui a des couilles ici, c'est elle ! » Il faut avoir vécu avec de nombreux frères et cousins pour savoir en rire et décoder. J'ai béni ma famille nombreuse et Franck qui se révéla un véritable mentor sur la place des femmes. Les semaines suivantes, tout le monde voulait coopérer avec moi : j'étais dans mon élément. Au bout de quelque temps, les vieilles habitudes revinrent. Je décidai donc de programmer chaque trimestre dans mon agenda un mystérieux « FCC » : « faire une colère en comex ». Après une bonne pique ciblée de façon tournante sur tel ou tel, tout revenait dans l'ordre. Et j'ai bien ri.

Dans la vie politique, les rapports de force sont permanents, et les coups portés, s'ils sont parfois plus florentins que dans l'entreprise, n'en sont que plus dangereux. La recherche de « coopétition » – ce mélange plus que nécessaire de coopération et de compétition pour progresser – m'y paraît indispensable. La compétition, ne serait-ce pas d'une certaine façon le principe masculin, le yang, de notre humanité ? L'esprit de conquête permet de progresser, de se dépasser, de rechercher l'excellence. La coopération, ne serait-ce pas le principe féminin, le ying, de notre humanité ? La recherche d'harmonie permet de prévenir les conflits ou de les régler dans l'intérêt de tous, et d'inventer ensemble des solutions durables. Le premier vise la victoire, le second la cohésion sociale. Comment ignorer toutefois que, dans notre société, et particulièrement en politique, l'esprit de compétition domine massivement ?

La compétition est d'autant plus féroce que les intéressés rivalisent potentiellement pour les mêmes positions futures, y compris et même parfois encore plus au sein du même camp politique. C'est l'un des avantages des ministres issus de la société civile : nous avons eu un métier avant et en aurons un après la vie de ministre. Nous n'avons pas besoin de rester ministre pour exister socialement. Je ne me sens en compétition avec personne. Mais j'ai appris à jouer avec les codes. Sans m'y soumettre intérieurement. La compétition tire vers le haut, nourrit l'engagement et stimule l'excellence. La coopération permet l'efficacité collective, tire profit de la complémentarité, et renforce chacun en cas de coup dur. Croire que la compétition est interne à l'équipe est une erreur qui peut devenir fatale, comme l'effondrement de certains partis politiques l'a prouvé. Depuis une vingtaine d'années, des entreprises se sont appuyées sur le meilleur des méthodes de management du sport collectif pour sensibiliser leurs équipes à la nécessité de coopérer pour réussir et pour gagner. La même question doit être posée au sein de toute organisation, à commencer par les partis politiques. En cas de crise, seule la coopération permet de construire la résilience et la cohésion du corps social et d'inventer des solutions inédites. L'esprit de coopération n'est pas une faiblesse ni une compensation aimable, c'est une nécessité pour l'avenir de nos sociétés.

Outre les codes et les perceptions, il fallait faire bouger les lignes concrètement en mesurant les progrès en matière d'égalité femmes-hommes. Chez Danone, j'ai mis en place le « Crocodile » : un simple graphique avec en ordonnée le pourcentage de femmes dans le management et, en abscisse, les catégories opérationnelles : managers, directrices, dirigeantes. Chacune des deux cents filiales du groupe dans le monde, mais aussi chaque fonction et métier, devait produire son graphique, mesurer son évolution et l'élargir aux ouvrières, employées et techniciennes.

Au début, compte tenu de la proportion de femmes de plus en plus faible au fur et à mesure qu'on montait dans les échelons hiérarchiques, le graphique ressemblait à une gueule ouverte de crocodile. Très vite des versions modifiées du graphique avec un dessin de crocodile en PowerPoint circulèrent dans l'entreprise avec le slogan « Fermons la gueule du crocodile ! » Mon équipe m'offrit une peluche de crocodile la gueule fermée par un ruban, symbolisant l'égalité réelle. Une émulation s'engagea, mélange de détermination et d'humour qui donnait à chaque équipe envie de s'engager et de réussir la première, l'esprit de compétition aidant. Et les progrès commencèrent. En instaurant par la loi en 2018 un index de l'égalité professionnelle femmes-hommes, j'ai à nouveau souhaité prendre en compte cette nécessité de mesurer les résultats pour progresser, et de les rendre visibles afin que l'émulation accélère le progrès. Une entreprise ne progresse que si elle se donne une ambition et mesure les résultats. C'est également vrai pour un pays.

Ce que nous mettions en place chez Danone, le programme EVE, commençait à se faire connaître internationalement tout comme le fonds de dotation Fonds

Danone pour l'écosystème. Le but de ce fonds de dotation était de protéger, d'améliorer les compétences, et de renforcer l'écosystème économique des éleveurs laitiers, des collecteurs de déchets plastiques, des transporteurs logistiques ou des animatrices familiales rurales qui, sur tous les continents, contribuent chaque jour au succès commun. Beaucoup de projets visaient l'émancipation économique des femmes. Martin Hirsh (à l'époque haut-commissaire aux solidarités actives contre la pauvreté), Pascal Lamy (directeur général de l'Organisation mondiale du commerce), Esther Duflo (devenue Prix Nobel d'économie récemment), Bill Drayton (président d'Ashoka monde), Ron Oswald (le leader des syndicats mondiaux de l'agriculture et de l'agroalimentaire) participaient au conseil d'orientation. Muhammad Yunus, fondateur du microcrédit émancipateur de millions de femmes au Bangladesh, devenu Prix Nobel de la paix, nous encourageait et nous accompagnait dans cette voie, œuvrant déjà étroitement avec notre autre fonds – Danone Communities – dans la lutte contre la pauvreté.

J'avais fait estimer ce que j'appelais « l'empreinte emploi », c'est-à-dire le nombre de personnes qui travaillaient exclusivement pour et avec Danone. Cela représentait 500 000 personnes, soit cinq fois plus que le nombre de nos propres salariés. Notre sentiment de responsabilité s'en trouvait encore accru. Grâce à Ron Oswald, je rencontrai en Inde Jyoti Macwan, la leader de la SEWA (Self-Employed Women's Association) que je fis intervenir à EVE. SEWA a été le premier syndicat au monde de femmes travaillant dans le secteur informel, c'est-à-dire non déclaré, et il réunissait un million d'entre elles. En rencontrant des communautés locales de la SEWA, je fus impressionnée par leur solidarité, leur organisation, leur espoir. Je pense que c'est là qu'a germé mon idée d'un fonds mondial de protection sociale, quand j'ai réalisé que la moitié de l'humanité n'avait aucune couverture santé, et qu'il s'agissait à 80 % de femmes et de leurs enfants.

Femmes et gouvernance d'entreprise

En 2012, je reçus un appel du Global Summit of Women (GSW) pour venir parler du Fonds Danone pour l'écosystème à leur sommet mondial à Athènes. Ce « Davos des femmes » a été créé il y a trente ans pour promouvoir les femmes entrepreneures du monde entier, avec une vision business engagée vis-à-vis des enjeux de société. Son énergique présidente, Irene Natividad, Américaine d'origine philippine, a réussi le tour de force de constituer un réseau vraiment mondial, notamment africain et asiatique. Un millier de femmes entrepreneures et membres de gouvernement se réunissent chaque année. Suite au GSW d'Athènes, j'ai proposé à Najat Vallaud-Belkacem, à l'époque ministre des Droits des femmes, d'inviter le GSW à se réunir en France, ce qu'elle fit. L'ouverture de la séance de la Bourse de Paris par trente dirigeantes d'entreprise de tous les pays illustra symboliquement l'enjeu de la nécessaire accession des femmes au pouvoir économique et financier.

Nommée membre du comité d'orientation du Global Summit of Women, j'ai pu porter la voix des avancées françaises, notamment en présidant la délégation française en 2017 quelques jours avant ma nomination au gouvernement. Le comité France du GSW, coprésidé par Élisabeth Richard (Engie) et Anne de Blignières (Caisse des dépôts), s'engage sans relâche pour promouvoir nos progrès. Élisabeth Richard joue un rôle important d'apporteuse d'idées novatrices, de mobilisation et de mise en relation des compétences et des énergies. Mercedes Erra, fondatrice et présidente de BETC, et Delphine Ernotte, présidente de France Télévisions, font partie des dirigeantes très engagées qui en inspirent bien d'autres. Nous sommes devenues comme des sœurs qui veilleraient ensemble sur les plus jeunes. Le GSW se mobilise en particulier sur l'indispensable présence et engagement des femmes dans les instances dirigeantes.

La loi Copé-Zimmermann de 2011 a permis une représentation quasi équilibrée des femmes et des hommes au sein des conseils d'administration et des conseils de surveillance des grandes et moyennes entreprises cotées, après de longues années d'immobilisme pendant lesquelles le taux n'y dépassait pas 11 %. Instaurant un quota progressif qui devait aboutir à au moins 40 % de femmes dans ces instances dès 2017, l'objectif est désormais atteint et même dépassé : au CAC 40, en 2020 il y avait 44 % de femmes parmi les membres des conseils d'administration, et nombreuses sont celles qui président des comités, notamment d'audit. Un des aspects intéressants de ce changement, c'est que les nouvelles administratrices, ne se sentant pas toujours légitimes, ont éprouvé le besoin de se former et sont entrées à fond dans les dossiers, bien au-delà de ce qui se pratiquait avant. L'arrivée des femmes a fait progresser la qualité de la gouvernance.

J'ai fait partie de cette première génération de femmes membres de conseils d'administration. Cela commença pour moi par un sujet dramatique de ressources humaines. Suite aux suicides chez France Télécom, le gouvernement avait demandé en 2010 à Henri Lachmann (président du conseil de surveillance de Schneider Electric), Christian Larose (dirigeant CGT et vice-président du CESE), et moi-même (alors DGRH de Danone) de rédiger un rapport sur les risques psychosociaux, qui devint le rapport « Bien-être et efficacité au travail ». Pendant trois mois, nous avions écouté un grand nombre d'entreprises, de syndicats et d'experts. Dans ce cadre, j'avais notamment auditionné pendant plusieurs heures Didier Lombard, le patron de France Télécom, condamné par la justice pour ce motif dix ans plus tard. L'audition était sans concession. Notre rapport ne citait pas d'entreprises mais identifiait les bonnes pratiques managériales indispensables pour permettre le bien-être au travail et éviter ce type d'impasse et de drames. Stéphane Richard, qui venait d'être nommé à la tête des opérations chez France Télécom, était présent également. Un an plus tard, il était nommé P-DG et me proposait d'entrer au conseil d'administration pour conseiller et challenger l'entreprise sur sa reconstruction sociale. Un DGRH dans un conseil d'administration, c'était une nouveauté. Au sein du conseil d'administration de France Télécom, devenu ensuite Orange, j'ai présidé le comité de gouvernance et de responsabilité sociale et environnementale. Au sein de ce comité, avec toutes les organisations syndicales, nous avions des discussions claires et directes que j'ai appréciées et qui ont été très constructives.

J'ai également été membre du conseil d'administration de la SNCF sur proposition de son président Guillaume Pepy. J'y représentais les entreprises clientes, et j'ai présidé le comité Frêt et Logistique. Il fallait se battre pour faire vivre ces métiers essentiels pour l'avenir, mais peu connus et reconnus au sein de l'entreprise publique ou de l'État. J'ai également été membre du conseil d'administration d'Aéroports de Paris en qualité de représentante de l'État, où mon expérience internationale en entreprise et à Business France a pu contribuer à orienter la feuille de route internationale. Excepté chez Orange, ces mandats, qui demandaient beaucoup de travail pour être menés sérieusement, étaient non rémunérés. J'ai beaucoup aimé ces expériences. Elles permettent un recul stratégique différent et complémentaire de la position de management, laquelle même en situation de dirigeante membre de comité exécutif est plus tournée vers l'action opérationnelle. Ces expériences de gouvernance sont fondatrices et doivent être encouragées pour les femmes dans des entreprises de toutes tailles afin de leur permettre d'accéder au réel pouvoir de décision en matière économique et sociale sur le long terme.

Quand la loi Copé-Zimmermann a été publiée, beaucoup proclamaient qu'il n'y avait pas de vivier, qu'on ne nommerait que des potiches. Nous étions seulement une quarantaine de dirigeantes au sein des comités exécutifs, et nous avons été largement sollicitées. De manière informelle, nous sommes convenues à plusieurs de n'accepter chacune que deux ou trois mandats, pour nous y investir vraiment, et ouvrir à d'autres femmes moins visibles le champ des possibles. C'est ce qui arriva. Les chasseurs de têtes se précipitèrent sur cette nouvelle niche pour découvrir et proposer les meilleures à leurs clients. Le problème s'est transformé en marché et l'on a soudain découvert de nombreuses femmes talentueuses, invisibles jusqu'ici. Au départ, nous nous sentions humiliées qu'il ait fallu des quotas pour que des femmes soient nommées administratrices. Il a bien fallu reconnaître que le jeu de la cooptation au sein des réseaux masculins ne faisait pas progresser la situation des femmes. Cela s'explique de différentes façons, par la préexistence de réseaux anciens et fermés, et parce que les femmes n'ont pas le temps, en plus de leur travail et de la gestion de leur famille, de cultiver leurs réseaux comme le font les hommes. Aujourd'hui, tout le monde s'accorde à dire que cette loi a été un succès, bénéficiant aux entreprises, à leurs actionnaires comme aux femmes. Car l'égalité professionnelle, outre la justice élémentaire qu'elle représente, est un facteur de croissance.

Plusieurs études, dont celles de McKinsey et du Fonds monétaire international, ont démontré que les entreprises comptant plus de femmes aux postes de dirigeants s'étaient révélées plus robustes que les autres dans la crise de 2009, avec de meilleures performances économiques. La diversité et la complémentarité entre les femmes et les hommes dans les équipes dirigeantes apportent à la fois plus d'innovation, plus de résilience et une meilleure gestion des risques. Certains médias se sont même demandé si Lehman Brothers aurait fait faillite s'il s'était agi de « Lehman Sisters ».

Cela se révèle particulièrement vrai au cœur du pouvoir financier qui structure et impacte l'ensemble de l'économie. Seuls 2 % des dirigeants et 20 % des membres de conseil d'administration d'établissements financiers sont des femmes. Une étude du Fonds monétaire international montre cependant que les banques comportant plus de femmes que les autres dans leurs instances dirigeantes sont plus stables, plus résistantes aux tensions financières et disposent de plus de fonds propres. Une autre étude du FMI a établi une corrélation entre une meilleure égalité des sexes aux postes de direction et une plus grande rentabilité des entreprises. La diversité des équipes dirigeantes génère une plus grande qualité décisionnelle, davantage d'innovation et une meilleure anticipation des risques. Et pourtant, contre toute rationalité économique, seulement 18 %

des entreprises au niveau mondial sont dirigées par des femmes.

Le FMI, sous l'impulsion de ses présidentes successives Christine Lagarde et Kristalina Georgieva, a produit de nombreuses études sur la corrélation entre la participation des femmes à la vie économique et le taux de croissance. Les experts économiques ont démontré que l'augmentation du taux d'activité des femmes, de même que leur présence accrue aux plus hauts niveaux de responsabilité étaient bénéfiques non seulement aux femmes, mais également aux entreprises ainsi qu'à la croissance économique de leurs pays. Les femmes, qui exercent l'essentiel du travail domestique non rémunéré, ont en moyenne un taux d'activité inférieur de 20 % à celui des hommes, ce qui entrave leur autonomie économique et freine leur liberté dans leurs choix de vie. Il existe encore trop de pays où les femmes n'ont pas le droit d'être propriétaires, d'hériter ou d'ouvrir un compte en banque. Elles sont traitées comme des mineures sur le plan financier. Même dans les pays plus avancés, l'égalité n'existe pas en matière de salaires et d'accès aux hautes responsabilités.

L'étude « Women Matters » de McKinsey avait déjà montré en 2016 qu'atteindre l'égalité entre les femmes et les hommes en Europe pourrait ajouter 2 000 milliards de dollars de PIB supplémentaires d'ici à 2025. Pour la France, l'étude chiffrait à + 10 % la croissance du PIB si les femmes pouvaient participer pleinement et également à la vie active. De multiples critères étaient requis pour cela : temps de travail choisi et non subi, égalité des salaires, paiement du travail non rémunéré, accès des femmes à tous les métiers sans préjugés de genre, accès des femmes aux postes de direction, partage du travail domestique…

Sur le plan opérationnel, j'observe depuis plusieurs années que de nombreuses femmes dirigeantes s'engagent dans les sujets de gouvernance, d'audit et de responsabilité de l'entreprise vis-à-vis de son écosystème de clients, fournisseurs, partenaires, salariés et acteurs territoriaux. L'OCDE a montré que les économies sont plus résilientes, plus productives et plus inclusives lorsqu'elles réduisent les inégalités entre les sexes.

« C'est par le travail que la femme a en grande partie franchi la distance qui la séparait du mâle ; c'est le travail qui peut seul lui garantir une liberté concrète », écrivait déjà Simone de Beauvoir. Le sujet de l'égalité professionnelle est donc majeur pour l'émancipation des femmes, tout en étant un levier de la croissance économique et donc de la reprise post-Covid. Mais il piétine depuis des décennies. Le diagnostic est clair. Pour renverser la table, il faut une volonté politique, une mobilisation des acteurs et des actes concrets à impact durable.

L'index de l'égalité professionnelle

Le président de la République a fait de l'égalité entre les femmes et les hommes la grande cause de son quinquennat. C'est capital et je m'en réjouis. Ce thème a émergé fortement lors de la « grande marche » qui a nourri le programme présidentiel, ce porte-à-porte qui a permis de connaître les préoccupations et les aspirations de centaines de milliers de nos concitoyens et concitoyennes. Emmanuel Macron a également choisi le thème de l'égalité professionnelle entre les hommes et les femmes parmi les sujets prioritaires du G7 de Biarritz en 2019. Deux de nos lois sont reconnues comme des avancées majeures sur le plan international.

Le jour même de ma nomination, je me demande quelle peut être ma contribution à la cause des femmes, en tant que ministre du Travail. La réponse est évidemment celle de l'égalité professionnelle entre les femmes et les hommes : à travail égal, salaire égal ; avec les mêmes chances de progression de carrière et de rémunération.

On en est loin. Quarante-six ans après les premières lois de 1972 qui proclament ce principe, « À travail égal, salaire égal », il y a toujours en France 9 % d'écart entre les salaires des femmes et des hommes pour le même travail, 25 % d'écart sur l'ensemble de la vie professionnelle puisque les femmes ont des parcours plus hachés, du fait de leur situation familiale et moins de progression de carrière, et 31 % d'écart de revenus à la retraite malgré l'effet correctif des pensions de réversion – 40 % d'écart sans les pensions de réversion. L'inégalité entre les sexes est certes un phénomène mondial, mais la France n'est pas la meilleure élève malgré ses valeurs d'égalité et de droits de l'homme fièrement proclamées.

L'inégalité est criante. L'OCDE a démontré qu'elle s'aggrave à la naissance du premier enfant, et qu'au deuxième le décrochage devient massif. La carrière des femmes stagne alors, au moment où celle des hommes décolle. C'est aux mêmes âges, entre 25 et 40 ans, que se font les enfants et que se jouent les trajectoires de carrière. Dans quasiment tous les pays du monde, les femmes en paient le prix. Et pourtant, les femmes d'aujourd'hui font au moins autant si ce n'est plus d'études que les hommes, avec souvent de meilleurs résultats. L'émancipation par les études, si elle était indispensable, n'a pas suffi à transformer l'essai. En outre, les femmes continuent très majoritairement à s'orienter vers des métiers considérés comme classiquement « féminins », tournés vers les autres et moins rémunérés : la santé, la justice, l'enseignement, la culture, l'associatif... Et beaucoup moins vers la technologie, l'industrie, la finance.

Je propose aux partenaires sociaux une concertation sur ce sujet, tous l'acceptent et s'engagent avec de nombreuses propositions. Pendant quatre mois, les partenaires sociaux travaillent sous la coordination de Sylvie Leyre, ex-DRH France de Schneider Electric, à qui j'ai confié la mission de proposer un instrument de mesure du progrès, qui deviendra l'index de l'égalité professionnelle. Les nombreux réseaux de femmes en entreprise et le Haut Conseil à l'égalité entre les femmes et les hommes présidé par Brigitte Grésy apportent une contribution importante.

Pourquoi un index ? D'expérience, je sais qu'en entreprise on ne progresse que si on mesure. Mesurer, c'est pouvoir se donner des objectifs, mobiliser les équipes, évaluer les résultats, corriger le tir si nécessaire, valoriser les succès, et motiver le collectif à dépasser l'ambition initiale. J'ai mis comme condition que les résultats soient mesurables et les critères peu nombreux. J'ai fixé à cinq le nombre maximum de critères pour qu'ils soient lisibles et efficaces, et qu'ils soient connus et utilisés par le management à tous les niveaux de l'entreprise, y compris au plus haut, condition indispensable au changement. Un jour, un dirigeant patronal me fait part de son inquiétude : « Je suis d'accord avec l'intention. Mais ça va coûter cher, tout ce rattrapage salarial. » Je lui réponds : « Je te propose que tu ailles dire aux femmes salariées de ton entreprise qu'elles seront moins payées que les hommes parce que ça coûte cher. Puis de rentrer chez toi et de dire à ta fille qu'elle sera moins payée que son frère qui fait le même travail qu'elle parce que ça coûte cher. Puis revoyons-nous, et si tu les as convaincues je suis prête à revoir la copie. » Il n'est jamais revenu sur le sujet.

M'inspirant de la progressivité de la loi Copé-Zimmermann sur les conseils d'administration, j'ai prévu une période de trois ans pour le rattrapage salarial afin de ne pas faire courir de risques à certaines PME fragiles, de ne pas décourager d'agir les entreprises où l'écart était le plus grand, ni de générer des freins du côté des syndicats si cela revenait à bloquer totalement les augmentations salariales pour les hommes. Nous avions également testé le dispositif avec les DRH, lesquels nous avaient dit que le rattrapage était jouable de façon volontariste en deux ou trois ans selon l'écart. Nous voulions être efficaces et obtenir des résultats tangibles pour les femmes, là où le seul principe affiché dans la loi avait échoué depuis quarante-six ans. Rarement une loi de principe majeur d'égalité avait été aussi peu appliquée en France, dans l'indifférence générale depuis deux générations. Il fallait donc créer une obligation de résultats, mesurer les progrès et mobiliser une coalition d'acteurs.

La mobilisation constructive des organisations syndicales et patronales a été très forte. Il faut néanmoins rappeler que, pendant trois ans, quand je réunissais les huit leaders français des organisations syndicales et patronales, j'étais la seule femme dans la salle… Il n'y a plus aucune femme parmi les numéros un chez les partenaires sociaux, une ou deux décennies après la fin de mandat de leaders reconnues comme Nicole Notat et Laurence Parisot, et les règles de désignation, encore bien timides, n'imposent pas la parité. Beaucoup reconnaissent néanmoins que l'égalité professionnelle est rarement la priorité dans les négociations salariales, syndicats et patronat étant plus souvent représentés par des hommes.

L'U2P, l'Union des entreprises de proximité, qui représente les très petites entreprises, et la CPME, la Confédération des petites et moyennes entreprises, étaient convaincues que ce sujet était essentiel pour l'avenir des PME et TPE et leur transmission aux générations suivantes. Les TPE sont en moyenne moins discriminantes que les grandes entreprises en matière de salaires, et le statut de « conjoint salarié » avait commencé à donner des droits aux femmes. Laurent Berger était prêt à s'engager et la CFDT a fait de nombreuses propositions. Philippe Martinez était d'accord pour que la CGT s'engage sur ce sujet majeur, ce qui a été le cas. Le groupe de travail animé par Sylvie Leyre (Schneider Electric) était essentiellement constitué de femmes, presque toutes numéros deux dans leurs organisations, et très motivées. Les débats étaient riches, et les propositions comme les arguments ne manquaient pas.

Le jour des conclusions et des annonces, presque tous les numéros un étaient avec moi dans la salle des Accords du ministère du Travail, puis avec la presse. Seul Philippe Martinez m'informa à la dernière minute qu'il ne viendrait pas. Je pense qu'il ne voulait pas apparaître presque d'accord avec un membre du gouvernement. Sa représentante tint comme les autres des propos positifs sur l'index de l'égalité professionnelle dans l'enceinte de la salle des Accords, mais en dénonça vigoureusement les prétendues limites devant la presse. Ainsi en est-il parfois des jeux de rôle… L'essentiel est ailleurs, la dynamique était lancée, de façon irréversible grâce à notre loi « pour la liberté de choisir son avenir professionnel » du 5 septembre 2018.

L'attente est là dans la société. J'étais convaincue qu'il fallait saisir ce moment favorable pour ancrer le changement dans la loi et les pratiques, car les succès en politique sont aussi une question de « momentum ». L'histoire du monde est pleine d'avancées et de reculs en matière de condition des femmes. Notre responsabilité est donc grande de saisir ce moment pour transformer durablement la situation. Pour la première fois, nous avions l'égalité entre les femmes et les hommes comme grande cause d'un quinquennat, et une Assemblée nationale proche de la parité (avec un groupe intégralement paritaire pour LREM) favorable à notre initiative. Marie-Pierre Rixain, qui préside à l'Assemblée nationale la délégation aux droits des femmes et à l'égalité des chances entre les femmes et les hommes, nous apporta son soutien indéfectible.

Suite à ces quatre mois de travaux, nous avions en effet intégré dans le projet de loi « pour la liberté de choisir son avenir professionnel », quatre éléments clés qui sont l'ossature de ce changement :

- Une obligation de résultats pour les entreprises.
- Un index qui mesure leur degré d'égalité sur les salaires et les carrières publié de façon publique et transparente pour toutes les entreprises de plus de cinquante salariés.
- Une obligation de mettre en place des mesures correctives de rattrapage salarial négociées avec les organisations syndicales dans les entreprises.
- Une sanction financière en cas de non-respect.

L'index de l'égalité professionnelle, clé de voûte pour concrétiser la transformation, porte sur cinq critères :

- À travail égal, salaire égal.
- Mêmes chances d'augmentation de salaire entre les femmes et les hommes.

– Mêmes chances de promotion de carrières.
– Respect de la loi sur les augmentations salariales au retour du congé de maternité.
– Pourcentage significatif de femmes dans les dix plus hautes rémunérations.

Avec les administrations du ministère du Travail, la Dares (la direction de l'animation de la recherche des études et des statistiques) et la DGEFP (la délégation générale à l'emploi et à la formation professionnelle), nous avons testé « l'index Égapro » qualitativement dans des entreprises volontaires, et l'avons simulé à un niveau macroéconomique sur le plan statistique. Le 5 septembre 2018, la loi est promulguée. Le 1er mars 2019, les entreprises de plus de 1 000 salariés publient pour la première fois leur index de l'égalité professionnelle. Le 1er septembre 2019, c'est au tour des entreprises de 250 à 1 000 salariés. Au 1er mars 2020, nous pouvons mesurer la progression des premières entreprises, et la loi s'applique désormais aux 40 000 entreprises de plus de 50 salariés, concernant au total 4 500 000 de femmes. Les premiers résultats démontrent la pertinence et l'exigence de l'index : sur les 7 000 premières entreprises qui l'ont publié en 2019, seules 167 sont à l'égalité réelle, obtenant un score de 99 ou 100/100. Et 17 % sont en zone d'alerte rouge, avec moins de 75 points.

La loi a été conçue comme une machine implacable pour progresser de façon continue : si la première année livrait une photo initiale de la situation, la publication de l'index chaque année va montrer le film, l'évolution. Et puis, je l'avoue, j'ai introduit un peu de malice dans la date : chaque entreprise doit publier son index pour le 1er mars… soit une semaine avant la journée internationale des droits des femmes du 8 mars. Ce qui permettra aux médias, chaque année, de faire des classements, des tableaux d'honneur et des listes noires. Les jeunes et les salariés pourront comparer et postuler dans les entreprises les plus égalitaires, et fuir les autres qui se ringardiseront d'elles-mêmes. En matière d'attraction des talents, rester lanterne rouge dans ce domaine c'est prendre un bien grand risque.

J'ai eu la preuve de cette sensibilité à la réputation dans les nombreuses rencontres que j'avais tous les mois avec des chefs d'entreprise. Depuis le 1er mars 2019, tous les dirigeants que je rencontrais venaient avec les résultats de leur index, qui les avait souvent surpris voire choqués ou vexés. Certains présidents du CAC 40 se sont même lancés dans une compétition vertueuse, contrariés que leur entreprise soit moins performante qu'un concurrent, ou inquiets pour leur réputation et leur capacité à attirer des talents. Au-delà de l'obligation légale en France, quelques-uns ont décidé de déployer l'index Égapro dans leurs filiales partout dans le monde, l'utilisant comme un outil de management clé pour faire progresser l'égalité professionnelle. Il est rare qu'une obligation légale devienne un levier de management. Encore aujourd'hui, de nombreux dirigeants d'entreprise, DRH et réseaux de femmes me parlent de « l'index Pénicaud » qui les fait progresser. Il ne faut rien lâcher de la dynamique qui a débuté il y a deux ans.

Aucun chef d'entreprise ne décide sciemment de discriminer les femmes, mais les nombreuses microdécisions de management et de RH au fil de l'eau produisent cet effet. C'est pourquoi la gouvernance d'entreprise doit assurer un pilotage au plus haut niveau pour changer le cours des choses. La loi « Avenir professionnel » les y oblige, tout en leur fournissant un outil simple et clair pour prendre conscience de la situation et progresser. Toutes les lois que j'ai eu l'honneur de porter au nom du gouvernement et avec les parlementaires sont ainsi imprégnées de mon obsession de passer du droit formel au droit réel afin d'obtenir des résultats concrets pour nos concitoyens. C'est une évidence quand on vient de la société civile.

Le sujet agitait aussi les médias, dans leur rôle d'information bien sûr, mais aussi en interne en tant qu'entreprises souvent éloignées de l'égalité réelle. De nombreuses journalistes femmes me faisaient des confidences sous le manteau. Je pris l'habitude de parler des résultats de l'index Égapro de tel ou tel média en live quand j'y faisais une matinale. Je réservai les premiers résultats pour l'émission d'Élizabeth Martichoux sur RTL car elle était très engagée sur ce sujet. Au moment où je sortis du studio, m'attendaient autour d'une table avec thé et café le comité de rédaction et le comité de direction presque au complet pour parler de l'index chez RTL. Nous avons échangé pendant quarante-cinq minutes. Ce type de rencontre mêlant management et rédaction avec une ministre est totalement inhabituel et témoignait de la dynamique enclenchée par la publication de l'index.

Quelques jours plus tard, j'annonçai les résultats de l'index de Radio France sur une matinale. Ils n'étaient pas fameux. À quelques exceptions près, les chaînes publiques étaient en retard sur les autres en matière d'égalité. Hors antenne, un journaliste m'informa que le cinquième critère de l'index avait mis le feu dans les rédactions : il révélait qu'il n'y avait pas une seule femme dans les dix plus hautes rémunérations. Tout le monde cherchait qui étaient les dix hommes, et comment les journalistes femmes stars de l'antenne pouvaient être moins payées qu'eux. La prise de conscience comme moteur de l'action s'est vérifiée depuis : en 2021, France Info affichait un score de 93/100.

Au Global Summit of Women de 2019, à Bâle, ma présentation de la loi française et de l'index Égapro a suscité une *standing ovation*. Dans notre joyeuse délégation française d'une quarantaine de femmes d'entreprises, nous portions toutes un tee-shirt rappelant l'index, conçu par Élisabeth Richard, de Engie, avec dessus le slogan : « *It is not a tee-shirt, it is a law*. » Ce fut un franc succès. Au G7 Social à Paris, au G20 Travail au Japon, au Conseil européen, à Davos, je présentai notre index. Partout l'intérêt était réel. Nos deux lois, en 2011 sur la gouvernance et en 2018 sur l'égalité femmes-hommes, placent désormais la France dans les pays leaders sur ce sujet.

En France, les réseaux de femmes en entreprise sont nombreux et très mobilisés pour l'accélération du changement. Dans certaines entreprises, y compris le groupe de presse Les Échos-Le Parisien, des femmes se sont saisies de l'index pour faire bouger les lignes plus vite auprès du management et des organisations syndicales. Fin 2019, plusieurs femmes en position de leadership dans des banques m'ont prévenue : « Tiens, c'est drôle ! Depuis dix ans on n'avait pas eu d'augmentations individuelles, et là on a toutes été augmentées ! La peur d'un mauvais résultat à l'index fait son effet. »

Les premiers enseignements sont là : la discrimination en matière de salaires et de carrières augmente lorsqu'on monte dans la hiérarchie. Les deux items où les notes sont en moyenne catastrophiques sont le plafond de verre, mesuré par la proportion de femmes dans les dix plus hautes rémunérations, et, à notre grande surprise, le non-respect de la loi de 2006 qui impose d'augmenter les femmes au retour de leur congé de maternité de la moyenne des augmentations de leur catégorie. Une entreprise sur trois ne respectait pas cette obligation légale. Beaucoup de DRH, managers et femmes au retour de maternité ignoraient la loi. Ce sujet s'est fortement amélioré en un an suite à la prise de conscience chez tous provoquée par l'index.

Les médias m'ont demandé de dénoncer les entreprises qui avaient les plus mauvais résultats. C'est un choix politique fréquent entre le court et le long terme : à court terme, le « *name and shame* » permet d'avoir une très bonne couverture média. Il a peu d'effet réel à long terme sur les entreprises, excepté quelques-unes qui ont été épinglées, alors qu'il génère chez la plupart de la méfiance et l'envie de contourner les obligations. J'ai délibérément choisi d'avoir moins de couverture médiatique sur le court terme pour gagner en efficacité sur le long terme. Certains diront que c'est la marque d'une ministre moins « politique ». Je revendique au contraire ce choix politique : celui qui consiste à donner la priorité à la transformation, aux résultats, au respect des engagements pris auprès de nos concitoyens.

J'ai donc opté pour une autre approche que la stigmatisation dès le départ : la première année, j'ai fait publier sur le site du ministère du Travail la note de chacune des cent soixante-sept meilleures entreprises, celles qui parvenaient à l'égalité réelle, même si les médias s'intéressent moins aux exemples de réussite qu'aux mauvais résultats. J'ai aussi annoncé aux grandes entreprises que l'année suivante, je ferais publier leurs résultats de 2019 et 2020, ce qui permettrait à chacun de mesurer leur progression – ou pas. Et cela, bien sûr, toutes les années suivantes.

Nous l'avons fait en 2020... Mais deux semaines avant le confinement lié à la Covid-19, ce qui par malchance rendit l'information inaudible. Il est essentiel de ne pas perdre de vue ce sujet. Le 8 mars 2021, les résultats de 2020 ont été publiés et largement commentés dans les entreprises, les médias et sur les réseaux sociaux. Les résultats sont encourageants car malgré la crise, des progrès sont visibles, notamment dans les entreprises de plus de mille salariés pour lesquelles la dynamique est lancée depuis trois ans. Sur cette période, elles sont passées de 83 à 88 points sur 100. Certaines fortes progressions témoignent d'une volonté interne assumée, comme à la RATP qui a gagné 10 points en un an en obtenant le score de 95, où à la Française des jeux qui a atteint le très rare 100/100. Cela montre aussi qu'il s'agit d'un travail de longue haleine, qu'il reste beaucoup à accomplir tant sur le plan managérial que culturel, et qu'il ne faut rien lâcher jusqu'à l'égalité complète qui n'existe pour l'instant que dans 2 % des entreprises. Il en avait été de même pour la loi Copé-Zimmerman qui avait mis cinq ans à produire son plein effet. La détermination dans la durée est essentielle aux grandes transformations. J'ai passé le relais aux ministres Élisabeth Moreno et Élisabeth Borne sur ce sujet, je suis confiante qu'elles ne lâcheront rien. Notre loi a représenté une avancée importante qui doit continuer à être portée efficacement et valorisée politiquement. En mars 2021, la Commission européenne a présenté un projet de directive sur l'égalité professionnelle qui s'inspire explicitement de notre loi et de l'index Égapro.

Le destin des femmes ne se joue pas seulement dans l'entreprise. Comme l'ensemble du droit du travail, l'index de l'égalité professionnelle s'applique à tout le secteur privé lucratif ou non lucratif, donc aux entreprises comme aux associations. Je regrette que cet index ne soit pas appliqué dans la fonction publique, mais j'espère qu'il le sera rapidement.

La dynamique est lancée : nous voulons réussir à améliorer significativement la situation de millions de femmes au travail. C'est une question d'équité et de justice sociale, non négociable au regard de nos valeurs républicaines et de notre Constitution. Les entreprises égalitaires sont aussi plus performantes économiquement. Une fois de plus, progrès social et performance économique peuvent et doivent converger.

Femmes et politique, vous avez dit parité ?

L'arrivée massive de femmes dans les instances de décision politique est récente, et pas encore répandue dans le monde entier. Dans certains pays, les entraves structurelles existent encore, limitant leur droit de vote ou leur capacité à se porter candidates pour un mandat électif. Dans beaucoup d'autres, les stéréotypes et le manque de moyens pour se former et s'impliquer dans des réseaux politiques limitent l'accession réelle aux responsabilités politiques : pour réussir en politique, il faut du temps, des réseaux et de l'argent (au moins une autonomie financière). Les femmes en ont moins, faute d'égalité professionnelle, et parce qu'elles portent encore l'essentiel des responsabilités domestiques et familiales.

En France, ce n'est qu'en 1944 que le droit de vote a été accordé aux femmes ! Ce droit a été obtenu en 1893 par les Néo-Zélandaises suite à une pétition signée par un quart des femmes du pays, et en 1907 en Finlande, premier pays d'Europe à sauter le pas. En 1993, seuls 6 % de femmes siégeaient à l'Assemblée nationale en France, aussi peu qu'en 1946. Sous l'impulsion d'un groupe de femmes de différents partis, dont Simone Veil, Yvette Roudy et Antoinette Fouque, la loi promulguée en 2000 a constitué un véritable progrès en exigeant la parité dans le nombre de femmes et d'hommes candidats lors des scrutins de liste. Les élections législatives de 2017 ont permis pour la première fois de constituer une Assemblée nationale presque paritaire, grâce au strict respect de la parité par La République en marche, qui a obtenu la majorité des sièges. Emmanuel Macron a constitué un gouvernement paritaire. Les femmes restent néanmoins beaucoup moins nombreuses en tête de liste des partis, ainsi qu'aux présidences des conseils régionaux et départementaux, des intercommunalités ou comme maires. L'entre-soi masculin, la cooptation entre pairs continuent à rendre les femmes moins visibles.

Parité des postes ou parité du pouvoir ? Dans notre histoire, les ministères régaliens et ceux les plus puissants (Affaires étrangères, Intérieur, Justice, Armées, Économie et Finances) n'ont été qu'une ou deux fois occupés par des femmes. Seule Florence Parly en fait actuellement partie. De façon plus insidieuse, dans de nombreux pays les processus de décision réels sont loin de s'appuyer sur les femmes autant que sur les hommes. Ainsi, la plupart des réseaux politiques de haut niveau, mais aussi les instances actuelles de gestion de crise, sont composés en grande majorité d'hommes, et les rares femmes présentes semblent assez peu écoutées. Cette situation illustre un impensé problématique de la gouvernance publique, lequel fait écho à celui des médias qui tendent le micro en majorité à des hommes parmi les experts et les politiques. C'est d'autant plus choquant que ce sont les femmes qui subissent le plus de plein fouet l'effet de la crise sanitaire, économique et sociale.

La crise renforce les inégalités entre femmes et hommes

La crise sanitaire mondiale a renforcé les inégalités entre groupes sociaux et entre genres, et rendu encore plus nécessaire la mobilisation sur le sujet. L'ONU, l'OIT, la Banque mondiale, le FMI et l'OCDE ont alerté sur le fait que les femmes sont les premières victimes des conséquences de la Covid-19, notamment parce qu'elles représentent 80 % du travail « informel » (non déclaré) dans le monde. Ce secteur du travail « gris » concerne la moitié de la population mondiale, il est synonyme de précarité et d'absence de couverture sociale et santé. Avec les grandes organisations internationales, l'OCDE, l'OIT, le FMI, l'ONU, et la Banque mondiale, nous nous mobilisons actuellement sur le projet d'un accès universel à la protection sociale, suite à l'accord tripartite que j'ai négocié sur ce thème au nom de la France avec les partenaires sociaux et les États membres du G7. Par ailleurs, la crise a mis en lumière le rôle essentiel des femmes dans la « première ligne » qui permet au pays de tenir : aides-soignantes, infirmières, caissières, assistantes maternelles, aides familiales… Mais rien n'est encore acquis pour que soit reconnue leur contribution décisive pendant la crise, ou pour l'égalité durable des salaires et des carrières. L'émancipation économique et sociale de toutes les femmes reste un combat et un projet politiques.

L'émancipation des femmes des quartiers populaires

Une autre dimension me tient à cœur : l'émancipation des femmes qui aujourd'hui n'ont pas de travail, mais ont un rôle social clé, notamment dans les quartiers populaires dits « sensibles », « prioritaires » ou de « reconquête républicaine » selon les programmes et les époques. Ces femmes, dont beaucoup de mères seules avec des enfants, souvent ignorées ou considérées comme des « problèmes », représentent pourtant la principale force d'équilibre et de cohésion sociale, essentielle à l'échelle d'une tour, d'une rue, d'un quartier, comme je le montrerai au chapitre 8. Je l'ai vu au Havre, dans le quartier Caucriauville à la tour Réservoir, dans le cadre du fonds de dotation Sakura que j'avais créé en 2012 pour soutenir des projets artistiques à fort impact sociétal, notamment ceux portés par des femmes ou des jeunes. Je l'ai vérifié à nouveau en rencontrant le 18 avril 2019 un groupe de femmes des quartiers nord de Marseille. Leur capacité de leadership était évidente, comme leur envie d'agir et de transformer le quotidien. En regard, les obstacles qui les empêchaient de s'émanciper par le travail étaient patents, voire scandaleux : ainsi, elles n'avaient pas les moyens financiers pour passer le permis de conduire, et ce alors qu'aucune ligne de transports en commun rapide ne leur permettait d'accéder au centre-ville de Marseille. Cette ségrégation géographique empêchait toute perspective d'émancipation par le travail, l'essentiel des emplois se trouvant ailleurs que dans le quartier. Ces femmes étaient courageuses, fortes, et s'organisaient au maximum entre elles.

Dans le cadre du grand débat national initié par le président suite à la crise des Gilets jaunes, avec Julien Denormandie, alors ministre chargé de la Ville et du Logement, et la députée Lætitia Avia, j'ai rencontré le 8 mars 2019 quatre cents femmes des quartiers prioritaires de la ville en région parisienne. J'ai été frappée par leur force. Force de contestation à l'égard des bailleurs qui laissaient des ascenseurs en panne pendant des mois dans de hautes tours, au détriment des mères isolées avec de jeunes enfants, des personnes âgées ou handicapées rendues ainsi incapables de quitter leur logement. Force de solidarité dans les associations et les réseaux d'entraide qu'elles mettaient en place. Force d'espoir pour inventer de nouvelles solutions et de nouveaux services.

Dans le cadre du PIC, le grand « plan d'investissement dans les compétences », nous avons financé des projets émanant du terrain et dédiés à la montée en compétences et à la capacité d'émancipation de ces femmes de quartiers. Je découvris plusieurs porteurs de projets remarquables, comme Les Déterminés, programme qui aide à développer l'initiative et l'entrepreneuriat en banlieue et en zone rurale, notamment chez les femmes. Ou Meet My Mama, qui révèle la passion et les talents culinaires de femmes de toutes origines, en réinventant les codes des traiteurs et l'expérience client avec des plats savoureux faits maison, et permettant aux femmes de devenir entrepreneures à leur tour. Je soutenais aussi l'association Force Femmes, fondée et présidée par Véronique Morali, qui depuis 2005 a accompagné plus de 25 000 femmes de plus de 45 ans dans la création de leur entreprise avec une méthodologie sur mesure positive et bienveillante. Des « ingénieuses » au service des entrepreneures.

L'enjeu de liberté et d'émancipation s'inscrit sur toute une vie. Or une femme sur trois travaille à temps partiel. Les emplois à temps partiel sont le plus souvent les moins qualifiés et les moins rémunérés (personnels de nettoyage, caissières...). La formation professionnelle, levier majeur pour les progressions de carrière, n'est quasiment pas accessible à ces femmes. Comment en sortir, comment pouvoir choisir des métiers mieux rémunérés si on ne peut pas accéder à la formation ? La trappe à bas salaires se referme très tôt dans la vie si l'on ne peut pas développer ses compétences. C'est pourquoi, dans la loi « pour la liberté de choisir son avenir professionnel » qui a instauré le droit à la formation pour tous grâce au compte personnel de formation en euros (consultable sur le site Mon compte formation), j'ai introduit une mesure qui donnait les mêmes droits à la formation aux salariés à mi-temps qu'à ceux à temps plein, soit 500 euros d'abondement financier par an. Lorsqu'on sait que 80 % des personnes qui travaillent à temps partiel, parfois choisi, souvent contraint, sont des femmes, cette mesure passée quasi inaperçue a commencé à ouvrir les perspectives à un grand nombre d'entre elles. Et pour la première fois, la moitié des personnes qui ont utilisé ce droit pour se former ont été des femmes.

Pour mon dernier déplacement comme ministre, j'ai souhaité me rendre le 2 juillet 2020 à Drancy en Seine-Saint-Denis, où l'association Agir Ensemble, et son charismatique fondateur Idriss Niang, m'invitait à rencontrer des mères de famille, seules pour la plupart, qui avaient pu financer et passer leur permis de conduire grâce à Mon compte formation, opérationnel via une appli pilotée par le ministère du Travail et mise en œuvre par la Caisse des dépôts. Ces femmes avaient entre 30 et 50 ans, certaines ne savaient pas bien lire et écrire, mais toutes ont eu leur permis. Les témoignages fusaient joyeusement : « Je travaille au nettoyage à Roissy, je passais trois ou quatre heures par jour dans les transports en commun, avec mon permis je mets un quart d'heure pour y aller, ça a changé ma vie » ; « J'ai réussi le permis, c'est mon premier diplôme dans la vie, maintenant je peux changer de métier et faire ce que je veux. Sur mon CV, ça change tout ! » ; « J'ai pris confiance en moi grâce au permis. Maintenant je vais me préparer au concours de la RATP pour conduire le tramway ». Libération par la formation, émancipation des femmes, ouverture des possibles pour tous nos concitoyens, la raison d'être de mon action de ministre se manifestait là, de façon concrète, tangible et émouvante. Avec cette force des femmes, présente comme une pousse prête à éclore et à porter des fruits. Cette liberté d'agir et de réussir sa vie professionnelle a également un impact sur la lutte contre les violences faites aux femmes.

Autonomie financière et violences

D'autres travaux ont en effet montré que l'autonomie financière des femmes contribue directement à la baisse des violences familiales, fléau endémique accru par la crise sanitaire et le confinement. Disposer d'un revenu du travail est la seule manière pour une femme d'être vraiment libre, de pouvoir choisir sa vie, de dire non aux situations de violence, de pouvoir fuir un conjoint ou un compagnon menaçant, de déménager et se mettre en sécurité, soi et ses enfants. Pour renforcer cette autonomie financière, parmi les nombreuses mesures du Grenelle contre les violences conjugales lancé par Édouard Philippe, nous avons publié le 6 juin 2020 un décret autorisant les femmes à débloquer immédiatement leur épargne salariale en cas de violences conjugales.

La vague d'indignation et de témoignages publiés sur #MeTooInceste, qui a suivi la parution de plusieurs livres de témoignages, a révélé l'ampleur de ce drame de société, de cette honte civilisationnelle : selon les sondages, une petite fille sur cinq, un petit garçon sur treize serait un jour victime de cette violence fondée sur l'emprise d'adultes proches par le sang ou l'affection, et censés aimer et protéger les enfants. Un Français sur dix, soit 6,7 millions de personnes, déclare dans un sondage Ipsos qu'ils ont été victimes d'inceste.

Le viol, l'inceste, le mariage forcé, la violence dans le couple et, conséquence tragique et ultime, le féminicide, sont les angles morts les plus terrifiants et criminels de notre société. Une femme sur cinq en serait victime à un moment de sa vie. Les violences intrafamiliales, souvent scellées sous une chape de silence faite de tabou et d'omerta, se reproduisent souvent de génération en génération, minant de l'intérieur la confiance et la bienveillance dans notre société. L'action des pouvoirs publics et la mobilisation de toute la société sont essentielles pour renverser la situation. De nombreuses associations comme la Fondation des femmes ou la Maison des femmes agissent sur le terrain. Élisabeth Moreno, ministre déléguée en charge de l'Égalité entre les femmes et les hommes, née au Cap-Vert et dont toute l'histoire de vie est un vibrant témoignage de lutte pour les femmes et contre les inégalités, est engagée avec tous les acteurs dans ce combat. Pour réussir à faire bouger les lignes et combattre cette face sombre de notre société, l'action doit aussi être portée de façon transpartisane, comme le montre par exemple l'engagement de Laurence Rossignol, socialiste et vice-présidente du Sénat, qui se bat depuis longtemps sur ces sujets.

Soutenir toutes les femmes victimes est une nécessité première et absolue. Mais ce dont ont besoin les jeunes générations, ce sont aussi des modèles d'identification qui renforcent leur confiance en elles pour prendre leur destin en main. Les réseaux de femmes tels que le Cercle InterElles, Financi'Elles, Grandes écoles au féminin, Femmes ingénieurs, ou Le Siècle des femmes mènent une action de fond pour vaincre les stéréotypes et encourager les jeunes à oser assumer un leadership. Pour cela, il faut rendre les femmes visibles.

Femmes fortes mais invisibles

Tout commence en effet par le regard et les représentations mentales. Outre la situation inégalitaire entre les femmes et les hommes interne aux entreprises du secteur des médias, leur biais inconscient est encore profond quand il s'agit de reconnaître la qualité et l'impact des femmes. Le CSA a dénoncé à plusieurs reprises le fait que les « experts » consultés à la télévision étaient très majoritairement des hommes, quand les témoignages de terrain étaient le fait de femmes (les fameuses ménagères de plus de 50 ans). La presse écrite n'est pas indemne de ce biais inconscient. La crise de la Covid-19 a généré un vrai recul sur ce sujet déjà problématique : les professeurs de médecine appelés à donner leur avis dans les médias sont soudainement redevenus majoritairement des hommes, alors que ce secteur est très féminisé. En cas de crise, les vieux réflexes d'ambition et de cooptation des mêmes reviennent en force. Ces mêmes hommes qui parfois avaient pris les décisions auparavant et revenaient en sauveurs. On l'avait vu dans la crise des subprimes en 2008-2009, on le revoit dans la crise sanitaire. Par exemple, en couverture du *JDD* pendant un an, de février 2020 à février 2021, aucune femme n'est apparue, sauf quelques inconnues portant un masque dans la rue. En revanche, les hommes politiques ou experts se sont partagé toutes les unes. Le message implicite pénètre dans l'inconscient collectif : seuls des hommes sont un recours dans la crise.

À l'opposé, plusieurs médias dont *Forbes* ont estimé que les pays dirigés par des femmes avaient majoritairement mieux géré la crise sanitaire dès son commencement. Les médias ont notamment mis en avant l'action de la présidente de la Commission européenne Ursula von der Leyen, de la présidente de la Banque centrale européenne (BCE) Christine Lagarde, de la chancelière d'Allemagne Angela Merkel, de la présidente de Taïwan Tsai Ing-wen, et des Premières ministres de Nouvelle-Zélande Jacinda Ardern, de Norvège Erna Solberg, du Danemark Mette Frederiksen, de Finlande Sanna Marin et d'Islande Katrin Jakobsdóttir. Selon ce magazine, elles ont fait preuve de trois qualités caractéristiques du leadership féminin et décisives dans une gestion de crise : l'honnêteté, l'esprit décisionnel immédiat, et l'empathie voire « l'amour » des gens.

Erna Solberg a ainsi tenu une conférence de presse télévisée réservée aux enfants où elle a répondu à leurs questions en expliquant pourquoi c'était « OK d'avoir peur ». Sanna Marin a sollicité des influenceurs pour qu'ils diffusent des messages de prévention sur les réseaux sociaux afin de toucher les jeunes. Jacinda

Ardern, tout en décidant un confinement strict et une fermeture des frontières immédiats, ce qui est plus aisé à faire sur une île, a autorisé le regroupement de personnes seules par « cellules affectives » pour que les liens humains essentiels perdurent, et éviter la solitude et la dépression de nombreuses personnes. Bien sûr ces qualités « féminines » ne sont pas l'apanage des femmes, et pas obligatoirement présentes chez toutes, mais il est intéressant de noter qu'une crise majeure requiert la mobilisation chez tous les gouvernants de ces qualités du « continent féminin ».

Sachant les biais inconscients, sachant le poids écrasant des représentations culturelles, médiatiques et politiques, il est clair que le combat pour l'égalité des femmes et des hommes doit commencer par celui sur les mentalités. Qu'il s'agisse des violences insoutenables, ou d'inégalités dans les tâches domestiques, les salaires ou les carrières, le changement de représentations doit commencer à la racine, dès l'enfance.

Nicole Abar, Marseillaise de mère italienne et de père algérien, a été l'une des premières joueuses de foot professionnelles, et la meilleure buteuse du Championnat de France. Elle a bien sûr subi comme tant d'autres des injures sexistes, qui n'ont rien ôté à son engagement pour le sport féminin et la place des femmes dans le foot. Dans un procès, elle a réussi à faire sanctionner pour discrimination sexiste un club de foot en France, et en a payé le prix. Dans les années 2000, elle a lancé un projet d'éducation pour l'égalité des filles et garçons dans le sport, baptisé « Passe la balle ». À EVE, son témoignage a fait un tabac et lui a valu une *standing ovation*. Dans le gouvernement d'alors, je l'ai présentée à Najat Vallaud-Belkacem, qui lui a confié le pilotage du programme ABCD pour l'égalité des filles et garçons à travers les activités physiques dès la classe de maternelle. Ce programme sera arrêté au bout de quelques mois tant la polémique était forte, certains milieux traditionalistes prétendant qu'il visait à mettre les garçons en jupe… Le retard des mentalités en France sur ce sujet, comparé aux pays d'Europe du Nord, est consternant. Force est de constater que partis politiques comme organisations syndicales s'expriment assez peu sur ce sujet. Cela reste un des angles morts de nos représentations sociales.

Cela est vrai aussi dans le domaine artistique et culturel. L'association AWARE (Archives of Women Artists, Research and Exhibitions), créée en 2014 et dirigée par Camille Morineau, conservatrice et historienne de l'art, a pour ambition de faire connaître les artistes femmes et leurs œuvres au même niveau que leurs homologues masculins. Elle produit un important travail de recensement encyclopédique international et de diffusion d'information sur les artistes femmes du XXᵉ siècle. Son site se positionne comme la plateforme de référence sur ce sujet, avec plus de cinquante mille visiteurs par mois.

Les artistes femmes sont invisibles. Faites le test autour de vous : lorsque l'on demande à quelqu'un de citer des noms d'artistes femmes, il sera capable d'en citer cinq tout au plus alors qu'elles sont des milliers. Dans la grande majorité des collections publiques, les femmes artistes sont trop peu nombreuses. Le Louvre ne compte qu'une trentaine de peintures de femmes dans ses collections, et globalement 1 % d'artistes femmes. Le musée d'Orsay compte dans ses collections 7 % d'artistes femmes et le Centre Pompidou 19 % et 10 % d'œuvres d'artistes femmes. En 2018, dans le classement Artnet recensant les cent meilleurs artistes sur le marché de l'art, cinq seulement étaient des femmes. Ces chiffres mettent en évidence une disparité choquante. Pourtant, les femmes artistes existent depuis la préhistoire et elles sont nombreuses. Il s'agit de redécouvrir les grandes oubliées de l'histoire de l'art et de donner de la visibilité aux artistes contemporaines qui sont plus nombreuses que leurs homologues masculins dans les écoles nationales d'arts plastiques. Il s'agit de réécrire l'histoire de l'art de manière juste et donc paritaire.

Ce que les artistes femmes nous montrent, c'est aussi la force intérieure des femmes qui est un puissant moteur de changement de l'humanité. J'ai retrouvé cette dimension dans le regard de certains hommes qui l'ont pleinement compris, comme Radu Mihaileanu dans son beau film *La Source des femmes*. À travers leurs associations Aina et les Ateliers Reza, le grand photographe Reza et Rachel Deghati permettent en particulier à des jeunes filles et à des femmes d'exprimer leur vision et leurs rêves d'avenir, qu'elles soient journalistes en Afghanistan ou jeunes dans des banlieues françaises, des camps de réfugiés au Kurdistan irakien ou des barrios en Argentine. Reza les forme à la photographie et expose leurs œuvres avec les siennes, leur donnant accès au pouvoir de la création comme force de vie.

Cette force créatrice, je la retrouve également chez les pionnières de la technologie et de l'informatique, qui savent que l'enjeu du futur est là. Un ingénieur sur cinq et 5 % seulement des créateurs de start-up sont des femmes : la boucle va se refermer pour une génération ou deux si nous n'agissons pas rapidement. Des femmes se lèvent et ne se résignent pas à ce que les femmes restent à côté de ce secteur qui va déterminer le monde économique et la société de demain. C'est une femme, Ada Lovelace, qui a réalisé le premier véritable programme informatique au monde au milieu du XIXe siècle, Grace Hopper qui est à l'origine du langage Cobol, Frances Allen qui a inventé la compilation pour les ordinateurs... Et aujourd'hui Aurélie Jean est déjà une référence mondiale dans l'intelligence artificielle qu'elle enseigne au MIT. Les talents « à la Marie Curie » existent dans de nombreux domaines, souvent cachés, oubliés, niés. Certaines entreprises ont décidé de les mettre en lumière, comme le fait la fondation L'Oréal avec l'Unesco pour les femmes dans la recherche.

Les modèles d'identification sont essentiels pour changer les mentalités. Cette visibilité des femmes dans la recherche ou l'informatique est essentielle pour que de nombreuses filles et jeunes femmes osent se lancer à leur tour dans l'innovation du futur. La technologie n'a pas de sexe. L'avenir n'a pas de sexe. Parents, professeurs, si nous voulons bâtir un monde où femmes et hommes seront réellement égaux en droits et destinées, c'est notre rôle à tous d'encourager l'esprit de liberté et d'audace chez les jeunes filles, de permettre que tous les talents s'épanouissent et portent leurs fruits.

Ce combat pour l'égalité professionnelle et l'émancipation des femmes, ce combat qui s'appuie sur la force des femmes, nous le menons pour nous, nos filles, nos petites-filles, mais aussi pour et avec les hommes. Une société égalitaire est plus inventive, plus juste et plus heureuse pour tous. À la maison, dans les entreprises et les associations, dans le sport et la culture, dans les médias comme dans les partis politiques et les syndicats, essayez, et vous verrez !

Nous, les femmes, ne sommes pas que la moitié du ciel.

Nous sommes la moitié du monde.

Nous sommes la moitié de la solution.

2

Les premières heures

> « Les performances individuelles, ce n'est pas le plus important. On gagne et on perd en équipe. »
>
> Zinédine Zidane

17 mai 2017. 17 heures. Je deviens ministre du Travail, nommée par le président de la République Emmanuel Macron et le Premier ministre Édouard Philippe.

Le 7 mai, les Français ont rejeté dans les urnes, dès le premier tour, les partis de gouvernement historiques, Les Républicains à droite et le Parti socialiste à gauche, divisés en interne et en pleine implosion. Les Français ont choisi un *outsider* inconnu du grand public trois ans auparavant, Emmanuel Macron, qui l'a emporté face à Marine Le Pen, la leader du parti d'extrême droite Front national, renommé depuis Rassemblement national. Un mois plus tard, les 11 et 18 juin 2017, les Français ont donné au nouveau président une large majorité à l'Assemblée nationale, laquelle respecte pour la première fois la parité entre les femmes et les hommes et qui est composée pour une large part de députés novices en politique et issus de la société civile. Ce double raz-de-marée est inédit. Nous voilà tous responsables devant les Français : nous devons réussir les transformations promises par Emmanuel Macron et redonner un espoir et un avenir aux Français, à la France et à l'Europe. La suite montrera l'ampleur du pari.

Je sais que le temps va s'accélérer. La préparation des ordonnances réformant le Code du travail va débuter immédiatement, ce sera la première loi soumise au Parlement début juillet. Or tout commence et se construit avec une équipe. Le premier acte sera donc de recruter un cabinet de dix personnes. Je dispose de trois directions d'administration centrale et de Pôle emploi. Chacun aura un rôle important, et l'esprit d'équipe sera primordial.

Pour composer son cabinet, un ministre chevronné en politique fait appel à toute une série de « poulains », obligés et alliés dans les réseaux politiques qu'il connaît. La grande majorité provient des grands corps de l'État, pour lesquels un passage en cabinet est un accélérateur, quasi obligatoire pour faire carrière. Je l'ai vécu lorsque j'étais conseillère pour la formation auprès de Martine Aubry, ministre du Travail en 1991-1993. Je l'ai observé depuis, sans discontinuer sous tous les gouvernements.

Je connais les travers de l'endogamie intellectuelle et sociologique à n'être entouré que d'esprits brillants mais provenant tous des grands corps de l'État (Cour des comptes, Conseil d'État, ENA, Inspection générale des finances, inspections générales...). Ils sont précieux, intelligents, intègres, loyaux pour la plupart, certains sont extrêmement engagés, mais ils restent trop souvent dans l'entre-soi. Ils ne savent pas ce qu'ils ne savent pas. Leur carrière dépendant de leurs « corps d'origine » (la sémantique administrative frise parfois la poésie surréaliste), leur première loyauté sera mécaniquement toujours envers leurs chefs et pairs, avant de se manifester à l'égard des politiques.

Les politiques sont responsables devant le peuple mais « ne sont que de passage » aux yeux des hauts fonctionnaires, en particulier s'ils viennent d'un autre univers et ont la liberté d'y retourner ensuite. La plupart des hauts fonctionnaires pensent sincèrement qu'ils « sont » l'État, leur légitimité à vie garantissant sa stabilité sur le long terme, et ne ressentent pas le besoin d'être connectés aux attentes des citoyens.

De toute évidence, ce système doit évoluer pour s'ouvrir à d'autres compétences, tout en conservant ses vertus de rigueur et d'intégrité. Cette endogamie qui dure depuis des décennies représente un véritable danger que l'on pourrait appeler l'angle mort des politiques. Lorsque les équipes se reconnaissent dans un même et unique référentiel, le prisme d'appréhension des problèmes ou de recherche des solutions est trop étroit. À l'opposé, lorsqu'il y a diversité de parcours, d'expériences et de points de vue, la performance et la créativité sont au rendez-vous.

Les photographes et cinéastes savent que les éléments présents dans le viseur de leur appareil ne sont qu'une fraction de la réalité. La bonne image est celle qui se nourrit de tout ce qui existe dans le hors-champ. En politique, une vision à 90°, voire à 180°, est insuffisante. Les capteurs et critères d'analyse doivent s'élargir à 360°. Si tous les responsables ont le même prisme d'analyse, il est certain que des angles de vue importants leur échapperont, et que des solutions créatives n'émergeront pas. La diversité des parcours est une question d'égalité des chances, mais c'est aussi une nécessité pour une bonne gouvernance, en entreprise comme en politique.

Dans les grandes entreprises, la prise de conscience est un peu plus avancée sur les limites d'univers trop homogènes lorsqu'il s'agit d'innover ou de gérer des risques. La même analyse serait très utile dans la haute fonction publique. Plusieurs études internationales précédemment évoquées ont ainsi démontré que les entreprises ayant des équipes de dirigeants mixtes hommes-femmes étaient plus performantes.

Chacun voit le monde en fonction de son milieu social, de son expérience personnelle et professionnelle, et de ses études. Seule la diversité permet d'appréhender la réalité dans toute sa complexité. Je l'ai pratiqué dans différents contextes, notamment interculturels : une équipe très diverse est plus « sportive » à manager, plus longue à créer, le risque de désaccords ou d'incompréhensions est plus grand, mais si l'esprit d'équipe est là, ce type d'équipe réalise des exploits bien au-delà de ce qu'accomplissent les autres.

Mes réflexes de dirigeante en entreprise, en particulier dans les ressources humaines, prennent donc le dessus : je choisis de constituer une équipe strictement paritaire hommes-femmes, avec une grande diversité d'expériences. Et bien sûr, de la choisir moi-même, ce qui – je le découvrirai après coup – n'est pas toujours le cas, des membres de cabinet étant souvent imposés aux ministres, en particulier par Matignon.

Le chef de cabinet est le « couteau suisse » d'un ministre. Il gère notamment l'agenda, les déplacements, les ressources humaines, les processus officiels, le budget et les moyens de fonctionnement, les relations avec la sécurité et les chefs de cabinet du président et du Premier ministre… Il cumule en partie des fonctions de DRH, de secrétaire général, de directeur juridique, et souvent de conseiller politique.

Comment dénicher l'oiseau rare ? Je mobilise mes réseaux publics et privés, je m'organise pour recevoir les candidats potentiels en toute discrétion. Le mercredi 17 mai à 14 heures je trouve mon chef de cabinet, Xavier Geoffroy, qui avait manifesté son désir d'entrer au cabinet du futur ministre du Travail. À l'intuition, nous sentons nos convictions communes et notre envie réciproque de travailler ensemble : nous « topons ». Notre intuition se révèlera juste. Pendant trois ans, Xavier fera montre de finesse humaine, d'engagement, de fidélité et de résilience. Il a des convictions fortes et une belle expérience politique et parlementaire. Outre son rôle de chef de cabinet, il sera mon conseiller politique. Il m'organisera cent cinquante journées passionnantes sur le terrain, dénichant les initiatives exemplaires, et évitant l'excès de protocole et la langue de bois afin de me permettre de rencontrer dans toute la France des milliers d'acteurs de « la vraie vie ». Cette plongée dans tous les territoires inspirera profondément nos réformes sur le fond et dans leur mise en œuvre.

Une heure plus tard, le secrétaire général de l'Élysée annonce le nom des membres du gouvernement. Où que nous soyons, une voiture et un motard viennent chercher chaque ministre pour l'emmener à son ministère où aura lieu immédiatement la passation de pouvoirs avec son prédécesseur. La France se distingue par un processus extrêmement rapide : les ministres prennent leur fonction deux heures après avoir été nommés. Aux États-Unis, la transition dure en général trois mois pendant lequel l'administration (terme américain pour désigner le gouvernement) précédente gère les affaires courantes. Dans de nombreux pays, il y a quelques semaines de transition. En France, chacun est censé disposer des connaissances nécessaires et être apte à agir immédiatement. Cela évite les faux pas entre deux équipes gouvernementales, mais encourage évidemment la reproduction de profils identiques et chevronnés dans le secteur public. La rapidité du processus n'encourage donc pas l'audace dans les nominations qui serait si nécessaire à la transformation de l'État. La tendance n'est d'ailleurs pas à l'amélioration, car depuis 2020, la Haute Autorité pour la transparence de la vie publique (HATVP) dispose de quinze jours pour analyser les profils retenus et vérifier qu'ils ne présentent pas de conflit d'intérêts. Comment un ministre pourrait-il agir sans équipe pendant deux semaines ? Au nom d'une transparence louable et nécessaire, c'est aussi le plus sûr moyen pour que les postes principaux soient réservés aux hauts fonctionnaires. Si les membres de cabinet sont agents de la fonction publique, leur parcours est connu et leur validation beaucoup plus rapide. L'entre-soi n'est revendiqué par personne, mais tout y conduit mécaniquement.

16 h 30. Échange chaleureux avec Myriam El Khomri qui m'a précédée. Nous nous sommes déjà croisées et nous nous estimons. J'apprécie son courage et sa sincérité, et je sais qu'elle a parfois servi de bouc émissaire. Elle m'indique plusieurs sujets en cours et me recommande quelques collaborateurs.

17 heures, passation de relais officielle. Nous faisons chacune un petit discours rapide à tout le personnel du 127, rue de Grenelle réuni dans la cour devant quelques journalistes. Je sens l'émotion de ces équipes très investies dans leur travail, et qui à chaque changement doivent se réadapter à un nouveau ministre.

Myriam part. Ça y est, je suis ministre. Au boulot.

Dans le jardin, je vois la statue de René Viviani, qui a été le premier ministre du Travail de notre histoire dans les gouvernements de Clemenceau et Briand, et plus tard président du Conseil (l'équivalent du Premier ministre actuel). Son buste est couvert de mousse et de salissures. Je le ferai nettoyer. Se rappeler d'où nous venons est essentiel pour se projeter dans l'avenir. Sans profondes racines, un arbre ne pousse pas haut et fort. Salle des Accords, je ressens une véritable émotion à me tenir au bout de la table, là où je présiderai de nombreuses réunions avec les organisations patronales et syndicales et de multiples partenaires, là exactement où ont été négociés les accords de Grenelle (du nom de la rue où se trouve le ministère) en mai 1968. Ces accords, qui n'ont jamais été signés, ont néanmoins permis la sortie de gestion de crise de mai 1968.

Le temps d'action d'un ministre est court, la seule chose qui compte c'est l'impact durable de son engagement, la trace positive qu'il ou elle laisse dans la société française. Avec humilité et responsabilité.

L'essentiel pour l'heure est de constituer l'équipe, et de répondre aux journalistes. Pour eux, je reste encore une inconnue. Ils veulent en savoir plus.

L'équipe d'abord.

En moins d'une heure, mon chef de cabinet a constitué l'équipe d'assistantes et choisi les chauffeurs et les officiers de sécurité parmi les équipes existantes. À la minute où un ministre arrive, il n'y a en effet plus personne en poste. Tout le monde attend les décisions du nouveau locataire. C'est une pratique ancienne, brutale humainement, et choquante en matière de ressources humaines : lorsqu'un ministre quitte sa fonction, tout son entourage est « démissionné » immédiatement. Les membres de son cabinet perdent leur emploi, ce qui peut se comprendre, mais ils partent sans préavis ni indemnités de départ, le système ayant été pensé pour des fonctionnaires qui retrouvent immédiatement leur fonction précédente. En d'autres termes, les membres de cabinets ministériels venant du secteur privé, qui ont travaillé jour et nuit pour l'intérêt général et le pays, se retrouvent du jour au lendemain… à Pôle emploi. Quant aux assistantes, huissiers, chauffeurs et officiers de sécurité, ils conservent leur salaire, mais pas forcément leur emploi, le nouveau ministre devant les « renommer ». Vous imaginez leur inquiétude. Alors qu'il suffirait que leur emploi continue, avec la possibilité pour le ministre de changer les équipes ensuite s'il le souhaite.

Je réalise que c'est la première et unique fois de ma vie que je constitue mon équipe à partir de rien, en quelques heures. Une chance si nous faisons les bons choix, un risque sinon. On trouverait cela aberrant et dangereux à la tête d'une entreprise. Le délai pour nommer un gouvernement est également très court pour le président de la République et le Premier ministre. Plus modestement, il en est de même pour un ministre qui doit constituer son cabinet.

Par sécurité, certains s'en remettent à l'Élysée, à Matignon et aux grands corps de l'État, ce qui favorise la continuité de l'action publique mais produit une grande homogénéité des « élites ». Par expérience, je connais trop l'importance de la cohésion et de la confiance entre le chef et son équipe pour déléguer ces recrutements.

Je me heurte à la première difficulté des ministres venant de la société civile : le manque de réseaux dans l'administration. Après le bac, je n'avais pas voulu entrer en classe préparatoire et viser une grande école car la reproduction sociale des élites me révoltait. J'ai préféré, et ne l'ai jamais regretté, étudier l'histoire et les sciences de l'éducation à l'université de Nanterre puis, tout en travaillant, la psychologie clinique à l'université de Strasbourg. Cependant, mes réseaux, qui se sont forgés dans l'action et non pas au sein de grands corps d'État, sont multiples et solides dans le secteur privé mais aussi public.

Ma priorité est de trouver mon directeur de cabinet – à ne pas confondre avec le chef de cabinet. C'est lui qui avec, auprès et sous l'autorité du ministre, pilote les orientations, les programmes et les textes. C'est lui aussi qui participe à la plupart des réunions d'arbitrage interministérielles, sauf lorsqu'elles sont présidées par le Premier ministre et se tiennent alors avec les ministres, ou à l'inverse déléguées à des conseillers pour les sujets moins importants. C'est lui qui au quotidien anime et pilote le cabinet et mobilise les administrations. Il accompagne le ministre ou reçoit certains interlocuteurs en son nom. C'est le bras droit du ministre. Peu visible, le directeur de cabinet doit avoir des qualités de stratégie, d'exécution, de management, de négociation et une grande capacité de travail. La confiance et l'engagement doivent être totaux, sans restriction.

Avec Xavier, nous passons la soirée à sélectionner le directeur de cabinet. L'Élysée propose plusieurs profils. Mes divers réseaux complètent la liste. De 19 heures à minuit, je rencontrerai cinq candidats. À minuit, aucun doute, ce sera Antoine Foucher. La suite confirmera que sa compétence, sa puissance de travail, sa passion pour l'innovation, son audace et ses qualités de management d'équipe seront extrêmement précieuses. Je découvrirai avec étonnement quelques jours plus tard que de nombreux ministres se sont vu imposer leurs directeurs de cabinet ou des conseillers par l'Élysée et surtout par Matignon. Il ne m'est pas venu à l'idée que les profils « recommandés » étaient une manière de contrôler l'action des ministres. Ma réputation de « elle n'en fait qu'à sa tête », qui s'est confirmée lorsque je me battais bec et ongles pour telle réforme, tel programme ou tel budget, est probablement née dès ce premier jour.

Dix talents pour agir

Le 18 mai à 7 heures du matin, nous sommes donc trois à commencer l'aventure ensemble : ministre, directeur de cabinet et chef de cabinet. Nous allons recruter en quarante-huit heures les huit autres membres, chacun mobilisant ses réseaux ou proposant des personnes avec lesquelles il a déjà travaillé avec succès. Je mets en place quatre critères.

Le premier, non négociable, c'est la parité femmes-hommes, qui va s'avérer une vraie difficulté tant les profils proposés spontanément sont très majoritairement masculins. J'ai connu ce même écueil en entreprise, comme je l'ai déjà évoqué, où les femmes de talent sont toujours plus « invisibles » que les hommes et se mettent moins en avant. Je connais tous les freins, je tiendrai bon : en quelques jours le cabinet est composé de cinq hommes et cinq femmes talentueux et engagés.

Le deuxième critère : l'engagement. Partager les grandes orientations de la feuille de route politique fixée par le président de la République, et être prêt à s'y consacrer pleinement. Une expérience en cabinet c'est un moment spécial dans une vie professionnelle : cela signifie une, deux, trois années d'un rythme fou, de soirées et de week-ends le plus souvent consacrés au travail et volés à la vie personnelle et familiale. La plupart des membres de cabinet ont entre 30 et 40 ans, une famille, des enfants. Ils vont jongler avec l'agenda. Je sais ce qu'il en coûte. S'il est difficile de concilier une vie professionnelle intense en entreprise et du temps de qualité avec de jeunes enfants, il ne faut pas se voiler la face : la situation de membre de cabinet est pire.

J'ai connu cette tension lorsque je suis entrée au cabinet de Martine Aubry alors que ma fille avait un an, puis plus tard lorsque j'ai été enceinte de mon fils.

J'encourage donc chacun à trouver librement ses modalités d'organisation : l'un choisira de rentrer tôt mais retravaillera le soir une fois les enfants endormis. Un autre réservera le mardi soir pour son fils quoi qu'il arrive. Une troisième réquisitionnera sa mère dans tous les moments chauds. Je connais leurs enfants, et nous avons des relations chaleureuses. Un cabinet, c'est comme une troupe de théâtre en tournée ou une équipe sportive, on vit beaucoup ensemble. Il faut autant de bienveillance que d'exigence pour que cette deuxième famille n'éclipse pas la première.

Le troisième critère, ce sont les compétences. Individuelles mais aussi collectives. Une équipe est plus que la somme des individus. Comme dans une équipe sportive, il faut de la diversité, de la complémentarité, et un esprit d'équipe. À rebours des pratiques habituelles, je choisis d'avoir un et un seul énarque dans le cabinet. Pour la diversité, nos réseaux font merveille : avec dix personnes, nous cumulerons expérience patronale, expérience syndicale, ENA, entreprise privée, agence publique, université, expérience européenne, connaissance de la vie parlementaire et expérience de cabinet !

La nomination d'Antoine Foucher comme directeur au cabinet surprend. Après un parcours au Sénat, il a œuvré au Medef, parfois en le contestant de l'intérieur, et a négocié avec tous les acteurs syndicaux. C'est un orfèvre en négociation sociale, créatif et déterminé. Rares sont les directeurs de cabinet qui ne font pas partie des grands corps de l'État.

La nomination de Stéphane Lardy, ancien numéro deux de Force ouvrière, également rompu à la négociation sociale, étonne aussi. Lorsque, ensuite, je le nommerai directeur général de France compétences et le remplacerai dans mon cabinet par Alain Druelles qui partage avec lui une expertise remarquable sur les dispositifs de formation, la même surprise se reproduira. Comme si nommer un ancien syndicaliste au sein de l'appareil d'État était inconcevable[1]. Les préjugés sont encore forts dans notre pays. Je nommerai d'ailleurs plus tard une ex-leader de la CFDT comme directrice régionale du travail.

Claire Scotton, énarque, venue de la direction générale du travail, apporte sa très grande compétence juridique. Damien Delevallée lui succédera, lui aussi un des grands experts du droit du travail, venu de l'UIMM (Union des industries métallurgiques et minières) où il dirigeait le pôle juridique et social.

Garance Pineau, au parcours international audacieux, devient ma conseillère diplomatique. Amandine Giraud, énarque et biculturelle, lui succédera. Toutes deux apportent une grande expertise, un talent pour la stratégie et leur expérience européenne. Fanny Forest, ma conseillère parlementaire, manie avec subtilité l'influence, l'écoute et la persuasion des parlementaires.

---

1. En Suède, le Premier ministre Stefan Löfven, avec lequel j'ai eu la chance et le plaisir d'œuvrer au développement du Global Deal, une initiative mobilisant États, entreprises et syndicats pour développer le dialogue social international, est un ancien leader syndical.

Marc Ferracci est professeur d'économie et sa compétence macroéconomique, rare dans un ministère « social », est précieuse. Ma conviction est que le ministère du Travail est un ministère « en même temps » économique et social. Pour la communication, je fais appel à Stéphanie Rismont, que j'ai connue lorsqu'elle dirigeait la communication de Danone. François Coën lui succédera, puis Pauline Calmès. Leur « parler-vrai », leur engagement social et sociétal, leur créativité et leur connaissance fine du monde politique et journalistique seront précieux. Tous trois s'intéressent autant au fond qu'à la communication et seront de toutes les réflexions.

Deux ans après ma nomination, nous serons autorisés à recruter un onzième membre de cabinet pour veiller aux « objets de la vie quotidienne » afin que nos actions apportent un plus réel et perçu à chacun de nos concitoyens. Je choisis Bertrand Lamberti, stratège à l'Apec. Patrice Yvon, expert en écoute et négociation sociale, se consacre à la prévention et l'accompagnement des plans sociaux. Guillaume Cravero sur les sujets européens, Anne-Solène Roudel pour la communication, puis Patricia Boillaud pour l'emploi compléteront efficacement l'équipe.

Le quatrième critère, non négociable également, c'est l'esprit d'équipe et la loyauté. Être loyal ne signifie pas taire ses désaccords et ses idées, au contraire. Avec Antoine Foucher, mon directeur de cabinet, nous instaurerons immédiatement un mode d'emploi où chacun est invité à donner son avis. Les sensibilités politiques différentes (de droite et de gauche diraient certains) mais surtout les parcours de vie et de carrière créent des perceptions différentes, toutes précieuses. Donc du débat. Rien de plus dangereux pour un dirigeant, en particulier un ministre, que d'être entouré de courtisans qui filtrent la réalité et taisent leurs doutes. Bien sûr, le débat est interne et doit le rester. Aucun des membres du cabinet n'a jamais failli à cette approche. J'avais annoncé la couleur : jamais je n'accepterais d'entendre les critiques et suspicions des uns envers les autres. S'il y avait un problème entre eux, il devait être abordé ouvertement. Cette approche a permis à l'équipe de fonctionner efficacement.

Plusieurs membres de mon cabinet venant du secteur privé acceptent une forte baisse de leur salaire pour me rejoindre. Leur blague favorite : « On gagne deux fois moins pour travailler deux fois plus : à l'heure, c'est quatre fois moins. » L'ex-DRH qui sommeille toujours en moi sera scandalisée de découvrir que pour les membres de cabinet non fonctionnaires, il n'y a ni prime (sauf à partager les primes des fonctionnaires, pour lesquels une enveloppe de primes de cabinet est prévue, partage que nous ferons mais les fonctionnaires sont rares dans mon cabinet), ni mutuelle santé (les ministres non fonctionnaires n'en ont pas non plus), ni préavis, ni indemnités de licenciement en cas de fin de contrat. Le système de gestion RH a manifestement été conçu de façon autocentrée pour des fonctionnaires ayant un filet de sécurité à vie et restant entre eux. Un ministre issu de la société civile est incongru, les membres de son cabinet aussi.

Un ministre ne parle jamais des membres de son équipe rapprochée ? Cela n'est « que » du management ? Peut-être. Mais quarante ans de vie professionnelle m'ont appris deux ou trois choses de bon sens : le capital humain, l'investissement humain, la relation humaine sont le trésor. Avec la meilleure équipe pour une mission et dans un contexte donné, vous pouvez aller au bout du monde. « Seul on va vite, ensemble on va loin », dit le proverbe africain. C'est vrai pour une entreprise, une association, un gouvernement, un parlement, un cabinet ministériel... Je le vérifierai chaque jour.

Premiers pas

En attendant de jouer notre partition dans le grand orchestre du gouvernement, le téléphone sonne et vibre au rythme des SMS, ce mercredi 17 mai. Les portraits dans les médias défilent. Jean-Michel Blanquer, Agnès Buzyn et moi faisons partie des ministres issus de la société civile qui apparaissent soudainement, chacun spécialiste de son domaine. Le ton est donné, les observateurs se montrant parfois curieux, parfois dubitatifs, parfois ne donnant pas cher de notre peau. Surtout s'agissant de la ministre qui va porter les ordonnances travail. Pour moi, ça se produira assez vite et dans plusieurs médias : « Une DRH à la tête du ministère du Travail » ou « Une DRH pour la France ». Ce raccourci me va plutôt bien. Il signifie connaissance du monde du travail, expérience de l'entreprise, convergence économique et sociale, dialogue social, et primauté de l'humain.

Dès les premières heures, nous faisons un choix de communication qui sera constant : je refuse de nombreuses sollicitations à parler immédiatement, je veux d'abord avoir des choses à dire. Cela viendra rapidement. Et il y aura une muraille de Chine protégeant ma vie privée, pour épargner mes amis et ma famille. La protection de mes amours d'enfants et de leurs compagnons et de mes petits-enfants passe par-dessus tout.

J'ai choisi avec eux, en devenant ministre, de ne pas les mettre en danger, dans la lumière. Je ne le regrette pas. Car je suis convaincue depuis le début que les attaques arriveront vite envers la ministre chargée de porter la première réforme du quinquennat, sur un sujet sensible qui a mis plus d'un million de personnes dans la rue un an auparavant : le Code du travail. Je ne me trompe pas. Lorsque nous avons fait connaissance, Édouard Philippe m'a juste demandé : « Êtes-vous robuste ? » Je lui ai répondu oui, simplement.

Le lendemain, je suis touchée de lire dans la presse des commentaires positifs de responsables économiques et syndicaux sur ma nomination : ils me connaissent, m'ont vue à l'œuvre, et je les connais. Je sais que ce capital d'ouverture sera difficile à conserver car lorsque l'on mène des réformes de fond, les convergences ne sont pas aisées à trouver. Or dans quelques semaines nous commencerons par ce que j'appellerai « la face nord » : les ordonnances sur le Code du travail. Mais je m'y engage, ce sera ma méthode : une concertation continue, ouverte, sincère, loyale, sans compromission sur la finalité.

Le temps est maintenant à l'action.

3

On ne naît pas ministre : on le devient

> « La sagesse, c'est d'avoir des rêves suffisamment grands pour ne pas les perdre de vue lorsqu'on les poursuit. »
>
> Oscar Wilde

Accepter de devenir ministre a suscité chez moi des interrogations. J'ai hésité quelques heures.

Devenir ministre n'était pas un but en soi et fut même un repoussoir à plusieurs égards.

Avant tout, un ministre peut-il vraiment avoir un impact sur la société ou ne fait-il que de la représentation en étant doublement prisonnier d'une ligne politique imposée et de sa propre administration ?

En mai 2017, contribuer au projet sur lequel les Français ont élu Emmanuel Macron comme président de la République fait sens pour moi. Je connais la rareté de sa personnalité dans le monde politique. J'ai vu à l'œuvre son leadership, son intelligence, son audace, sa force d'innovation : c'est ce qu'il faut pour réformer et renforcer la France, contribuer à bâtir l'Europe et construire ainsi notre futur sur de meilleures bases. Rassembler l'esprit entrepreneurial et la solidarité, la droite et la gauche, l'économique et le social est au cœur de mon action et de mes convictions.

Entrer au gouvernement ne va pas pour autant de soi. Quel serait le sens de devenir ministre du Travail ? Celui-ci est profondément ancré dans notre paysage économique, social, juridique et quotidien français. Devenir ministre du Travail, c'est s'engager pour son pays à un moment clé sur un sujet difficile et controversé. C'est aussi renoncer à la primauté de l'international dans lequel je suis à l'aise. L'éducation, la formation et le travail sont les leviers de la construction de la société. Ce sont les leviers de l'émancipation et de la réduction des inégalités de destin. Le travail est, avec l'innovation et l'investissement, ce qui produit la richesse, la prospérité et notre capacité à financer un système avancé de solidarité.

De multiples souvenirs remontent à la surface. À 19 ans, je conduisais une 2 CV pour accompagner des amis gitans aux Saintes-Maries-de-la-Mer. Beaucoup étaient illettrés. Pourtant leur intelligence ne faisait aucun doute. L'école républicaine n'avait pas réussi à les comprendre et à leur donner leur chance. Rater la première marche de l'école, en France, handicape toute la vie. Lorsque j'étais conseillère de Martine Aubry, j'ai pu lancer un grand programme de lutte contre l'illettrisme aux résultats très convaincants. Mais à notre départ, lors du changement de gouvernement, l'administration de Bercy en avait obtenu la suppression. Je sais où sont les freins à l'innovation sociale, l'obsession administrative à penser sous l'angle des dépenses sociales au détriment de l'investissement humain. Au lieu de permettre à chacun de travailler, on dépense chaque jour plus dans l'assistance. Au lieu d'investir dans les compétences pour le futur, on reproduit des formations pas toujours utiles qui profitent toujours aux mêmes.

Lorsque j'étais directrice de la mission locale pour les jeunes de Metz, en Moselle, avec le président de l'association, Armand Knecht, commerçant dans le textile, nous avions pu mobiliser des dizaines de petites entreprises pour qu'elles donnent leur chance à des jeunes sortis de la prison de Metz-Queuleu. Les résultats étaient spectaculaires : certains jeunes sont même devenus les successeurs de leur patron. Je sais que c'est en faisant confiance aux jeunes qu'on leur permet de grandir. J'enrage que l'apprentissage soit si peu développé en France. Je suis certaine qu'en changeant d'échelle, en mobilisant des dizaines de milliers d'entreprises, on pourrait faire reculer le chômage des jeunes, qui est dramatiquement élevé dans notre pays.

Pendant trois ans chez Business France, j'ai rencontré des centaines d'investisseurs étrangers et des milliers de petites et moyennes entreprises françaises, qui sont le principal vivier de création d'emplois dans notre pays. Tous m'ont répété et démontré chaque jour que la complexité, la rigidité et l'insécurité juridique du Code du travail freinent leurs investissements et minent leur confiance pour embaucher, abîmant la compétitivité des entreprises. J'ai pu comparer les réglementations du travail dans près de cent pays ainsi que leur impact sur l'emploi et les délocalisations. Je sais qu'ils ont raison, même si je ne suis pas d'accord avec l'argument parfois employé de la flexibilité. Je me souviens d'un débat animé avec des journalistes de la rédaction du *Financial Times* à Londres. Je leur ai démontré chiffres à l'appui que, contrairement aux idées reçues, le modèle social français, certes moins flexible que le système britannique qui privilégiait le *turn over* permanent, est néanmoins plus productif car investir dans la formation de salariés en CDI augmente leur performance. Cependant, la complexité et la lourdeur de notre droit créent manifestement un effet dissuasif à l'embauche et limitent le champ du dialogue social pour trouver des solutions pragmatiques dans les entreprises.

Je pense donc qu'il faut réformer le Code du travail français, et évoluer d'une culture réglementaire uniforme et rigide à une culture contractuelle de la négociation et du dialogue social au plus près des réalités de terrain. Je suis convaincue que la formation, au lieu de reproduire et aggraver les inégalités sociales comme aujourd'hui, doit devenir le grand levier de l'évolution professionnelle. La promotion sociale et l'émancipation de chacun passent par l'éducation et la formation tout au long de la vie, dans la société de compétences qui se projette dans le futur. Je me définis comme une social-libérale, social-démocrate et humaniste réaliste.

Le potentiel de chacun est immense, il y a beaucoup de vies empêchées, de talents cachés à tous les niveaux de la société, à commencer par les femmes. C'est d'abord un enjeu de justice et d'égalité des chances, mais aussi de performance économique. J'ai vu combien il était difficile, même dans une entreprise sociale, de lever les barrières inconscientes à l'embauche vis-à-vis de ceux qui habitent dans les quartiers populaires, portent un nom ou un visage différents, et n'ont pas les mêmes codes sociaux. Je ressens comme un gâchis humain terrible le fait qu'on donne si peu leur chance aux personnes en situation de handicap, aux jeunes des quartiers populaires, aux seniors, aux femmes qui reprennent le travail après avoir élevé leurs enfants, et à tous ceux que les accidents de la vie, notamment les problèmes de santé, ont éloigné durablement du marché du travail.

Je suis persuadée que le dialogue social doit être élargi et nourri pour contribuer aux transformations de la société et de l'entreprise en matière d'économie, d'écologie, d'insertion, de santé et de formation. Je suis également convaincue qu'il nous faut construire une Europe aussi forte sur les plans social et écologique que sur le plan économique, pour réconcilier les citoyens européens avec l'idée de l'Europe, et pour servir d'éclaireur à la réduction des inégalités dans le monde. Antoine Riboud disait : « L'entreprise ne se développe pas dans un désert. » Si l'entreprise et le capitalisme ne changent pas et n'intègrent pas les enjeux sociaux, environnementaux et de partage de la valeur, nous irons collectivement dans le mur. La prospérité et la paix sont durablement en jeu.

Mes expériences de terrain, de l'insertion sociale des plus fragiles aux dirigeants d'entreprises internationaux, ont transformé mes intuitions en convictions. Ce qui m'anime, c'est d'œuvrer à faire converger le social et l'économique.

Devenir ministre, n'est-ce pas un levier pour agir, l'opportunité d'avoir un impact plus large pour contribuer à améliorer la société dans laquelle nous vivons, en s'engageant pour le pays et les citoyens ?

Si je ne connais pas les marges de manœuvre réelles d'un ministre, n'est-ce pas pertinent de les tester et de vouloir pousser les murs pour élargir les espaces du possible ?

Le « momentum » est là : c'est maintenant ou jamais.

Une autre question, plus personnelle, me retient un moment : le danger éventuel, pour moi et mes proches. En 2016, la réforme du Code du travail décidée par le précédent gouvernement a suscité un mouvement de grève et mis dans la rue plus d'un million de manifestants, devant lesquels Manuel Valls et Myriam El Khomri ont fini par reculer, vidant leur projet de loi d'une partie substantielle. Notre ambition de réforme du marché du travail va beaucoup plus loin, sur les relations de travail comme sur la formation professionnelle. En toute lucidité, je risque donc de passer du statut d'inconnue à celui de cible identifiée, avec mon nom sur des pancartes exprimant de la colère. Je ne suis pas certaine d'être prête à endurer cette pression, voire des risques physiques.

Beaucoup de proches exprimeront leurs craintes. Le risque que mes enfants et mon père très âgé soient constamment poursuivis ou souffrent des attaques proférées contre moi me fait hésiter. Heureusement, mes deux enfants ne portent pas mon nom. Ce sont de jeunes adultes qui vivent chacun leur vie sans interférence publique avec moi. Je pense que je saurai les épargner, comme mes amis proches. J'appelle mon père, dont le mélange de fierté et d'inquiétude me touche.

Finalement, je demande leur avis à deux amis très proches. L'un me conseille de dire non, l'autre de dire oui, chacun pour de bonnes raisons. J'ai tous les éléments. Toutes les raisons d'accepter ou de refuser sont claires. Au-delà des raisonnements, je médite en silence. Une heure plus tard, l'évidence est là : c'est OUI.

4

Face nord

« J'ai appris que le courage n'est pas l'absence de peur, mais la capacité de la vaincre. »

Nelson Mandela

Nuit du 1er août 2017, 4 heures du matin. La loi d'habilitation autorisant les ordonnances « pour le renforcement du dialogue social », dites ordonnances travail, est votée par 86 % des députés de la nouvelle Assemblée nationale. 421 voix pour, 74 contre. C'est notre première loi. Élaborée par la concertation durant trois cents heures de discussion avec les organisations syndicales et patronales, et quatre-vingts heures de débats parlementaires.

Première réunion avec les députés de la majorité présidentielle, La République en marche (LREM) et le MoDem, je leur dis : « C'est votre première loi, moi aussi. C'est la première du quinquennat et ce sera un marqueur pour la suite. Alors cette face nord, on va la monter en baskets, mais on va la gravir et la réussir ensemble ! » Ce premier acte commun, cette manière nouvelle d'entrelacer démocratie politique et démocratie sociale, a créé une relation très proche et confiante entre de nombreux députés, mon cabinet et moi-même.

Laurent Pietraszewski, rapporteur de la loi Travail, et Brigitte Bourguignon, présidente de la commission des Affaires sociales, aujourd'hui tous deux membres du gouvernement, ainsi qu'une quarantaine de députés de plusieurs commissions (Affaires sociales, Finances, Éducation et Culture, Droits des femmes, Outre-mer) sont de toutes les étapes. Au Sénat, j'apprécie le travail avec le président de la commission des Affaires sociales Alain Milon, interlocuteur exigeant et constructif.

Ce baptême du feu m'a permis de découvrir de l'intérieur le bicamérisme, l'intérêt du Sénat quand il joue l'intérêt général : lorsqu'il ne fait pas de politique politicienne, le Sénat apporte une sécurité juridique et la voix des territoires. Le président du Sénat, Gérard Larcher, a lui aussi été ministre du Travail, il comprend et soutient ma réforme pour l'essentiel. Le texte sera approuvé par les deux chambres. En matière d'effets de manche, je découvre amusée les grandes tirades à l'Assemblée, parfois brillantes, parfois bien éloignées des réalités de la vie quotidienne. La palme revient sans conteste à Jean-Luc Mélenchon, président du groupe La France insoumise. Du haut de la tribune, regard en plongée (comme en photo, il y aurait beaucoup à dire sur l'utilisation de la plongée et contre-plongée symbolique dans le rituel parlementaire), il me toise et cherche à m'intimider, son index et son majeur pointés comme un revolver : « Madame la ministre, on vous rattrapera dans la rue ! »

Cette première loi habilitant les ordonnances travail nous pose un autre défi de calendrier et de méthode. Je souhaite mener une concertation approfondie avec les partenaires sociaux sur ce sujet : même si cela n'est pas requis juridiquement, cela me paraîtrait absurde de passer en force. Nous allons donc compenser le délai très court par une concertation intensive. L'examen parlementaire du projet de loi d'habilitation commence le 4 juillet, après son adoption en Conseil des ministres le 28 juin. Je propose aux partenaires sociaux de mener la concertation simultanément sur la loi d'habilitation et sur les ordonnances qui vont en découler, dans un tête-à-tête singulier avec chaque organisation, et d'ouvrir quasi simultanément le débat parlementaire thème par thème au fur et à mesure de l'avancée de nos discussions. Certes, ce n'est confortable pour personne.

Ni pour les partenaires sociaux qui n'ont que quelques semaines pour interagir avec nous.

Ni pour les parlementaires à qui je dois expliquer que je n'aborderai pas certains thèmes tant que je n'en aurai pas discuté avec les partenaires sociaux.

Ni pour les membres de mon cabinet – nous n'avons que quelques semaines d'expérience commune – qui se trouvent déjà engagés à fond et avec enthousiasme dans la réforme.

Ni pour l'administration, qui rédige en temps réel les articles de loi avec une solidité juridique qui ne s'est pas démentie lors de leur examen par le Conseil d'État et le Conseil constitutionnel.

Le ministère du Travail devient ainsi une ruche permanente et productive. Les rendez-vous « on » et « off » avec certains interlocuteurs qui arrivent parfois par une porte discrète au fond du jardin se multiplient. La communication sur la place publique a ses règles et ses impératifs qui conduisent souvent à une schématisation. La concertation et la négociation requièrent du temps, du respect et de la discrétion dans la phase de recherche de solution.

Je reprends et adapte au contexte la méthode en quatre étapes de Jean Monnet pour la construction de l'Europe : diagnostic partagé, discussion des solutions, décision, évaluation des résultats.

Cette contrainte de temps présente un autre avantage : je découvre l'importance d'apprendre à mieux articuler démocratie politique et démocratie sociale. Notre méthode y contribue sur le plan national. La crise des Gilets jaunes me convainc que la même approche devrait se déployer partout sur le territoire, et directement avec les citoyens.

Venir de la société civile, c'est connaître les sujets, le ressenti de ceux qui sont concernés et l'écosystème des acteurs institutionnels. Sans mon expérience en entreprise, je n'aurais pas su porter avec tant de sûreté et de rapidité ce texte. J'aurais été entièrement dépendante des idées de l'administration qui, elle, n'est pas responsable devant le Parlement. Mon expérience m'a souvent permis de répondre en séance sans note, avec la force de la preuve de la vie réelle et la connaissance de la pratique du droit social. Crédibilité et conviction sont des leviers. Ma faible expérience législative était compensée par l'expérience de plusieurs membres de mon cabinet. Et nous disposions de la sécurité d'une expertise juridique hors pair avec Yves Struillou, directeur général du travail, et ses équipes.

Côté partenaires sociaux, j'avais la chance de connaître presque tous les leaders. Je suis profondément convaincue de l'importance des partenaires sociaux dans une démocratie avancée. Bien que nous n'ayons pas toujours été d'accord, voire parfois en opposition sur certains sujets, même si la légitimité des partenaires sociaux est parfois mise à mal, même si la nature et la forme de notre dialogue doivent évoluer, même s'il faut repenser le paritarisme du XXIe siècle, cela n'ôte rien à l'absolue nécessité d'une représentation organisée des entreprises et des salariés. L'entreprise a besoin de syndicats. La société aussi. Comme elle a besoin du Parlement. La démocratie représentative, qu'elle soit politique ou sociale, est le porte-parole et se nourrit de la démocratie citoyenne qui doit vivre au quotidien et à tous les niveaux.

Dans les débats sur les ordonnances, la CFDT et Force ouvrière ont été particulièrement proactives. Laurent Berger (CFDT) et Jean-Claude Mailly (FO) me convainquent d'amender notre projet notamment sur deux points importants : renforcer le rôle du dialogue social au sein des branches professionnelles et augmenter l'indemnité légale de licenciement. Ce sont des républicains convaincus, ils sont conscients que le pays vient de choisir entre un démocrate progressiste et l'extrême droite, ils ne veulent pas le désordre et se battent pour le progrès social.

La plupart des syndicats prennent date pour le prochain texte sur l'apprentissage et la formation professionnelle, qui doit compléter et équilibrer les ordonnances travail. Philippe Louis (CFTC) partage cette approche. Philippe Martinez (CGT) est opposé à ce texte et appellera à des manifestations séparées de celles organisées par Jean-Luc Mélenchon et La France insoumise, car il sait d'expérience l'importance de ne pas placer le combat syndical sous l'autorité d'un parti politique.

Côté patronal, je propose de centrer nos efforts sur les TPE-PME : elles emploient la moitié des salariés en France, créent la majorité des nouveaux emplois, mais ont parfois de lourdes difficultés pour mettre en œuvre le droit du travail, conçu le plus souvent sur le plan national par les administrations et les représentants patronaux et syndicaux des grandes entreprises. Ce sera une des grandes avancées de ce texte : nous partirons de la réalité des petites entreprises pour légiférer ou adapter le droit existant, de façon pragmatique. Mon expérience de directrice générale de Business France et ambassadrice déléguée aux investissements internationaux me sert beaucoup : pendant trois ans, avec mes équipes, nous avons accompagné des TPE-PME à l'export dans le monde entier et entendu chaque jour des investisseurs hésiter ou renoncer à venir créer des emplois en France en raison de leur peur de la rigidité du Code du travail. Il n'est pas question de régresser sur les droits sociaux, mais je sais précisément ce qui bloque, et nous en discutons très vite avec le Medef, la CGPME (Confédération des petites et moyennes entreprises), l'U2P (l'Union des entreprises de proximité) et la FNSEA (Fédération nationale des syndicats d'exploitants agricoles). L'expérience de Bernard Stalter, président de l'assemblée permanente des chambres de métiers et de l'artisanat, sera très précieuse.

Après l'approbation du Conseil constitutionnel auprès duquel certains députés ont fait un recours, la loi d'habilitation va être publiée le 15 septembre, les ordonnances travail le 22 septembre 2017, et tous les décrets d'application avant la fin de la même année, dans un climat assez apaisé. Le changement culturel qui est à la base de ce texte commence : nous faisons le pari d'un dialogue social et économique sur le terrain, dans chaque entreprise, avec beaucoup plus de liberté de négociation et de « grain à moudre » pour l'entreprise et ses syndicats, ou les représentants du personnel dans les petites entreprises qui n'ont pas de syndicats. Notre but est de stimuler et d'encourager résolument l'approche contractuelle.

Cette vision d'un encadrement des principes au niveau de la loi couplé avec une grande liberté de négocier donnée aux acteurs de terrain, au contraire d'un juridisme tatillon ne tenant aucunement compte de la diversité des situations, a fait ses preuves sous différentes formes dans de nombreux pays d'Europe du Nord. La plupart des syndicats dits réformistes (CFDT, CFTC, UNSA) y sont favorables philosophiquement. Ils craignent cependant de lâcher la proie pour l'ombre là où les employeurs ne jouent pas le jeu du dialogue. Les militants de base leur feront part en interne de leurs inquiétudes. C'est un vrai débat sur la part qui doit revenir à la loi et celle qui doit revenir à la négociation de terrain : doit-on faire des lois et des décrets corsetés en détail pour contraindre les 5 à 10 % d'acteurs moins avancés, ou préférer une loi qui oriente, encadre et donne la possibilité d'agir à l'immense majorité des acteurs, quitte à sanctionner par la suite la petite minorité qui ne respecte pas les règles et détruit la confiance ?

Donner la possibilité d'un dialogue social et économique beaucoup plus fort au niveau de l'entreprise signifie un tel changement culturel qu'il mettra probablement des années à se déployer dans toute son ampleur, nous le savons. Il faut l'accompagner.

Dès le début, je vérifie sur le terrain la pertinence de nos convictions, comme le 26 juin à Cholet, dans l'entreprise CAIB de fabrication de volets roulants, dont le directeur de l'usine et le leader CFDT pratiquent déjà une approche globale du dialogue. À l'automne 2017, je prends la route, et sillonne la France pour rencontrer les entreprises, surtout les petites et moyennes, pour leur parler des opportunités des ordonnances et les écouter. En quelques mois, je verrai environ huit mille chefs d'entreprise dans des réunions de cent à cinq cents personnes, pendant que mon directeur de cabinet

Antoine Foucher et ma directrice adjointe Claire Scotton font de même avec les DRH. Dans toutes les réunions, le même *leitmotiv* revient sur les lèvres : « Avec vos ordonnances, on n'a plus peur d'embaucher. » C'est la plus belle des reconnaissances. Ce nouvel état d'esprit a un effet sur l'emploi, contribuant à l'amplification de la dynamique d'embauches.

Concerter, préparer une loi, la faire voter, c'est 30 % à 40 % du travail. Vient ensuite le temps de la mise en œuvre, partout sur le terrain. Là aussi, l'expérience d'entreprise parle : définir la stratégie, c'est une petite partie du rôle du dirigeant. Le plus difficile, c'est de transformer l'essai, de réussir la mise en œuvre en « embarquant » les équipes jusqu'à l'obtention des résultats. En politique cela signifie qu'une loi est réussie seulement si et quand elle impacte positivement la vie réelle des concitoyens et qu'une partie significative de l'opinion publique y voit une véritable avancée.

Pénibilité

Le débat parlementaire sur l'habilitation à légiférer par ordonnances fait apparaître deux symptômes significatifs du décalage qui existe parfois entre politiques de profession et société civile. Le premier concerne la pénibilité du travail. Le précédent gouvernement avait énoncé des principes louables sans se soucier de la faisabilité de leur application dans la vie réelle : il espérait renforcer la prise en compte des situations de travail pénibles en créant par la loi, à la demande des organisations syndicales, un « compte pénibilité » pour chaque salarié donnant droit à des « points pénibilité », devant entrer en vigueur fin 2017. Je partageais pleinement l'intention. Le problème est que la conception même de cette mesure la rendait inapplicable pour les petites entreprises. Ainsi, elle créait l'obligation pour le chef d'entreprise – artisan, agriculteur, commerçant, ou industriel – de chronométrer chaque jour et pour chaque salarié le temps exact consacré à porter des charges lourdes ou à travailler selon des postures difficiles.

Le caractère inapplicable de la mesure annihilait dans les faits l'intention de créer un droit protecteur des salariés et aurait conduit à sanctionner les petites entreprises tout en les décourageant d'embaucher. Il fallait donc modifier le mode d'évaluation, s'appuyer sur un constat médical, clarifier le droit réel pour les salariés concernés : se reconvertir ou pouvoir partir deux ans plus tôt à la retraite. Je martèle donc au cours du débat parlementaire : « Nous sommes ici pour mettre en place des droits réels, pas des droits formels. C'est ma vision de l'efficacité sociale. Les principes sont sans valeur s'ils ne se traduisent pas dans les faits. » Cela qui me vaut quelques débats vifs avec des parlementaires de l'opposition pour lesquels la beauté des principes prime manifestement sur le réel.

Au-delà de la mesure de la pénibilité, notre faiblesse en matière de prévention de la pénibilité du travail en France sautait aux yeux, même si un mécanisme national de bonus-malus sur les cotisations versées par les employeurs existait déjà. Chez Danone, j'avais mis en place un programme mondial de réduction des accidents du travail par un effort massif de prévention sur le terrain, s'appuyant sur le dialogue social et la responsabilité managériale. Les résultats étaient là et l'accidentologie comme la pénibilité avaient diminué. Les comparaisons internationales montraient que cette approche préventive était plus développée dans certains pays, par exemple en Allemagne. C'est la raison pour laquelle j'ai proposé aux partenaires sociaux d'aller plus loin sur la question de la santé au travail, avec un axe fort sur la prévention, sujet dont nous partageons tous l'importance. Ils ont décidé de négocier au niveau national interprofessionnel sur ce sujet.

La Covid-19 a retardé le début de leur négociation et la préparation du projet de loi qui devait la suivre. Je suis néanmoins confiante car, avec la crise sanitaire qui dure, ce sujet a repris une importance politique. La négociation a eu lieu et la loi est en préparation, ce qui devrait permettre de progresser rapidement, d'autant plus que ce sujet est transpartisan pour une grande partie de l'Assemblée nationale et du Sénat. Plusieurs rapports parlementaires en témoignent, dont ceux de la députée LREM Charlotte Parmentier-Lecocq et du député communiste Pierre Dharréville. Tous ne s'accordent pas sur les mêmes solutions, mais le diagnostic et l'enjeu sont assez largement partagés. En outre, cette loi sera indispensable pour prendre mieux en compte le risque chimique, mal couvert comme on a pu le voir avec la tragédie de l'amiante, et sur lequel un rapport d'experts que j'avais demandé livre des pistes concrètes intéressantes. La santé au travail est caractéristique d'un sujet de temps long, où le dialogue social est essentiel, même s'il intéresse peu les médias, sauf lorsqu'un scandale éclate.

Télétravail

Un autre apport de la société civile au débat parlementaire a concerné le télétravail. Mon expérience m'avait convaincue que le télétravail représentait une évolution incontournable d'une partie de l'organisation du travail. Plusieurs sondages montraient qu'environ 16 % des Français le pratiquaient de temps en temps, dont beaucoup d'autoentrepreneurs et de mères de famille le mercredi, mais que plus de six salariés sur dix y aspiraient fortement. J'ai proposé d'inclure dans les ordonnances un droit au télétravail, donnant l'initiative au salarié. Tout salarié du secteur privé a le droit de demander de passer tout ou partie de son temps en télétravail, c'est à l'employeur d'en démontrer l'impossibilité si le métier n'est pas compatible avec cette modalité, la loi et les accords ou chartes d'entreprise, encadrant les conditions du télétravail, notamment les heures de déconnexion, le matériel informatique mis à disposition, et les modalités d'organisation.

En créant un droit nouveau pour les salariés, sans aucune obligation, je ne m'attendais pas à une telle bronca de la part de La France insoumise, des communistes et des socialistes. Jean-Luc Mélenchon proclamait que ce droit « tuait la capacité des travailleurs à s'organiser collectivement pour lutter contre le patronat » puisqu'ils ne seraient plus systématiquement regroupés sur le même lieu de travail. Cinq ou six députés de la majorité ont pris la parole, apportant leurs témoignages que je cite de mémoire : « Moi, j'en ai bénéficié du télétravail. Cela m'a fait gagner deux heures de transport par jour, ça a changé ma vie » ; « J'étais en contact permanent avec mes collègues, pas du tout isolée » ; « Quand on télétravaille, lorsqu'on se retrouve un ou deux jours par semaine avec ses collègues, c'est pour de l'efficacité et de la convivialité. Bien plus que d'être côte à côte dans des espaces cloisonnés » ; « Mais, monsieur le député, on voit bien que vous ne savez pas de quoi vous parlez, vous n'avez jamais travaillé dans une entreprise. Je peux vous dire que beaucoup de salariés souhaiteraient une dose de télétravail, et vous voulez les en empêcher ? » Et ainsi de suite. Choc de générations manifeste, choc aussi de la confrontation entre une classe politique professionnelle à vie et des députés dont 80 % venaient de la société civile.

Bien sûr, je ne méconnais pas les risques ni la nécessité d'encadrer le télétravail. Les partenaires sociaux ont entrepris de l'améliorer, au vu de l'expérience massive générée par la crise sanitaire. Ce mode de travail n'est pas une panacée. Les liens sociaux se construisent et se nourrissent aussi de rencontres réelles et non virtuelles. Cependant, le fait que l'une des formes d'organisation puisse être le télétravail, un, deux ou quatre jours par semaine pour un grand nombre de salariés est une évolution incontournable car elle fait converger les aspirations des salariés comme l'efficacité collective.

Ce débat parlementaire a montré l'apport de la société civile en politique qui part de la réalité vécue pour imaginer un avenir à imaginer ensemble. Son expérience permet parfois d'anticiper des évolutions de société qui s'avéreront décisives en période de crise. Le débat sur le télétravail, passé presque inaperçu en 2017 – bien que considéré comme un des plus avancés en Europe selon de nombreux collègues d'autres pays –, a pris sa pleine portée lors de la crise de la Covid-19. Beaucoup ont découvert en 2020 que ce droit au télétravail permettait de changer massivement et rapidement d'échelle. Cinq millions de salariés du secteur privé, soit un salarié sur quatre, ont ainsi pu continuer à travailler à distance. Malgré toutes les difficultés organisationnelles, managériales et psychologiques de ce passage massif et soudain au télétravail, les salariés et les entrepreneurs n'ont perdu ni compétences, ni emploi, ni employabilité, les entreprises ont pu continuer à fonctionner et la crise économique aurait été bien plus dramatique sans Internet ni télétravail. L'offre de formation à distance a également pris un envol considérable pendant la crise, dans l'apprentissage comme dans la formation continue. Ce sont des acquis pour le futur.

Bien sûr, pour la plupart des entreprises et des salariés, le télétravail a représenté une expérience nouvelle dont les conditions quotidiennes ont souvent été « rock 'n' roll » : manque de matériel adéquat, méconnaissance des règles (mon ministère a dû publier un guide en ligne pour rappeler les droits et devoirs des entreprises et des salariés), et pour les parents, le défi « sportif » de devoir télétravailler tout en assurant « l'école à la maison ». Pour beaucoup, l'expérience s'est donc faite en mode dégradé, ce que n'ont pas manqué de souligner les syndicats. C'est particulièrement le cas pour les femmes qui, pendant le premier confinement du printemps 2020, ont souvent dû gérer simultanément le télétravail et l'école à la maison, tout en réalisant un surcroît de repas et de tâches domestiques. L'égalité face au travail ne peut exister pleinement sans un véritable partage des responsabilités familiales. Cependant, il est frappant de constater que 70 % des Français qui ont eu recours au télétravail pendant la crise veulent néanmoins continuer à le pratiquer trois ou quatre jours par semaine, pour concilier l'indispensable lien social avec un autre mode de vie. Tous les DRH que je rencontre me disent que les salariés ne veulent plus travailler comme avant. De nombreux jeunes en font désormais une priorité dans leurs critères de recherche d'emploi.

Libération du temps épuisant perdu dans les transports, baisse de l'empreinte carbone liée aux déplacements pendulaires de millions de salariés, révision des conceptions de bureaux, exigence d'efficacité des réunions présentielles ou à distance, aspiration à vivre autrement et ailleurs (dans des villes moyennes connectées, au contraire de la vague de « métropolisation » depuis vingt ans), désir accru de qualité de vie et de sens au travail... Toutes ces questions, que j'observais il y a dix ans dans le monde du travail, ont reçu un formidable coup de projecteur et d'accélérateur. Beaucoup d'entreprises n'avaient pas encore compris que l'efficacité était compatible et se trouvait même renforcée par une dose de télétravail. Elles en avaient peur, considérant à tort qu'il fallait « contrôler » de près les salariés pour qu'ils soient productifs, selon une conception très « contremaître » du siècle dernier. Le télétravail, nourri par un débat parlementaire, et amplifié par la crise de la Covid-19, est aujourd'hui un fait incontournable, comme la formation à distance. Il ne faut pas l'idéaliser mais l'intégrer dans la palette diverse des formes d'organisation du travail et de la vie en société. Et l'améliorer sur le terrain grâce au dialogue social – lui-même renforcé par les ordonnances travail.

Ordonnances

Pourquoi avoir procédé par ordonnance pour réformer le Code du travail ?

Une ordonnance est un texte juridique promulgué par le gouvernement, ayant une portée législative à condition d'être encadré par une loi d'habilitation préalable et une loi de ratification ultérieure. Il est donc faux de croire qu'une ordonnance est prise en dehors de la vie parlementaire, puisque le Parlement doit en approuver le principe, puis a posteriori le texte. L'ordonnance laisse néanmoins une marge de manœuvre beaucoup plus grande au gouvernement car il n'a pas besoin de rentrer dans les détails à ce stade.

L'autre avantage est la rapidité du processus : les ordonnances peuvent être promulguées en quelques semaines (alors qu'un processus législatif ordinaire prend en moyenne huit mois), la loi de ratification devant ensuite être bouclée dans un délai de dix-huit mois. Lors de la crise sanitaire, les ordonnances ont ainsi été systématiquement utilisées pour faire face à l'urgence de la situation. Pour la réforme du Code du travail, le recours aux ordonnances n'a pas été une surprise politique puisqu'elle faisait partie du programme du candidat Emmanuel Macron à l'élection présidentielle et était annoncée comme une première réforme emblématique du quinquennat.

Ces ordonnances ont-elles été contestées ?

D'un côté, on pourrait dire qu'elles l'ont été assez peu. Il y a eu deux manifestations organisées, l'une par la CGT, l'autre par La France insoumise. Le mouvement s'est ensuite arrêté là car les autres syndicats n'appelaient pas à manifester. Outre la légitimité de cette réforme lancée en début de mandat et annoncée pendant la campagne électorale, la raison est à rechercher dans la méthode puisque les concertations que nous avons organisées ont permis d'intégrer un certain nombre de recommandations, notamment celles portées par les organisations syndicales réformistes.

Néanmoins, il y a eu des critiques. Certains acteurs ont parlé de « détricotage » du droit du travail. En réalité, ce dernier est devenu plus lisible et a été complété par une version numérique centrée sur les questions des utilisateurs, entreprises et salariés, pour le rendre plus accessible. Mais effectivement, notre réforme représente une vision différente du droit du travail et des relations dans l'entreprise. Pour certains, il n'existe de droit que par la voie législative et réglementaire, qui doit prescrire de façon précise les rôles et devoirs de tous les acteurs partout sur le territoire. Vision bureaucratique, très administrative, très éloignée de la diversité des réalités de terrain.

La pratique des pays nordiques est différente depuis plusieurs décennies. Nous nous en rapprochons en l'adaptant à notre histoire et notre contexte. Ces pays donnent la primauté au contrat social issu du dialogue social. Cette approche est plus contractuelle que conflictuelle, plus pragmatique qu'administrative, plus évolutive que rigide. Nous assumons pleinement cette modification de la nature du droit social. Nous avons en effet inversé non pas la hiérarchie des normes (la loi reste supérieure à tout accord) mais la pyramide du dialogue social, en affirmant que dans le cadre des grands principes normatifs fixés par la loi et demeurés structurants, l'essentiel est ce qui se passe concrètement pour les salariés et les entreprises sur le terrain. Nous avons simplifié le droit pour qu'il soit applicable dans les petites entreprises. Selon un principe de subsidiarité remontant, tout ce qui ne peut pas être négocié dans l'entreprise peut l'être au niveau de la branche voire au niveau interprofessionnel, l'ensemble étant régi par la loi qui fixe le cadre sans prescrire tous les détails du quotidien. Il s'agit bien d'une véritable évolution sur laquelle il peut y avoir bien sûr des désaccords, mais nous pensons ainsi avoir collectivement donné à la France un modèle social moderne, juste et constructif. En revanche, et encore davantage dans les pays où le droit social est peu développé, l'application des normes internationales négociées à l'OIT est un socle indispensable pour protéger les travailleurs. L'équilibre entre la norme et le contrat social, entre ce qui est prescrit et ce qui est négocié, est constitutif de l'ordre social d'une société.

La deuxième polémique potentielle portait sur les barèmes prud'homaux.

Les prud'hommes sont une instance paritaire qui juge les litiges du monde du travail, notamment les licenciements. Le système était devenu incertain et dissuasif pour la création d'emplois dans les petites entreprises : en cas de conflit avec un salarié, un chef d'entreprise n'avait aucune idée du temps de la procédure (en moyenne deux ans) ni de son coût. De même pour le salarié qui ne savait pas quand il serait payé ni le montant de son indemnisation.

Nous n'avons pas détricoté le droit de licenciement mais nous avons donné des points de repère, des barèmes, ouvrant un espace plus large à la médiation et à la négociation, les deux parties ayant intérêt à gagner du temps en négociant. Les litiges ont diminué de 15 %. Nous avons entendu ceux pour qui le principe d'un barème était inapproprié en cas de discrimination ou de harcèlement. Nous avons donc retiré des barèmes prud'homaux ce type de situations, qui restent soumis à une évaluation du juge en matière de dommages et intérêts, procédure plus longue, plus lourde mais permettant d'échapper au plafonnement. Car il ne s'agit pas simplement d'emploi mais d'atteinte à l'intégrité de la personne.

Le troisième sujet de débat avec les organisations syndicales nationales était celui des instances représentatives du personnel. La France était le seul pays à avoir trois manières de représenter les salariés dans la même entreprise : les délégués du personnel, le comité d'hygiène et de sécurité, le comité d'entreprise. Nous avons fusionné ces trois instances en une seule : le comité social et économique. Certains y ont vu une atteinte au droit syndical. Je pense au contraire que la protection des salariés en est renforcée et leur voix mieux entendue car élus du personnel et direction d'entreprise peuvent désormais discuter de la cohérence à instaurer entre les objectifs stratégiques, la marche des affaires, l'organisation du travail, le développement des compétences, la santé et sécurité au travail, ou l'égalité hommes-femmes, tous sujets profondément liés. Ils ont maintenant les moyens d'avoir un dialogue social et économique avec un angle de vue à 360°. Nous l'avions vérifié en visitant des entreprises qui pratiquaient avant l'heure cette approche. Le dialogue social et économique à l'intérieur de l'entreprise s'avère beaucoup plus riche, plus innovant et plus constructif, à condition de s'en saisir. La convergence de la performance économique et du progrès social peut prendre tout son sens.

La loi a défini le cadre d'action, fixé l'ambition et les bornes ; c'était ensuite aux acteurs de s'en saisir, l'État gardant le rôle d'accompagner le mouvement, de veiller au grain, d'ajuster si besoin le dispositif au vu des résultats. Une des conditions de réussite était que la fusion des instances ne se fasse pas au détriment mais *avec* les organisations syndicales. De nombreuses entreprises l'ont bien compris, d'autres pas encore. Trois ans plus tard, soixante mille comités sociaux et économiques d'entreprise sont en place, près d'un millier d'entreprises de petite taille ont utilisé leur nouveau droit à procéder par référendum. Des formations communes DRH-syndicats ont eu lieu en partenariat avec plusieurs universités et de nombreux accords innovants ont été présentés lors des rencontres « Réussites du dialogue social ». Même en période de crise, le nombre croissant d'accords d'activité partielle de longue durée (dispositif de protection de l'emploi et des compétences à long terme que nous avons mis en place au printemps 2020) et d'accords de performance collective témoigne d'une évolution progressive vers une approche plus contractuelle de la négociation collective.

Pas de deux avec les médias

Nous avons élaboré les ordonnances travail en discutant de façon intense avec les partenaires sociaux et les parlementaires. Nous avons fait le pari d'une loi qui renforce le dialogue social et économique au niveau de l'entreprise et de la branche professionnelle, au bénéfice des entreprises, des salariés et de notre pays. Notre vision d'un contrat social au plus près des réalités du terrain constitue un changement culturel profond qui mettra des années à produire pleinement ses fruits.

Cependant, le temps des résultats de l'action politique n'est pas le temps des médias. Un autre défi attend les ministres, tout particulièrement ceux qui viennent de la société civile : la plongée immédiate dans le bain médiatique.

Il faut une certaine forme d'humour et de détachement quand on se lance dans cet univers où toute action, toute inaction, tout geste, toute expression peut être commentée, disséquée, interprétée, déformée, voire inventée. Parfois, c'est carrément surprenant. Comme ce jour d'août 2019 où je découvre avec surprise un article sur moi dans *Le Courrier picard*. Le motif est sympathique : j'adore la baie de Somme, paradis pour la photographe que je suis, avec ses lumières d'hiver exceptionnelles et la proximité du parc du Marquenterre où se croisent des dizaines de milliers d'oiseaux migrateurs. Par passion pour cette nature, j'ai acheté une maison dans le quartier de l'Aviation au Crotoy. Or *Le Courrier picard* fait le portrait de plusieurs personnalités locales. J'y découvre avec stupéfaction que j'aurais un chien (je n'ai aucun animal domestique...), que mes parents y viendraient souvent (ma mère est hélas décédée depuis longtemps, et mon père, récemment disparu, était à l'époque presque centenaire, avait perdu toute mobilité et résidait dans un Ehpad de la région parisienne), que je ne ferais pas mes courses localement (alors que je me régale des produits et des échanges avec plusieurs commerçants locaux depuis des années), que j'y viendrais une fois par an l'été (alors que mes échappées en week-end se font principalement sur les trois autres saisons), et que j'y aurais une demeure « imposante quoique modeste » (là, j'avoue ne rien comprendre). J'en conclus que le journaliste, qui n'a pas pris la peine d'appeler mon équipe pour vérifier quelques informations, a dû me confondre avec quelqu'un d'autre.

Est-ce grave ? En soi, non. Cette anecdote prête même à sourire. Mais c'est plus préoccupant si de multiples fausses informations de ce type instillent peu à peu dans l'opinion une image complètement fausse et fabriquent un personnage éloigné de la réalité. Ce qui est notre lot quotidien. C'est aussi caractéristique d'une petite paranoïa que la position de ministre impose de développer : on apprend vite par l'expérience qu'à tout moment, sur n'importe quel sujet, une information complètement erronée, malveillante ou mal renseignée peut sortir. Sur vous, votre action ou votre entourage. Sur les réseaux sociaux, c'est permanent et sans vergogne. Dans la majorité des radios, télés et journaux (sauf ceux qui en font un *business model*), c'est moins fréquent et en général moins outrancier. Mais les biais et petites distorsions sont quotidiens. Question d'angle de vue. Quand un commentateur politique ou médiatique veut démontrer quelque chose, il ne retient que ce qui va dans son sens, actes ou propos, et balaie la complexité de la réalité, le contexte ou les autres dimensions. Je le vérifierai en payant le prix cher sur des informations fausses et récurrentes concernant ma situation chez Business France et Danone.

La critique et le désaccord sont nécessaires et intrinsèquement constitutifs de la démocratie. Mais démolir quelqu'un avec de fausses informations, qu'il soit ministre ou simple citoyen, peut se faire en quelques jours, en particulier sur les réseaux sociaux. Plus graves, les drames d'adolescents harcelés et humiliés sur les réseaux sociaux le montrent chaque jour. D'après une enquête de l'Ifop en 2019, un jeune sur cinq a déjà été victime d'insulte ou de harcèlement sur les réseaux sociaux. Il est indispensable de responsabiliser davantage les plateformes numériques, les jeunes et tous les citoyens sur le devoir de déontologie et la condamnation des contenus haineux. Il serait temps aussi de promouvoir des initiatives pour la production de contenus innovants, éducatifs, pédagogiques, adaptés aux pratiques culturelles de la jeunesse et porteurs des valeurs républicaines.

Dans *La Guerre du faux*, Umberto Eco avait déjà démontré magistralement et avec humour comment une information totalement fausse peut s'imposer comme une vérité indubitable. Du moment qu'elle fait système et est répétée, la *fake news* s'ancre dans les esprits comme incontestable. Même Wikipédia, né comme un instrument démocratique d'accès à la connaissance pour tous, n'est pas exempt de ce travers : j'ai découvert à mes dépens que si une information mensongère est répétée dans plusieurs journaux, cela devient une « source » et ne peut plus être contesté sauf à entreprendre des démarches juridiques longues et coûteuses.

Si l'on compare la France et l'Europe à de très nombreux pays dans le monde, on peut se réjouir de vivre là où la liberté de la presse et le droit d'expression sont des droits essentiels. Pourtant, les réactions autour du terrible attentat terroriste contre *Charlie Hebdo* et l'assassinat atroce de l'enseignant Samuel Paty ont montré qu'il n'y a pas consensus sur ces valeurs fondatrices de notre pacte républicain.

Les relations complexes entre politiques et médias sont peu de chose en comparaison de ces droits fondamentaux. Cependant, elles posent des questions quotidiennes d'équilibre, de part et d'autre. Comment éviter la complaisance ou au contraire l'attaque gratuite ? Comment informer sur le fond tout en poussant à la phrase choc ou au dérapage qui fera la une ?

Les valeurs de respect, de rigueur et de bienveillance réciproques sont une condition nécessaire et un point d'équilibre indispensable au droit à critiquer, contester, manifester, s'opposer, voter contre, si précieux dans une démocratie avancée. L'explosion des réseaux sociaux et leur licence implicite à autoriser le lynchage des personnes, la difficulté pour chacun à distinguer la vérité du mensonge comme la multiplication des thèses complotistes rendent plus que jamais nécessaire les régulations, mais aussi l'éducation aux valeurs de respect. C'est à nous tous, enseignants, citoyens, médias et politiques, d'y veiller au quotidien, et de nous prémunir contre la tentation de répondre sur le même ton.

Alors, que faire lorsque vous êtes injustement attaqué dans les médias et les réseaux sociaux ? Deux approches sont possibles : monter au filet et se défendre bec et ongles, ou jouer en fond de cours et renvoyer de longues balles lobées. Les millions de fans de Roland-Garros me comprendront. Les deux approches peuvent se justifier. C'est une question de style et de contexte. Bien que « guerrière » quand il s'agit de défendre et de promouvoir le fond des sujets, en sports je suis plutôt une coureuse de fond. Surtout, les circonstances m'ont fait choisir très vite mon style. Je ne crois pas au fait d'entrer dans la mêlée et de nourrir le Moloch de la malveillance et de la violence sur les réseaux sociaux.

Dans son magnifique *Autoportrait de l'auteur en coureur de fond*, l'écrivain Haruki Murakami montre, avec son art des petites touches subtiles, à quel point les valeurs de patience, de ténacité et de persévérance sont indispensables au marathon comme à l'autoroute de la vie. Avec l'expérience, cette métaphore me parle pleinement. Réintroduire la réflexion du temps long au cœur de l'agitation politique quotidienne me paraît une exigence incontournable pour rebâtir la confiance des citoyens en leurs représentants, laisser une trace, et *in fine* construire du sens.

Je m'y attendais, et avant même la confirmation de ma nomination j'en avais prévenu le président de la République, le Premier ministre, et Alexis Kohler, le secrétaire général de l'Élysée : portant une réforme hautement symbolique et la première du quinquennat, celle du Code du travail, je serais assaillie par tous les moyens possibles. Cela n'a pas tardé. Dès fin juin, débutait une attaque en règle.

J'avais en mémoire cette pensée d'Hannah Arendt : « Le mal est un phénomène de surface. Nous résistons au mal en refusant de nous laisser submerger par la surface des choses, en nous arrêtant, en réfléchissant, c'est-à-dire en dépassant l'horizon du quotidien. »

Les médias se sont emparés immédiatement d'un problème de procédure qui avait eu lieu dans un appel d'offres chez Business France, l'agence publique que je dirigeais avant de devenir ministre. Dès que j'avais été alertée d'un éventuel non-respect de la procédure, j'avais diligenté un audit interne et externe. Comme il est de droit en matière d'appels d'offres publics, le procureur avait été saisi et trois juges d'instruction nommés. Bien que je sois moi-même à l'initiative de cet audit, à entendre mes détracteurs dans les médias et les réseaux sociaux, j'étais suspecte, voire coupable. De fausses informations circulèrent, reprises en premier lieu par – hélas ! – *Le Canard enchaîné*. Deux options se présentaient à moi : répondre point par point, mais interférer dans une procédure judiciaire en cours me paraissait déplacé et aurait pour effet de focaliser mes prises de parole sur ce sujet au lieu du projet d'ordonnances travail, autrement plus important. Ou endurer l'injustice et réaffirmer ma confiance en la justice. J'ai choisi la seconde option.

Cela a été une véritable épreuve d'endurance et de résilience, car dans chacune de mes interviews télé, radio ou presse écrite, on me posait une question sur Business France, sous-entendant une fragilité politique ou mettant implicitement en cause l'authenticité de mes propos. Question à laquelle je répondais invariablement que j'avais confiance en la justice, et rien d'autre à dire. Sans aucun élément nouveau me concernant, sauf une unique audition comme témoin assisté, les médias ont néanmoins continué à agiter ce sujet. Au bout d'un an, Jean-Pierre Elkabbach a eu l'élégance d'arrêter la question rituelle, en attendant qu'il y ait des éléments nouveaux, et ce malgré les instructions qui faisaient siffler son oreillette.

Beaucoup de citoyens qui ont connu des attaques injustes dont ils ont dû se défendre comprennent ce que je veux dire. Cet épisode précoce m'a tanné le cuir, comme on dit. Je mesure à quel point ma sincérité, mes proches et mes décennies d'expérience professionnelle m'ont aidée à supporter ce harcèlement médiatique.

Durant le même été 2017, une autre déformation de la réalité sera orchestrée pour tenter de me déstabiliser. Comme tout cadre dirigeant de grand groupe, j'ai reçu des stock-options dont, au fil du temps, la valeur a augmenté en fonction de la valeur boursière du groupe Danone. J'ai, comme on dit dans le jargon, « levé » ce plan de stock-options à son échéance cinq ans plus tard, en 2014. Le montant brut est élevé. Le montant net après impôt sera trois fois moins important. Mais cette précision n'intéresse pas les médias. Certains ont affirmé que j'avais mené un plan social chez Danone pour augmenter la valeur de l'action. C'est non seulement totalement mensonger mais absurde.

Dans une entreprise, ce n'est pas le DRH qui décide des plans de réduction d'effectifs, c'est une décision stratégique de la direction générale et parfois du conseil d'administration. Le DRH prépare et accompagne ces plans, le mieux possible socialement. Une entreprise qui n'adapte pas régulièrement son organisation aux évolutions du marché court un risque d'échec à terme, avec les conséquences brutales sur l'emploi que cela peut signifier. L'exemple catastrophique de Moulinex en est une preuve terrible. Suite à de nombreuses acquisitions et à son nouveau positionnement stratégique, d'un point de vue compétitif Danone devait se réorganiser et regrouper certains de ses sièges sociaux en Europe. En France, le résultat a été la suppression de 300 postes de cadres et d'employés, sur un effectif de 10 000 salariés en France et 90 000 dans le monde. J'ai proposé et obtenu que ce soit en France entièrement un plan de départs volontaires, discuté avec les syndicats, avec des offres de mutation interne, des aides à la reconversion externe, et l'instauration d'un fonds pour la création d'entreprises.

Il y a eu plus de candidats au départ que d'emplois à supprimer… Certains salariés m'ont même remerciée de pouvoir ainsi mener à bien leur projet personnel. Avec Emmanuel Faber, alors directeur général adjoint du groupe, nous étions assez fiers d'avoir réussi cette restructuration avec un double angle économique et social. Bien loin de l'image sanguinaire qu'on a essayé de donner de moi quand je suis devenue ministre.

C'est certainement un hasard si dans l'histoire, de nombreux hommes politiques, riches par fonction ou par héritage, n'ont pas été critiqués. Mais qu'une femme puisse devenir dirigeante et gagner elle-même de l'argent au même niveau que les hommes, cela est probablement insupportable à certains.

Gagner autant d'argent que mes collègues masculins m'a permis de créer et financer le fonds Sakura pour l'art social, qui vise à relier ce qui est séparé. Sakura est un fonds de dotation à but non lucratif qui aide les projets naissants d'artistes engagés sur les enjeux sociaux et sociétaux tels que les inégalités sociales, les soins ou l'environnement. Il soutient en particulier les jeunes et les femmes qui ont souvent moins accès que les autres aux grands financements publics et privés. Deux médias ont rémunéré un journaliste pendant deux mois pour essayer de démontrer une quelconque intention cachée. Au vu des témoignages très positifs des artistes, ils ont laissé tomber... mais n'ont jamais parlé du fonds Sakura. Devenue ministre, je me suis retirée de la gouvernance, et j'ai confié la présidence du conseil d'administration à Françoise Colas.

La relation avec les médias est une leçon d'humilité et d'adaptabilité permanente. Vous pouvez mettre beaucoup d'efforts pour communiquer sur un sujet, mais n'avoir qu'un succès très relatif, surtout si le sujet est positif et non polémique, donc moins susceptible d'attirer de l'audience, et avoir un pic de communication sur des sujets imprévus.

Dans ma démarche de communication comme ministre, je vais découvrir l'incarnation individuelle, qui va au-delà de l'incarnation de la fonction. J'étais habituée à dire « nous », je dois apprendre à dire « je », même si l'action est par définition toujours collective. Devenir une personne publique, c'est être exposée à une fabrication d'image. C'est devoir habiter son rôle. Il faut un certain temps pour comprendre pleinement qu'on ne peut pas convaincre par la seule raison. La confiance se gagne sur le quadruple terrain de l'engagement, de la parole, des résultats et du style personnel. Chez certains, ce style est sciemment le fruit d'un travail de construction. Pour un ministre issu de la société civile, le côté « acteur » que demande la communication politique n'est pas évident à maîtriser. Je n'en avais pas non plus envie. Aussi faut-il mieux travailler la clarté de sa communication tout en restant authentique. Avec sa tête et son cœur.

Avec mon équipe, j'ai fait aussi le choix d'une communication régulière mais pas omniprésente. Je me rappelle comment je regardais les politiques qui vont sur tous les plateaux télé pour exister, sans avoir toujours quelque chose à dire. Je trouvais ça lassant. Même si je reconnais aujourd'hui l'utilité d'une présence collective forte pour faire exister les sujets et toucher tous les publics, j'ai continué à mesurer mes interventions. Concrètement, cela veut dire que nous refusions une grande partie des sollicitations média que nous recevions. Choisir de faire une matinale ou une interview doit s'inscrire au bon moment et servir l'objectif d'expliquer et réussir les transformations que nous menons. Cette approche a probablement des avantages sur le plan du sérieux et de la crédibilité, et des inconvénients en matière de visibilité et de popularité.

Le dilemme le plus important est le mode de communication : pour qu'une dépêche AFP soit reprise dans de nombreux médias à la suite d'une matinale, il faut faire une annonce forte, ou mieux encore utiliser une formule provocante. La simple explication argumentée ne suffit pas. La phrase choc, facile à faire, est souvent insatisfaisante sur le fond. Il est logique que les médias se nourrissent d'annonces et soient en compétition entre eux sur l'actualité en cours, mais entrer dans cette surenchère de l'instant présent peut parfois être contre-productif avec l'objectif de transformation recherché.

Dilemme permanent du politique : ce qui change et améliore le plus en profondeur la vie de nos concitoyens n'est pas forcément ce qui fait le plus de bruit. Pourtant, il faut arriver à mettre en lumière ces avancées sans braquer la société civile. C'est tout un art qui s'apprend pas à pas, et dans lequel j'apprends chaque jour.

Un autre défi, c'est le tempo. Il faut parfois aller vite. Dans les huit jours qui ont suivi mon arrivée, j'ai fait un choix, celui de ne plus commenter les chiffres mensuels de Pôle emploi, et d'instaurer à la place un grand rendez-vous trimestriel, « Les rendez-vous de Grenelle », sur tous les chiffres de création d'emplois et du chômage. Ma connaissance antérieure du secteur m'a permis de prendre cette décision : tous les experts s'accordaient à dire que ces chiffres mensuels n'avaient pas de réelle signification, tant des variations infimes pouvaient provenir de problèmes informatiques ou statistiques, voire être liées au renvoi tardif de confirmation de leur situation par les demandeurs d'emploi. Je me rappelais la difficulté de tous mes prédécesseurs à commenter parfois des variations de – 0,1 % pour lesquelles il fallait trouver des explications alors qu'il s'agissait souvent de marges d'erreurs techniques. Une telle décision ne pouvait se faire qu'en arrivant car, plus tard, j'aurais été accusée de modifier le baromètre à notre avantage.

Au bout de huit jours, il était clair que les résultats ne pouvaient pas être les nôtres et étaient ceux du gouvernement précédent. J'ai donc réuni la directrice de la Dares, le directeur de l'Insee et des économistes réputés en ce domaine. Tous m'ont confirmé mon intuition, et nous avons conclu que le chiffre du chômage le plus pertinent était celui que produit chaque trimestre l'Insee pour le BIT (Bureau international du travail) et qui fait l'objet des comparaisons internationales. C'est donc ce chiffre, complété par ceux de la création d'emplois et du nombre de recrutements, que j'ai commenté chaque trimestre pendant trois ans. Il me paraissait important que la ministre du Travail commente les créations d'entreprises et d'emplois ainsi que les embauches autant que le chômage. Je ne me voyais pas comme la ministre du chômage, mais d'abord celle du travail, de l'emploi, des compétences et de l'inclusion, au cœur de l'articulation entre l'économique et le social.

Quelques personnalités politiques ou directeurs d'administration m'ont mise en garde : « Si vous ne faites pas une conférence de presse mensuelle sur les chiffres du chômage, vous n'aurez pas accès aux médias. » Il s'est passé tout le contraire, c'est l'agenda de transformation et l'action qui a compté. Pour conserver la pleine transparence, les chiffres mensuels sont restés disponibles sur le site de Pôle emploi mais servent surtout à la gestion des opérations, ce pour quoi ils ont été conçus.

Nous avons alors lancé les premiers « Rendez-vous de Grenelle », du nom de la rue où se trouve le ministère, et où ont été négociés les accords de Grenelle. J'aimerais qu'un jour on parle du ministère du Travail comme de « Grenelle », comme il y a « Bercy » pour l'économie, « Beauvau » pour l'intérieur, le « Quai d'Orsay » pour les affaires étrangères, ou « Matignon » pour le Premier ministre. Désigner un ministère par un lieu, c'est d'une certaine façon lui donner une place dans notre géographie démocratique, l'humaniser, et le relier à l'histoire. Quand on a la chance d'être responsable d'un ministère qui abrite la salle des Accords de Grenelle, cela devient une évidence.

Ces « Rendez-vous de Grenelle », auxquels étaient invités les journalistes sociaux et économiques, s'organisaient autour de débats ouverts et contradictoires avec des experts. Ils permettaient de partager des analyses plus profondes de la réalité du marché du travail. Selma Mahfouz, directrice de la Dares, Jean-Luc Tavernier, directeur de l'Insee et l'économiste Patrick Artus y ont beaucoup contribué, apportant leurs éclairages toujours passionnants, pas toujours convergents. Outre le commentaire des faits saillants sur les chiffres trimestriels, un thème était exploré à chaque fois : évolution des salaires et de la productivité, inégalités territoriales, égalité hommes-femmes, accès à la formation, emploi des seniors... Je concluais en reliant ces éléments à nos grandes réformes. Ce format était un pari car il s'éloignait du « contenu chaud » des chiffres du jour que j'aurais pu commenter dans une conférence de presse, pour apporter de la valeur dans un « contenu froid » beaucoup plus riche. Dans la pratique, cela fit l'objet d'assez peu de reprises dans les médias le jour même, hormis mon expression publique, mais cela a nourri beaucoup d'articles de fond.

Dans l'exercice de la démocratie, le gouvernement doit aussi fournir aux parlementaires, journalistes, experts, partenaires sociaux, associations et autres influenceurs tous les éléments qui les aident à jouer leur rôle, y compris critique. Ces « Rendez-vous de Grenelle » y contribuaient, et j'ai eu la satisfaction de voir qu'au fil du temps, les données que nous avions documentées et qui circulaient sur l'égalité entre les femmes et les hommes, l'emploi salarié, la formation, l'inégalité territoriale sur l'accès à l'emploi, étaient justes et nourries. On ne peut trouver des solutions qu'à des problèmes bien posés. Diagnostic partagé, recherche des solutions, débat et décision, évaluation des résultats : je crois profondément à cette méthode de l'action publique initiée et modélisée pour l'Europe par Jean Monnet.

À chaque publication de loi, j'invitais au ministère tous les ambassadeurs des pays européens et de l'OCDE à Paris afin de leur expliquer nos réformes. Nous avons fait des dossiers de presse en français et en anglais, diffusés en France dans tout notre réseau diplomatique : une première pour le ministère du Travail. Aujourd'hui, alors que je suis en poste à l'OCDE, de nombreux ambassadeurs me le rappellent. Les médias étrangers étaient intéressés, en particulier par la première réforme « Macron-Pénicaud » des ordonnances travail, et la loi sur la formation professionnelle, ce qui a suscité des interviews et des articles dans le *Financial Times*, le *Nikkei* ou sur CNN. La France ne porte pas des combats différents sur notre sol, à Bruxelles ou dans le monde. Il me paraît important que tous les ministères contribuent à faire rayonner notre pays et se nourrissent de l'expérience des autres.

En devenant ministre au sortir de Business France, je connaissais paradoxalement mieux les journalistes économiques de BFM Business, du *Financial Times*, de *The Economist* ou de Bloomberg que les journalistes sociaux français. Avec mon cabinet, nous avons rapidement organisé des rencontres « on » (interviews, conférences de presse...) et « off » (rencontres informelles) avec les journalistes sociaux en priorité, mais aussi des journalistes économiques et politiques. J'ai découvert les « off » qui sont très utiles car ils permettent de décrypter l'actualité, d'anticiper certains sujets en donnant plus d'éléments aux journalistes, et parfois de susciter reportages ou interviews. Certains des journalistes sont très pointus, connaissent en profondeur leur sujet et décryptent bien les enjeux et les politiques menées. Que nous soyons d'accord ou non, que leurs analyses soient sévères ou encourageantes, j'apprécie ces échanges où les points de vue se distinguent, s'affrontent parfois, mais ouvrent un débat utile. C'est l'exercice de la démocratie, la séparation des pouvoirs, et j'y tiens profondément.

La démocratie, c'est respecter la séparation des pouvoirs : comment la pratiquer au quotidien ? Je sais que c'est une posture rare et peut-être extrême, mais quand j'étais ministre je n'ai donné mon numéro de portable à aucun journaliste. Si nous échangions, mon conseiller presse était présent. Ce n'était pas de la défiance.

C'était de la confiance dans le professionnalisme et l'importance de chacun. Je sais que cela m'a privé parfois de certains soutiens et de l'accès à certaines informations. C'est particulièrement vrai avec *Le Canard enchaîné* qui source bien souvent sa page 2 au sein du gouvernement. Un ministre qui donne à un journaliste des tuyaux ou des petites phrases issues du Conseil des ministres aura peut-être un meilleur accès ou une appréciation positive sur un autre sujet. Peut-être. Ou pas. Mais sur tous ces sujets, j'ai une culture « scandinave ». Respect mutuel, mais pas de confusion des genres ni de jeu personnel. Je n'ai jamais vu ce type de comportement aussi ouvertement solo en entreprise. Une entreprise peut être pleine de défauts, mais le collectif prime en matière de communication, sinon elle périclite rapidement. Cela continue à m'indigner que des propos tenus au Conseil des ministres, sur la boucle de communication interne au gouvernement, ou dans un dîner informel entre membres du gouvernement se retrouvent dans la presse, souvent largement déformés, pour se faire valoir ou nuire à tel ou tel. J'y vois un affaiblissement de l'équipe et de la démocratie. Or on ne gagne qu'en équipe.

Avec le recul, les émissions ou interviews que j'appréhendais le plus comme tous les ministres de la société civile (presque) béotiens en communication médiatique dont je faisais partie, se sont avérées les plus intéressantes. Quand Jean-Pierre Elkabbach ou Jean-Jacques Bourdin, Nicolas Barré, Élizabeth Martichoux, Ruth Elkrief, Emmanuel Lechypre ou Alain Ruello semblent chercher la faille, je vois surtout la quantité de travail qu'ils ont consacrée pour préparer une émission ou une interview et leur volonté que cela parle au grand public. Ils sont exigeants. Je le suis aussi. Je n'aime pas les à peu près trompeurs. Le devoir d'un ministre est autant d'expliquer que d'agir. Et si on m'interrompt quatre fois de suite, ce qui rend le propos incompréhensible, je continue (de préférence en souriant) sans accepter l'interruption. C'est un pas de deux. L'interview n'est pas faite pour servir le journaliste ou le ministre, il doit servir le citoyen, l'auditeur, le téléspectateur ou le lecteur.

Par respect pour les citoyens et pour m'aguerrir, je me suis donné trois règles simples. La première, c'est qu'avant de commencer une émission, je pensais à trois ou quatre personnes que je connais, de milieux sociaux, générations et centres d'intérêt très différents. Et mentalement, c'est à elles que je parlais, ce sont elles que j'essayais de convaincre. Ça évite de jargonner, de polémiquer inutilement, de se perdre dans des questions secondaires. Un bon entraînement : les émissions avec du public, où j'invitais des parlementaires, des amis, des jeunes, des partenaires, des politiques et de simples citoyens. C'était très agréable car vous sentez que vous leur parlez vraiment et leur présence vous envoie de l'énergie.

Avant toute interview, je pensais aux deux, trois messages que je voulais faire passer. Si la question ne venait pas, à moi de me débrouiller pour amener le sujet en rebondissant sur une autre question. Avant une émission longue, mon conseiller communication essayait de négocier avec les journalistes le fait qu'on parlerait au moins d'un ou deux sujets de fond que je portais, pour éviter le simple commentaire sur l'actualité tous azimuts, même si une part devait y être consacrée.

Enfin, je voulais prendre en compte une considération éthique sur le plan politique. Mon objectif était d'analyser et de décrypter la réalité sans langue de bois, ce qui est l'essence de tout débat démocratique, et de promouvoir les actions que mes collègues ou moi-même menions ou préparions, mais pas de souffler sur les braises : en tant que membres du gouvernement, notre rôle n'était pas d'être des lanceurs d'alerte, fort utiles par ailleurs, mais d'être, avec le Parlement, des ingénieurs de solutions. Cela me conduisait parfois à une prise de distance empêchant de surfer sur certaines vagues.

Un de mes principaux défis dans les médias a finalement moins été le contenu – je me suis aperçue que j'étais rarement prise au dépourvu – que la forme : mon débit de parole est haché et rapide, ce qui a fait le bonheur des parodies. J'ai été surprise de voir que j'étais devenue définitivement une tête de Turc, une « bonne cliente » de Yann Barthès dans l'émission *Quotidien* : il diffusait fréquemment en accéléré des extraits de mes prises de paroles accolés sans logique et a refusé que je vienne une fois à l'émission comme l'avait proposé mon équipe de communication.

Mais c'est vrai depuis mon enfance, je parle, pense, respire et agis vite. Désir de trop en dire ? Expression de plusieurs pensées simultanées qui se chevauchent ? Impatience ? Réflexe de quatrième enfant d'une famille nombreuse qui veut participer aux discussions autant que ses aînés ? On me dit aujourd'hui que je ralentis un peu, que j'articule un peu plus. Il y a encore du chemin à faire ! Je n'ai pas fini de progresser… Disons qu'à tout âge on peut apprendre, j'en suis convaincue. Il est vrai aussi que mon cancer de la thyroïde, qui fut traité en toute discrétion pendant mon activité de ministre, a sans doute contribué à amplifier ma propension naturelle à commencer une nouvelle phrase avant d'avoir terminé la précédente. *Nobody is perfect !* Et nous sommes dans une culture où tout aveu de vulnérabilité, même provisoire, est nécessairement perçu comme un aveu de faiblesse.

Force ou faiblesse sont toujours au rendez-vous des commentaires en politique. Dans les médias, un ministre peut être perçu comme fort une semaine, en difficulté huit jours plus tard, en sursis au bout d'un mois, et avoir le vent en poupe ou devenir victorieux dans la foulée. Un peu comme les sportifs professionnels. Quand, suite aux premières réformes, un journal anglo-saxon fera mon portrait avec le titre « *Macron's Iron Fist* » (« Le poing de fer de Macron » – les amateurs de Marvel comprendront), ils sont dans ce registre.

Un autre aspect des médias m'intéresse : les caricatures et bien sûr les photos. Trait de caractère, je n'ai pas un ego démesuré et j'ai ri de bon cœur aux caricatures que faisaient de moi Plantu dans *Le Monde* ou Kak dans *L'Opinion*. Je suis admiratrice de leur talent de grand dessinateur et d'analyste politique. Un caricaturiste qui fait rire tout en résumant en un dessin plusieurs angles de vue pour faire réfléchir le lecteur autrement, j'applaudis.

L'humour et la créativité peuvent parfois être au rendez-vous de façon inattendue. *Paris Match* publie un quatre pages sur les coulisses des ordonnances travail, qui est aussi mon portrait. Le journaliste m'a suivie une semaine pour préparer son article. La rédaction choisit de publier sur deux pages une photographie de moi, pieds nus dans le jardin du ministère, en posture de méditation sur une jambe, les bras grand ouverts, avec le titre : « Muriel Pénicaud en équilibre ». Je n'ai pas posé pour cette photo. Chaque jour, je prends quelques minutes pour faire plusieurs mouvements qui m'aident à rester centrée et alignée avec moi-même, un mélange personnel de tai-chi et de yoga. Ma conseillère communication n'a pas pensé dommageable que cette réalité soit montrée. Moi non plus. Ni elle ni moi n'avons imaginé que cela ferait une double page.

Les réactions sont diverses. Certains pensent que c'est une mise en scène inappropriée par rapport au sérieux de ma fonction, d'autres m'envoient des messages de félicitations – même de Suède où l'on me dit : « Enfin une ministre normale qui a d'autres dimensions dans sa vie. » Très vite, les réseaux sociaux s'emparent de la photo et la détournent, en faisant un « mème ». Plus d'une centaine de photomontages apparaissent sous le #PoseTaPenicaud, où j'apparais avec DiCaprio, de Gaulle ou Mbappé, dans *Koh-Lanta* ou sur le Pain-de-Sucre de Rio, au milieu de la Patrouille de France ou du cercle parfait de Léonard de Vinci, avec le drapeau LGBT ou un flamant rose en plein envol, en Power Ranger ou en X-Men. Passé le moment de doute sur le risque de ces détournements, je dois avouer qu'avec mon équipe nous avons bien ri. Même mes proches ont commis quelques détournements amusés et amicaux.

Ah, les photographes de presse ! Dans une autre vie, j'aurais aimé être grand reporter, parcourant le monde avec un appareil photo et une caméra au poing. J'ai parcouru le monde, mais sans en faire mon métier. Pratiquant moi-même la photographie, j'ai un grand respect et une admiration sincère pour les photographes professionnels. Je me suis donc intéressée aux photographes de presse, ces invisibles qui donnent à voir la République. Cachés derrière leurs objectifs, à peine vus par ceux qu'ils photographient, c'est leur regard qui forme le nôtre, qui donne forme à notre représentation de la réalité. Le poids des photos…

Qu'est-ce que cela signifie ? D'abord que la démocratie se construit à hauteur d'homme, selon une expression souvent utilisée par Laurent Berger et qui me paraît juste. Et que la démocratie est comme une toile dont les tisserands seraient tous les citoyens. Parmi ces tisserands, on peut citer tous les métiers qui comptent dans les médias, dont les photographes, les preneurs de son, les régisseurs, les techniciens et bien d'autres.

Tous les mercredis matin, des dizaines de journalistes attendent dans la cour de l'Élysée la sortie du Conseil des ministres. Certains ont des micros et espèrent en vain un commentaire ou une petite phrase de l'un ou l'autre. La plupart sont photographes, cameramen ou preneurs de son. Tout début janvier 2018, il neigeait. Comme souvent, nous sortons tard du Conseil des ministres, vers 13 h 30, car le président encourage les échanges, ce qui rend le conseil intéressant, fructueux, engageant et imprévisible quant à son heure de clôture. Je constate que certains journalistes grelottaient en nous attendant sous la neige. Les mêmes que je voyais parfois au soleil ou sous la pluie. Réflexe humain, je m'interroge sur leurs conditions de travail. Et comme un hommage, comme une trace du travail de ces invisibles si importants, je sors mon téléphone et prends le groupe de photographes en photo. Depuis cette date, chaque mercredi depuis le perron de l'Élysée et jusqu'à mon départ, je prendrai les photographes en photo. Ce regard croisé, en abîme, ce clin d'œil, a du sens. Chaque semaine, certains me demandaient quand je publierais la série. Je le ferai en hommage à leur travail, dès que je trouverai le cadre pour le faire. J'ai aussi parfois pris en photo ceux qui venaient faire mon portrait ou intervenaient dans les meetings. Nous échangions sur les deux photos d'oiseaux issues de ma première exposition « Wind Under the Wings » qui étaient dans mon bureau. Un photographe de presse réputé m'a demandé que je le prenne en photo, j'ai été honorée et ai fait son portrait avec plaisir.

Et puis parfois l'imprévu. Fin novembre 2019, je glisse et chute dans l'escalier de Matignon, un grand escalier en marbre lissé par le temps et ciré ce jour-là pour le faire briller. Bilan : double fracture, grosse entorse, ligament arraché. Six semaines de plâtre et six semaines de rééducation. Du coup, *Gala* et *Closer*, qui d'habitude ne s'intéressaient pas à ma personne car je fuis les lieux people, vont publier des photos de moi la jambe plâtrée en chaise roulante en haut du perron de l'Élysée, à la sortie du Conseil des ministres. L'humour sauve de tout, et cette image a inspiré un certain nombre de caricaturistes.

L'imprévisibilité des photos ! Bien sûr, il est désagréable de découvrir dans la presse une photo où vous grimacez ou paraissez tendue, prise en un dixième de seconde au milieu d'une séquence souriante et posée de deux heures. Mais les surprises vont dans les deux sens : un article très critique peut être accompagné d'une belle photo, un article positif peut être abîmé par une photo désobligeante.

Restriction de la vie privée

En devenant ministre, j'avais bien anticipé qu'il y aurait des risques et des attaques, et qu'il me faudrait faire preuve de résilience et de détermination. J'avais néanmoins sous-estimé la restriction de liberté dans le champ privé.

À la différence des pays scandinaves où les ministres peuvent à peu près conserver la même vie quotidienne que leurs concitoyens, en France toute parole, action ou apparence d'un ministre relèvent du domaine public et sont jugées comme telles. La vie privée d'un ministre est confinée à l'espace étroit de son logement et du logement de quelques amis sûrs, loin des selfies et des interpellations. Ou en pleine nature, loin des hommes, comme j'ai la joie de le faire en baie de Somme ou à la montagne.

Certains voient comme un privilège le fait d'avoir un chauffeur et un officier de sécurité. Malgré leur discrétion et leur efficacité remarquables, et bien que je les aie sincèrement appréciés sur le plan humain et professionnel, certains étant des personnes exceptionnelles, cela me pesait de ne pouvoir sortir de chez moi sans être accompagnée. Moi qui voyageais seule, sac au dos, partout dans le monde à 24 ans ! Dès le premier jour, notamment parce que je portais la première réforme du quinquennat dont certains craignaient qu'elles mettent plus d'un million de personnes dans la rue comme la précédente loi Travail, j'ai eu un niveau de protection élevé. Pour des raisons évidentes, cette protection est d'un niveau bien plus élevé pour les ministres régaliens : Défense, Affaires étrangères, Justice, Intérieur. Un niveau de protection qui est lui-même sans aucune mesure avec les contraintes que peuvent vivre le Premier ministre, et surtout le président de la République et son épouse.

Concrètement, pour moi, cela signifiait ne plus pouvoir se balader dans la rue ou s'installer à une terrasse de café seule, décider à 22 heures d'aller au cinéma, aller voir des copains à l'improviste, partir en week-end le samedi matin sans planification préalable, décider en cinq minutes selon l'humeur du dimanche matin d'aller me promener. Pour moi qui ai voyagé dans le monde entier, dans des conditions parfois acrobatiques mais toujours passionnantes, je l'ai ressenti comme une privation de liberté. Mon père, à 97 ans, appelait mes officiers de sécurité « mes gardiens ». Anges gardiens ou surveillants de ma liberté ? Le double sens de ce trait d'humour, involontaire ou pas, ne m'a pas échappé. La protection peut devenir une servitude.

Malheureusement, cette protection est justifiée. Je ne l'ai quasiment jamais ressenti dans la rue où la plupart des personnes que je croisais étaient soit indifférentes, soit réservées, soit curieuses (« Tu as vu ? C'est la ministre du Travail »), soit chaleureuses (j'étais régulièrement interpellée par un « bravo », un « merci », « ne lâchez rien ! »). En presque trois ans, je n'ai connu que trois ou quatre manifestations réellement hostiles, sans compter quelques dizaines ou centaines de manifestants présents lors de déplacements. En revanche, les courriers ou messages insultants, voire menaçants sur les réseaux sociaux étaient monnaie courante. En pleine crise des Gilets jaunes, j'ai reçu deux menaces de mort ciblées. J'habitais une maison entourée d'un jardin dans les Hauts-de-Seine, impossible à protéger car le mur d'enceinte est bas et facile à franchir. Des milliers de personnes connaissent mon adresse : j'y ai élevé mes enfants pendant vingt ans, et la maison a toujours été ouverte et accueillante pour tous. En quelques semaines, à la demande de mes officiers de sécurité et du ministère de l'Intérieur, convaincus que j'étais en danger, j'ai dû louer un appartement dans un immeuble mieux sécurisé à Paris – à mes frais bien sûr, pas à ceux du contribuable, et déménager. Pendant dix-huit mois, j'ai été locataire d'un appartement alors que ma maison était vide.

Parfois, un problème de sécurité peut se retourner positivement. En avril 2018, à l'invitation de députés et militants LREM, je me rends un soir à Brétigny-sur-Orge dans l'Essonne pour une réunion publique sur l'apprentissage et la formation. Une vingtaine de kilomètres avant l'arrivée, mon officier de sécurité est informé qu'une manifestation CGT nous attend à l'entrée. Je décide bien sûr de continuer. Échanger avec des représentants syndicaux fait partie de mon quotidien. Quelques kilomètres plus loin, nous apprenons que les syndicalistes ont été rejoints par des manifestants de La France insoumise et des black blocs cagoulés et virulents dont certains peut-être armés, nous dit-on, probablement issus de la faction violente des zadistes. Ces derniers viennent d'être évacués de Notre-Dame-des-Landes après avoir refusé les conditions d'installation sur le site, pourtant très favorables, proposées par la préfecture de région. Je confirme ma venue. La force publique va faire reculer les manifestants d'une trentaine de mètres pour que les participants et moi-même puissions entrer dans la salle où se tient la réunion publique.

C'est une très belle salle, une vaste grange en pierres rénovée par la municipalité. Près de trois cents personnes m'attendent et applaudissent mon arrivée. Nous commençons le débat. Dix minutes à peine après avoir débuté, l'électricité s'éteint. Nous pensons immédiatement que les manifestants ont actionné le disjoncteur. Vérification faite, ils ont carrément saboté le générateur électrique qui dessert tout le quartier. Il faudra des heures de réparation. Certaines décisions se prennent en un quart de seconde. Je propose à l'audience de continuer, dans le noir et sans micro. Je me rappelle les conseils de mon fils qui fait du théâtre : s'ancrer dans le sol, aller chercher le souffle dans le ventre, laisser la gorge amplifier la voix. Ça marche. Des participants vont spontanément poser leurs téléphones allumés au sol tout autour de moi pour éclairer la scène. Les lumières projettent une grande ombre derrière moi, ce qui fera dire aux membres de mon cabinet que j'ai commencé ce jour-là ma carrière de chanteuse. En ombre chinoise, parlant comme d'habitude avec les mains (je n'ai pas du sang italien pour rien), je ressemble selon eux à Édith Piaf. Et nous voilà partis pour une heure et demie de débats passionnants. Il m'arrive encore de rencontrer certains participants à cette réunion qui est restée parmi les plus mémorables dans tous nos esprits.

5

Tours de France

« Les hommes construisent trop de murs et pas assez de ponts. »

Isaac Newton

Île de Marie-Galante, au sud-est de la Guadeloupe, 16 décembre 2017 : lorsque le bateau accoste, tous les élus sont là. En tête du cortège, Maryse Etzol, médecin, présidente de la communauté de communes et maire de Grand-Bourg. Dans la douceur de la brise tropicale et l'éblouissement que produit sur nous la végétation, nous déambulons à pied jusqu'au centre-ville. On salue chacun et chacune. Presque tout le monde se connaît sur cette île qui dépend administrativement de la Guadeloupe. Je suis venue rencontrer les élus et les forces vives économiques et sociales, comprendre les dynamiques de développement et visiter l'école Simplon, qui va permettre à des jeunes sortis de l'école de se former à l'informatique, pour les besoins de l'île ou pour exercer une activité professionnelle à distance sans être obligé de s'exiler.

À travers le plan d'investissement dans les compétences (PIC), mon ministère finance le remarquable réseau des écoles Simplon qui s'adresse à tous et à toutes, de tous âges, qu'ils aient auparavant ou non des bases en maths ou en technologie. Simplon fait partie du réseau de la Grande école du numérique, dont le rôle est de diffuser rapidement et auprès de tous la culture et les outils numériques. Les jeunes sont enthousiastes, les formateurs soulignent leurs excellents résultats. Les élèves découvrent qu'en sachant coder ils peuvent devenir web masters, créer des applications ou des sites internet pour les entreprises et les associations partout sur le territoire, gérer l'informatique des petites entreprises, travailler sur un mégaserveur à distance, ou apporter une assistance numérique locale immédiate, sans être contraints de s'exiler.

La présidente me parle des difficultés rencontrées depuis le passage des ouragans Maria et Irma en septembre 2017 pour accueillir les nombreux habitants des îles de la Dominique et de Saint-Martin venus se réfugier à Marie-Galante. J'arrive justement de Saint-Martin où je suis venue soutenir et accélérer le plan de reconstruction après l'ouragan Irma. J'y ai annoncé l'ouverture du système local de chômage partiel pour un an afin de sauver les emplois et conserver les compétences, en particulier dans l'hôtellerie-restauration qui est très sérieusement impactée.

La maire m'apprend qu'aucun autre ministre n'est venu à Marie-Galante depuis vingt-cinq ans. Aucun territoire de la République ne devrait être ignoré. Par la même, ma venue s'élargit à l'ensemble des sujets. La présidente me décrit avec passion ses projets de développement d'un tourisme durable porteur de nombreux emplois, fondé sur une agriculture écologique, la valorisation de la production locale (dont le rhum blanc), un parc éolien, un tissu de chambres d'hôtes chez l'habitant et de nombreux sentiers de randonnée, permettant la découverte de la falaise, des tours, des moulins et de la barrière corallienne. Le projet est solide et concerté. Je lui promets de le relayer auprès de mes collègues concernés, et de lui apporter le soutien financier direct de mon ministère pour l'investissement dans la formation et l'aide à la création d'emplois.

Depuis cette visite, deux facteurs ont aggravé la situation : le fléau des sargasses, ces végétaux marins toxiques pour la santé et l'environnement qui détruisent les rivages et contre lesquels Annick Girardin, ministre des Outre-mer, s'est mobilisée, ainsi que la crise de la Covid-19, qui a obligé les autorités locales à bloquer le tourisme pour protéger l'île. L'exode des habitants depuis des décennies et la baisse d'activité ont beaucoup endetté la commune. Maryse Etzol, réélue maire en juillet 2020, et l'ensemble des membres du conseil municipal ont décidé de renoncer à leurs indemnités pour travailler bénévolement pendant trois ans. Dans de nombreux territoires de la République, on rencontre ces élus dont l'engagement extraordinaire peut changer la donne, ouvrir des voies là où l'horizon semblait bouché. L'État doit être le facilitateur, le soutien, le régulateur, l'amplificateur. Mais il ne peut pas générer l'énergie locale. Rien ne peut remplacer la force d'une mobilisation des acteurs locaux pour leur territoire.

Aller sur le terrain était une évidence dès ma prise de fonction afin de comprendre plus profondément les problèmes et les ressorts de notre pays au niveau du vécu et pas seulement celui des notes macroéconomiques. Une présence et un dialogue indispensables pour expliquer nos réformes et vérifier que leur application était réelle et positive, pour inspirer les programmes à venir afin qu'ils apportent des solutions aux problèmes rencontrés par les citoyens.

C'est au niveau des histoires de vie, des projets collectifs, des spécificités des territoires que l'humain prend toute sa dimension et devient l'objet et le moteur des politiques publiques, du vivre-ensemble, du faire-société.

La rencontre humaine est toujours passionnante même si elle est parfois rugueuse. J'ai participé à de nombreux meetings publics et j'ai aimé cette rencontre directe avec les citoyens, ce fil du rasoir où j'étais interpellée sur n'importe quel sujet, où l'enjeu est de répondre concrètement et sincèrement à chacun. Au moment de la crise des Gilets jaunes, je me rappelle que certains d'entre eux venaient aux meetings. Ce qui me semblait positif. Ils se postaient au premier rang ou debout tout au fond de la salle. Après un round d'observation, nous avons toujours discuté dans le respect mutuel.

Dans ce tour de France ministériel, l'une des étapes passa... par le Tour de France. Étant fan de cyclisme, j'appréciais ce mélange unique d'exploit sportif, de grande fête populaire et de beauté des paysages. Christian Prudhomme, le directeur du Tour, m'invita à suivre avec lui l'étape qui passait par Val-d'Isère et se terminait à Tignes. J'en profitai pour valoriser la filière vélo, qui emploie vingt-cinq mille salariés en France et possède un important potentiel de développement sur le plan écologique.

J'ai habité Nancy, Metz, Caen, Malakoff, Meudon et Paris, et j'ai beaucoup voyagé aussi bien en France que dans de nombreux pays. Ce tissage des paysages, des cultures et des territoires qui font l'histoire, et auquel m'ont initiée les ouvrages du grand historien médiéviste Georges Duby lorsque j'étais étudiante, j'y suis très sensible. Aller m'imprégner des réalités sur le terrain était pour moi un désir, une nécessité, une évidence.

En trois ans, j'ai passé 150 jours sur le terrain, visité 66 départements, 162 villes, 54 centres de formation d'apprentis, une cinquantaine d'entreprises, des dizaines d'associations d'insertion, d'agences Pôle emploi et de missions locales pour les jeunes. Je n'apprécie pas les visites en coup de vent, « trente minutes avec les élus et le préfet, une photo pour les journalistes et on repart ». Avec mon cabinet, nous prévoyions toujours un moment de discussion sans filtre où je pouvais échanger avec des jeunes, des artisans, des commerçants, des salariés, des syndicalistes, des personnes en formation ou en insertion. Ces moments m'ont beaucoup appris. C'est ainsi que l'on ressent si nos politiques sont pertinentes, à hauteur d'homme, que l'on découvre les angles morts dans la mise en œuvre d'une réforme, qui n'ont pas été anticipés sur le plan national ou qui ont été soigneusement cachés par certains acteurs.

Lorsque j'ai lu *L'Archipel français. Naissance d'une nation multiple et divisée* de Jérôme Fourquet, je n'ai pas été surprise, tant j'ai constaté sur le terrain des divergences entre les territoires et les catégories sociales, voire des fractures profondes, accompagnées d'une méconnaissance, d'une indifférence et d'une hostilité mutuelles. Je lui suis reconnaissante d'avoir analysé méthodiquement et mis en lumière aux yeux de l'opinion publique cette réalité indispensable pour comprendre et orienter les politiques à venir. Identifiée il y a plus de vingt-cinq ans par Marcel Gauchet sous le nom de « fracture sociale », la fragmentation de la France s'est accélérée. La perte d'influence des structures repères (partis politiques, syndicats, enseignants, clergé, mouvements de jeunesse et d'éducation populaire, presse...) en a été un signe avancé. Le risque actuel est que la France se transforme en un lieu de coexistence de diverses communautés, liées chacune par des intérêts de nature diverse (économiques, sociaux, géographiques, historiques, religieux...) mais sans discussion démocratique, sans désir de discussion même conflictuelle autour d'un projet national commun. Cette « archipellisation » identitaire se nourrit de différences et d'inégalités qui s'installent dans le temps et interpelle les politiques publiques.

Dans le domaine économique, j'ai une approche « en même temps » sociale et libérale. Je ne crois pas à l'autorégulation du marché en matière sociale. Je ne crois pas non plus à la seule assistance comme moyen de réduire les inégalités. La solidarité avec les plus vulnérables et une meilleure répartition des richesses entre ceux qui la créent, sont des valeurs fortes de la « République sociale » que proclame ambitieusement notre Constitution. La véritable lutte contre les inégalités structurelles passe par la capacité donnée par la collectivité à chacun de s'élever, s'épanouir et réussir. La véritable égalité, c'est l'égalité des chances.

Depuis quelques décennies, la différence objective de chances d'émancipation sociale s'est aggravée. L'école et le travail jouent moins souvent qu'auparavant le rôle d'ascenseur social que l'on doit en attendre. Les études de l'OCDE, de l'Insee, de la Dares et de nombreux universitaires le démontrent. Si l'on considère le système d'éducation finlandais, qui se situe au sommet des performances PISA (mesurées par l'OCDE), et qui assure la scolarité la plus égalitaire tout en étant de très haut niveau, je pense que nous devons être beaucoup plus ambitieux. 15 % des jeunes Français qui sortent de l'école ont de faibles compétences en compréhension et en calcul, ce qui classe la France dans les cinq derniers pays de l'OCDE.

Nous devrions, en France, nous appuyer par exemple sur la réussite de ce système éducatif ou sur les pédagogies actives du type Montessori et Steiner. Celles-ci ont fait leurs preuves depuis des décennies. Il faudrait impliquer et valoriser les parents y compris ceux d'enfants en difficulté dans la communauté éducative, investir massivement dans la formation continue des enseignants, passer du jugement à l'encouragement, en transformant le système d'évaluation des acquis. Redonner à l'enseignant sa légitime reconnaissance, tant sur le plan salarial que sur la valorisation de son rôle social.

La différence de dynamique entre les territoires vérifiée chaque jour dans mon tour de France est également choquante et me conforte dans une double conviction : tout dépend de la force d'initiative collective des acteurs locaux, l'engagement comme le fatalisme sont contagieux.

Comment expliquer par exemple une telle différence en matière d'emploi entre la Vendée (taux de chômage Insee de 6,1 % début 2020) et les Pyrénées-Orientales (12,6 % à la même période). Dans les deux cas, les infrastructures de transports, la proximité de grandes villes et le potentiel touristique sont importants. À Perpignan, où je suis me suis rendue le 17 janvier 2020 pendant la campagne des élections municipales à l'invitation de Romain Grau, député LREM qui se bat avec force pour son territoire et sa ville, le taux de chômage est de 18 %, soit le plus élevé de France métropolitaine. Le candidat populiste du Rassemblement national, Louis Alliot, a été élu aux élections municipales de 2020 – la misère fait toujours le lit des extrêmes.

Dans les Pyrénées-Orientales, le tissu d'entrepreneurs est très clairsemé : la plus grande entreprise, le dynamique chocolatier Cémoi, ne compte que cinq cents salariés. Parallèlement, Christiane Lambert, la présidente de la FNSEA, la fédération départementale des syndicats d'exploitants agricoles et Pôle emploi constatent la quasi-impossibilité de recruter des travailleurs agricoles saisonniers en France pour les vendanges ou la récolte des fruits. Les freins sont nombreux : pénibilité du travail, coût du logement, travail non déclaré, bas salaires. D'ordinaire, 70 000 travailleurs saisonniers viennent chaque année d'Espagne ou d'Europe centrale pour vendanger et récolter fruits et légumes dans les départements de l'arc méditerranéen. Pendant la période de confinement et juste après, les frontières étant quasiment fermées, j'ai autorisé le cumul du chômage partiel qui garantissait entre 84 et 100 % du salaire précédent, avec le salaire de travailleur agricole saisonnier. Au bout de quelques semaines, devant l'insuffisance des candidatures locales, nous avons dû néanmoins autoriser l'accueil de travailleurs espagnols aux mêmes coûts et conditions de contrat que les Français. Plusieurs acteurs locaux m'ont dit que le fatalisme s'est si profondément ancré dans ce territoire au taux de chômage le plus élevé de France métropolitaine que beaucoup baissent les bras, se sont habitués à vivre autrement et petitement avec des aides sociales et quelques activités au noir, mais ne croient plus à la possibilité de réussir par le travail. Les jeunes vont étudier à Montpellier ou Toulouse et les diplômés ne reviennent pas. La spirale d'appauvrissement du territoire est enclenchée. Il faut un courage et une mobilisation extraordinaires des élus locaux, des entrepreneurs et des services de l'État pour inverser la tendance.

En allant vers l'ouest des Pyrénées, c'est un tout autre contexte : le taux de chômage des Pyrénées-Atlantiques à la même période est de 6,5 % et les annonces de recrutement y fleurissent. Les atouts pourraient sembler similaires : agriculture, tourisme, proximité de l'Espagne. Pourtant, ce territoire connaît un essor économique extraordinaire. Les industries agroalimentaires et les entreprises technologiques sont nombreuses, les valeurs de travail et d'entrepreneuriat sont largement partagées dans les familles. Il n'y a pas de fatalité.

En Vendée, le problème est inverse de celui des Pyrénées-Orientales : avec un fort taux de chômage, recruter suffisamment de serveurs, de cuisiniers et d'animateurs de loisirs pour la saison d'été (hors pandémie) est chaque année un défi. Un des freins majeurs est le coût du logement sur la côte en pleine saison touristique, inabordable pour un jeune rémunéré au SMIC. Le 24 juillet 2019, après avoir visité la magnifique entreprise Bénéteau, constructeur de bateaux depuis plus de trente ans, et rencontré ses salariés mobilisés sur un projet d'extension du site, je me suis rendue au camping de Saint-Gilles-Croix-de-Vie, qui peinait à recruter. Les élus et les gestionnaires de structures locales de tourisme m'ont présenté une initiative simple et astucieuse : loger les jeunes saisonniers chez l'habitant. De nombreuses personnes âgées ont des chambres vides et vivent seules, mais n'ouvriraient pas leur porte à un inconnu. C'est un groupement de collectivités locales qui fait l'intermédiaire : il encaisse les loyers fixés à un niveau abordable pour les jeunes, met en contact les saisonniers et les personnes âgées, règle en temps réel les éventuels problèmes entre eux. Les personnes âgées sont ravies d'avoir un petit revenu supplémentaire et d'« accueillir de la jeunesse » chez elles, tout en étant rassurées par la présence d'une intermédiation en cas de problème. Les difficultés de recrutement se sont réglées avec la venue de jeunes de toute la France, assurés d'avoir un logement bon marché. Pas d'argent public supplémentaire, mais une mobilisation et une inventivité concrètes des acteurs.

C'est ce que j'appelle « de deux problèmes faire une solution ». C'est l'esprit entrepreneurial par excellence : ne jamais renoncer, inventer les solutions pour répondre aux problèmes concrets. Ce type d'initiatives pourrait essaimer dans tous les lieux touristiques de France confrontés à la cherté ou au manque de logement pour les travailleurs saisonniers. À plus grande échelle, c'est toute l'économie d'une région et donc l'emploi qui bénéficient de l'esprit d'entreprendre des acteurs économiques, sociaux et politiques locaux. Au cours de mon ministère, nous avons fait le recensement partout en France des initiatives locales innovantes en matière d'emploi et d'écologie. Mais pour faire changer d'échelle, la prise de conscience et la comparaison sont essentielles. À part quelques émissions spécialisées, les médias ne s'intéressent que rarement aux bonnes nouvelles et aux initiatives positives. Combien de Français ont entendu parler de la belle semaine « Agir pour le vivant » organisée par Françoise Nyssen et Jean-Paul Capitani à Arles fin août 2020, où de multiples réflexions et pratiques locales, écologiques et sociétales ont été partagées pour éclairer l'avenir ?

Il en va de même pour la Journée de l'innovation en matière d'emploi organisée chaque année par la DGEFP, une des directions du ministère du Travail. Les rassemblements et colloques visant à partager les bonnes pratiques, notamment en matière d'écologie, sont en réalité très nombreux, mais relativement peu visibles pour le plus grand nombre.

Si, comme je le pense, le rôle d'un gouvernement n'est pas seulement de fixer le cap et le cadre de référence, de mettre en place les leviers législatifs et réglementaires des transformations nécessaires, de réguler et contrôler, mais aussi d'être un facilitateur et un développeur, il nous reste à inventer la méthode de communication publique à très grande échelle des initiatives émanant d'innovateurs talentueux, inventifs et courageux. Car l'énergie collective est contagieuse.

Tout en prenant, fin septembre 2020, mes fonctions internationales d'ambassadrice en tant que représentante de la France auprès de l'OCDE, je continue donc à aller sur le terrain dans différents territoires en France, physiquement ou par visioconférence en fonction des consignes sanitaires, là où on sollicite mon expérience économique, sociale et politique. Ainsi, le 24 septembre 2020, je suis à Plougastel dans le Finistère, invitée à intervenir devant quatre cents chefs d'entreprise. J'y étais déjà venue en tant que ministre trois mois auparavant en pleine mobilisation sur l'apprentissage, mais ils veulent cette fois-ci m'entendre sur le bilan des réformes que j'ai menées, la gestion de la crise de la Covid-19, les obstacles qu'ils rencontrent, ma vision de l'entreprise et de la situation économique à venir, et sur mon rôle auprès de l'OCDE. Je suis frappée par leurs profondes résilience et détermination. Alors même que des nuages sombres planent sur la compagnie Brittany Ferries et sur une partie de l'activité maritime et de transports, ils ne se plaignent pas, se mobilisent, jouent collectif. Ils ont été les premiers à organiser du prêt de compétences entre entreprises, autorisé par l'une des ordonnances promulguées pendant le confinement. J'ai souvent évoqué avec nos deux « menhirs bretons », Jean-Yves Le Drian, ministre de l'Europe et des Affaires étrangères, et Richard Ferrand, président de l'Assemblée nationale, cet esprit collectif qui fait partie des racines historiques de la Bretagne, et qui lui donne une force de résistance, de résilience et de conquête. Sur la base de fondations sociologiques différentes, j'ai rencontré dans le Nord et à Lyon communautés d'entrepreneurs comparables, engagées localement et socialement.

Esprit d'entreprise, jeu collectif, amour du territoire et approche socialement inclusive : ce quatuor est ce qui fera gagner notre pays. Personne ne peut réussir seul dans notre monde interconnecté et interdépendant.

Cette approche « remontante » (*bottom-up*) n'est pas nouvelle dans mon parcours. En 1981, au retour de mon année sabbatique sac au dos dans plusieurs pays, nous avons créé le Centre lorrain de l'enfance et de la jeunesse (CLEJ). Ce projet est né à l'initiative de personnalités locales remarquables (un médecin, une élue locale, un responsable de la DATAR, un responsable d'éducation populaire) qui ne voulaient pas se résigner au déclin de la Lorraine suite à la fermeture de la sidérurgie. Ils avaient décidé de multiplier les chances d'agir permettant aux jeunes Lorrains de se projeter dans l'avenir. J'avais réalisé l'étude de faisabilité en rencontrant trois cents acteurs locaux et avais été embauchée ensuite comme directrice du CLEJ. Avec l'Insee, nous avions mesuré l'impact de l'emploi associatif sur l'économie, c'était colossal. Un de nos beaux projets était une émission que nous menions sur France 3 Lorraine, réalisée par des jeunes et pour des jeunes, leur donnant la parole, qu'ils soient ruraux, urbains, apprentis, lycéens, sportifs… Un des autres projets a été un guide des innovations régionales. J'ai interviewé cinquante leaders de l'innovation, et c'était à chaque fois passionnant. L'un d'entre eux, que j'ai rencontré à nouveau dans les Vosges au cours d'un colloque sur le développement économique territorial où nous portions les mêmes convictions et engagements, est devenu plus tard… mon mari.

À 26 ans, je vérifiai ainsi que les forces d'engagement existent partout, et que l'action politique ou associative consiste en un travail d'ensemblier, de chef d'orchestre, de développeur et de promoteur de l'intelligence collective.

Avec le fonds Sakura, je soutiens aussi des « entrepreneurs sociétaux » qui refusent de baisser les bras devant l'abandon de certains territoires et s'engagent dans la création collective de sens. Ainsi, en Haute-Marne, dans le territoire que les géographes appellent la « diagonale du vide », Pierre Bongiovanni et Marie-Solange Dubès animent depuis douze ans la Maison Laurentine, centre de recherche et de création artistique implanté au cœur du nouveau Parc national de forêts. Ils y relient l'art, la protection de la biodiversité, la santé et le bien-être social, dans des projets culturels étonnants et inspirants où se retrouvent côte à côte, en tant que créateurs, les habitants des communes environnantes et des artistes de tous horizons, proches ou lointains, venus en résidence pour des périodes allant de quelques jours à plusieurs mois.

Mon tour de France comme ministre m'a permis également de percevoir certains signaux faibles émanant de la société. Le 7 novembre 2018, quelques semaines après la publication de la loi « pour la liberté de choisir son avenir professionnel », je visite un lycée professionnel à Charleville-Mézières, dans les Ardennes. Avec Jean-Michel Blanquer, ministre de l'Éducation nationale, nous réunissons les élèves du centre d'apprentissage interprofessionnel, ceux du centre de formation des apprentis (CFA) public et des lycéens en filière professionnelle, pour montrer que nous n'opposons pas les voies de formation, qu'elles sont complémentaires, avec des pédagogies différentes et doivent donc être valorisées au même niveau. À nos yeux, la réforme de l'apprentissage et la réforme des lycées professionnels vont de pair, et c'est la première fois dans l'histoire, nous dit-on, qu'un ministre du Travail et un ministre de l'Éducation nationale soutiennent ensemble un projet qui s'adresse à toute la jeunesse. Quatre cents jeunes de 15 à 25 ans nous entourent en arc de cercle, dans l'esprit du grand débat national. Très vite, le dialogue s'engage et les jeunes posent des questions. La première est restée gravée dans ma mémoire. Elle émanait d'une apprentie de 18 ans : « Madame la ministre, est-ce que c'est vrai que pour nous il n'y aura pas de retraite, et qu'on devra travailler jusqu'à notre mort, jusqu'à 100 ans si on vit encore ? »

Je pris soudain conscience du décalage de perception entre nos générations et les jeunes d'aujourd'hui. Une génération entière de chômage de masse des jeunes a modifié profondément les espoirs et les peurs. Il y a vingt ou quarante ans, nous ne nous angoissions pas pour notre futur. Nous avions confiance dans la pérennité de notre système de protection sociale, dans la science et dans le progrès même si nous nous révoltions contre leurs conséquences néfastes en matière d'injustice sociale et contre certains interdits sociétaux.

Depuis Charleville-Mézières, j'ai rencontré des milliers de jeunes, et cette angoisse du futur s'est confirmée, masquée parfois par une apparente légèreté revendiquée de vivre au jour le jour. De nombreux jeunes partagent la peur lucide d'une catastrophe environnementale irréversible, et la perception d'un monde qui se défait et ne leur laisse plus d'espace pour construire leur avenir et le futur de la société. Ils sont souvent invisibles aux yeux des partis politiques, votant peu ou sans conviction pour des listes minoritaires. Ils sont pourtant à mon avis l'enjeu majeur de notre société. Un pays qui n'investirait pas dans sa jeunesse, qui ne lui donnerait pas les clés de l'action et de la réussite, serait un pays qui sacrifie son avenir.

Suite au mouvement des Gilets jaunes, Emmanuel Macron a parcouru la France dans le cadre du grand débat national. Le but était d'aller au-devant des concitoyens et des élus locaux pour répondre à leur demande d'écoute et d'échange sans filtre. Je participai à plusieurs débats, toujours intéressants voire passionnants, comme celui qui eut lieu dans la commune rurale de Casson, en Loire-Atlantique, le 18 février 2019, où je me rendis à l'invitation de la députée Sarah El Haïry. Avec des jeunes, des agriculteurs et les élus locaux, nous avons longuement échangé sur les défis de la transition écologique, l'avenir des jeunes, et les moyens de revitaliser l'emploi dans les zones rurales.

L'un des débats auquel j'accompagnai Emmanuel Macron réunissait un millier de jeunes le 7 février 2019 à Étang-sur-Arroux, en Saône-et-Loire. S'y côtoyaient collégiens, lycéens, apprentis, jeunes en insertion, jeunes chômeurs, et étudiants. Les deux premières questions furent poignantes. La première émanait d'une jeune fille qui évoquait son autisme et racontait comment longtemps elle n'avait été ni aidée ni comprise, comment elle avait perdu confiance en elle et comment l'EPIDE (Établissement pour l'insertion de l'emploi) l'aidait à se reconstruire. L'EPIDE, où avait lieu le débat, propose à des jeunes volontaires sans diplôme et en déshérence sociale un parcours de formation et d'insertion en internat, inspiré des meilleures pratiques du sport et de l'armée.

La deuxième question venait d'un garçon qui évoquait le harcèlement à l'école dont son meilleur copain, présent dans la salle mais qui n'osait pas parler ouvertement, avait été victime. Dans les deux cas, d'autres jeunes réagirent, très solidaires. Le débat révélait leurs craintes, leurs souffrances, mais aussi leur formidable attente de pouvoir choisir une formation qui leur plaise, un métier qui ait du sens pour eux.

Mon fils m'avait offert un poster dessiné à la façon BD où Confucius disait : « Si tu fais un métier que tu aimes, tu ne travailleras pas un seul jour de ta vie ». Le travail est ici compris au sens du labeur pénible et imposé. Je crois profondément aux ressources extraordinaires de chaque individu si l'environnement collectif lui donne les moyens d'aller au bout de ses rêves, de ses passions, d'échouer et de recommencer, de se construire en expérimentant, de dessiner son propre avenir. C'est tout le sens de la réforme de l'apprentissage et de la formation professionnelle.

Quant au rapport des jeunes au monde politique, ma conviction est qu'il nous faut désormais inventer une approche politique globale qui soit protectrice et émancipatrice, mais également participative et engageante : passer du « pour » les jeunes au « par et avec » les jeunes. À Mayotte, à la Réunion et en Guadeloupe, j'ai pu voir à quel point le RSMA, le régiment du service militaire adapté, qui offre à des jeunes volontaires des formations à différents métiers en Outre-mer dans un cadre militaire, leur apportait non seulement une insertion professionnelle remarquable, mais aussi une forme de reconnaissance sociale et une envie accrue d'engagement. L'explosion partout en France des demandes exprimées par les jeunes de se consacrer pour un temps au service civique dans les domaines de l'environnement, de la solidarité ou de la santé en est une preuve. Les débuts du service national universel (SNU) sont très prometteurs, une majorité de jeunes exprimant leur souhait de s'engager concrètement pour la société. La soif de confiance, de reconnaissance et d'engagement des jeunes est une richesse, pas encore assez valorisée dans l'opinion publique. Tout ce potentiel d'énergie doit pouvoir éclore. C'est notre responsabilité de femmes et d'hommes politiques de mettre en place à grande échelle les contextes et le soutien qui le permettent.

En résumé, ce que m'a appris mon tour de France de plus de trois ans, c'est que pour (re)bâtir la cohésion sociale, pour que le mot République ait du sens pour tous les Français, six chantiers sont majeurs :

- Tout d'abord, il s'agit de redonner concrètement, à tous les niveaux de l'État, confiance au tissu de millions d'entreprises créatrices de richesses (sans exclure les contrôles a posteriori).
- Corollairement, la connaissance, la diffusion et le soutien aux initiatives territoriales économiques, écologiques et sociales sont indispensables pour stimuler les dynamiques locales.
- À ces deux conditions, nous pouvons nous engager résolument dans la réduction massive des inégalités de revenus, de classes sociales, de territoires, de genre ou d'origines.
- Ces réformes doivent être systématiquement accompagnées par le développement des valeurs de bienveillance, d'épanouissement, de solidarité et d'excellence dans l'éducation et la formation.
- Une telle dynamique doit s'inscrire dans un cadre clair et rassurant pour toutes et tous, un cadre garant de la fermeté de l'ordre républicain qui

subsume les barrières des séparatismes communautaires.

- La priorité ainsi donnée à la jeunesse dans un ensemble vivant, cohérent et bienveillant lui permettra de prendre toute sa place, en toute confiance, pour bâtir son avenir et la société de demain.

6

Résister à la fatalité du chômage de masse

> « Le présent n'est pas un passé en puissance. Il est le moment du choix et de l'action. »
>
> Simone de Beauvoir

En mai 2017, comment se posait la question de l'emploi en France ? Avec un taux de chômage parmi plus élevés des pays développés : 9,6 % dont 20 % chez les jeunes.

Il restait plus élevé qu'avant la crise des subprimes de 2008-2009, dont les effets désastreux sur l'emploi n'avaient jamais pu être complètement corrigés. Le sentiment de fatalité dominait.

Depuis plus de dix ans, sous les quinquennats de Nicolas Sarkozy et François Hollande, le chômage de masse n'avait pas pu être vaincu, malgré une multitude de mesures conjoncturelles. On se souvient en particulier des contrats dits « aidés » que François Hollande avait poussés à leur maximum en période électorale jusqu'à 600 000 par an, passant sous silence le fait que moins de 20 % de ceux-ci débouchaient sur des emplois durables. Il ne s'agissait en réalité que d'emplois précaires pour des personnes précaires et entièrement financés par la puissance publique. Le modèle social français était, et demeure toujours, le modèle le plus redistributif, le plus socialisé au monde mais il ne garantit en rien l'émancipation par l'emploi et le travail. Cela explique la perception de non-choix chez de nombreux demandeurs d'emploi et personnes en situation précaire : « s'en sortir » au quotidien implique un mélange d'aides sociales, de solidarité familiale ou de voisinage, et d'un peu de travail au noir pour certains, avec un sentiment de fatalité corroboré par les faits. L'OCDE a publié un rapport démontrant qu'en France, il faut six générations en moyenne (cent quatre-vingts ans) pour qu'une personne issue d'une famille pauvre atteigne le revenu moyen de la population.

En 2017, notre priorité était donc de vaincre ce fatalisme concernant le chômage de masse. Il nous fallait agir à la fois sur l'investissement, la création d'emploi, le droit du travail, la formation, les mesures d'accompagnement social et la confiance.

Nous avions la conviction que c'était possible. Nous connaissions une situation de chômage endémique particulièrement forte en France comparée aux autres pays européens, mais nous constations en même temps des taux de prélèvements obligatoires dissuasifs sur la création d'emplois, une très forte appétence pour la création d'entreprise depuis une dizaine d'années, en particulier chez les jeunes, ainsi que l'existence de centaines de milliers d'emplois non pourvus chaque année démontrant une mauvaise adéquation entre les ressources disponibles et les besoins du marché du travail. En résumé, il existait des potentialités non exploitées.

Ma devise était, et je la crois toujours pertinente sur le long terme, qu'il n'y a pas de fatalité au chômage de masse. Depuis, la situation a profondément changé, et l'horizon de ce qui était possible a fortement reculé. Même si notre gouvernement a immédiatement pris des mesures de protection massives et inédites, la crise économique et sociale générée par l'épidémie de Covid-19 va produire à moyen terme des effets ravageurs en matière de défaillance d'entreprises et de destruction d'emplois. Cependant, je suis convaincue qu'il ne faut rien lâcher de nos intuitions de départ, il faut au contraire les amplifier pour nous préparer à prendre à temps le virage de la reprise, et à maximiser son potentiel d'emplois, tout en faisant évoluer profondément notre modèle économique.

Les décennies précédentes ont démontré que la croissance économique n'est pas obligatoirement synonyme de créations massives d'emplois, même si elle est une condition nécessaire. Une récession économique signifie par contre toujours une destruction d'emplois. En effet, selon le modèle productif, l'augmentation du chiffre d'affaires d'une entreprise ou la croissance du PIB d'un pays ne produisent pas le même volume d'emplois. Nous cherchions donc à favoriser une croissance riche en emplois.

Pour amplifier l'effet de la croissance sur l'emploi, nous devions d'abord utiliser les leviers économiques et fiscaux indispensables pour, d'une part, restaurer la compétitivité des entreprises françaises face à la concurrence internationale et, d'autre part, continuer à inciter les acteurs financiers et les entrepreneurs à investir en France. Le ministère de l'Économie a mis en place la baisse progressive de l'impôt sur les sociétés annoncée par Emmanuel Macron dans son programme, avec pour objectif à terme de le ramener de 33 à 25 % des bénéfices, soit un niveau compatible avec le contexte européen. Il a baissé à 28 % en 2020.

Bruno Le Maire, ministre de l'Économie et des Finances, a plaidé avec raison pour la diminution des impôts de production, particularité française qui constitue une recette fiscale particulièrement importante pour les collectivités territoriales, mais qui pénalise directement l'emploi. Cette baisse commence à s'appliquer en 2021. Le crédit impôt recherche, quant à lui, a été pérennisé pour soutenir l'innovation. Nous avons pris dès le début du quinquennat des décisions de baisse des charges patronales et salariales qui pesaient sur l'emploi et le pouvoir d'achat. Nous avons transformé le crédit d'impôt pour la compétitivité et l'emploi (CICE) en baisse de charges sociales patronales pour les salaires jusqu'à 1,6 fois le SMIC, ce qui a été favorable à l'emploi. Nous l'avons complété par une diminution des charges sociales salariales afin d'augmenter le pouvoir d'achat des salariés. Dans la loi d'urgence économique et sociale de décembre 2018 que j'ai défendue au Parlement avec Agnès Buzyn, nous avons élargi et augmenté la prime d'activité qui complète les revenus des travailleurs les plus modestes. L'ensemble de ces mesures a fait baisser le coût du travail et augmenter les revenus des salariés les plus modestes, instituant un contexte favorable à la création d'emplois.

Restaurer un environnement favorable aux entreprises avait pour but d'encourager les Français à entreprendre, de l'artisanat à l'industrie, des start-up aux services, et d'attirer des investissements étrangers créateurs d'emplois. L'apport de l'international à l'emploi en France est souvent sous-estimé : deux millions de salariés sont employés en France par des entreprises étrangères, soit un salarié sur dix du secteur privé. C'est même un salarié sur quatre dans l'industrie. Le tourisme international représente un million d'emplois, ce que chacun a pu voir en creux pendant l'épidémie qui a mis ce secteur à genoux. Quatre millions de Français exercent un emploi totalement ou partiellement lié à l'export, qu'il s'agisse de production, de commercialisation, de transports ou de services. N'en déplaise au Rassemblement national de Marine Le Pen qui prétend qu'il faut fermer les frontières pour protéger l'emploi, l'international crée des emplois en France : au total, un salarié sur trois du secteur privé travaille dans une entreprise à dimension internationale.

La créativité, l'excellence scientifique et technologique, le vivier de compétences et le positionnement géographique de la France au cœur d'un marché européen de 500 millions d'habitants, tous ces éléments constituaient l'argumentaire que nous utilisions avec un certain succès à Business France, l'agence publique qu'Emmanuel Macron, alors ministre de l'Économie, et Laurent Fabius, ministre des Affaires étrangères, m'avaient demandé de mettre en place en fusionnant l'AFII, l'Agence française pour les investissements internationaux, et Ubifrance, et que j'ai dirigée pendant trois ans, de 2014 à 2017. Notre mission, avec des équipes de qualité présentes partout dans le monde, était de promouvoir l'image de la France, d'attirer des investisseurs étrangers, de développer l'exportation en particulier dans les PME, et, enfin, de faire grandir le vivier de jeunes talents des VIE (volontaires internationaux en entreprise).

Nous avons ainsi lancé dans de nombreux pays les campagnes « French Tech » et « Creative France » pour valoriser nos entreprises à l'international. Le nombre d'investissements étrangers créateurs d'emploi en France a crû de 10 à 16 % par an, à l'exclusion des investissements purement financiers. Le programme de VIE s'est, quant à lui, élargi pour permettre chaque année à

10 000 jeunes diplômés de vivre une expérience internationale d'un an, véritable rampe de lancement pour eux dans la vie professionnelle. Nous avons accompagné plus de 10 000 PME à l'export chaque année dans tous les grands salons mondiaux et par des programmes de relations commerciales sur mesure en fonction de leurs besoins et de leurs ambitions. Il faut aller encore plus loin comme le fait Bpifrance, la banque publique d'investissement française dirigée par Nicolas Dufourcq, en renforçant les capacités structurelles des PME et des entreprises de taille intermédiaire (ETI) à grandir et exporter. Cet investissement financier, organisationnel et humain dans les ETI, les plus créatrices d'emploi, fait partie intégrante d'une stratégie pour l'emploi, à l'image de l'Allemagne dont c'est le fer de lance historique et qui a démontré sa robustesse.

Malgré cette dynamique favorable, le thème du travail revenait depuis longtemps et sans cesse comme un frein à l'investissement et à l'embauche dans les propos des entrepreneurs français comme des investisseurs étrangers. Malgré le haut niveau de productivité par emploi que nous mettions en avant, la rigidité du marché du travail français, tant en matière de droit social que d'adéquation de la main d'œuvre aux besoins futurs, était perçue comme un désavantage compétitif qui incitait à investir et à créer des emplois ailleurs que sur notre territoire. La France restait le troisième pays de choix d'investissements étrangers en Europe, derrière l'Allemagne et le Royaume-Uni, et le sixième au monde.

En 2017, nous savions donc que, si des mesures économiques et fiscales étaient nécessaires, celles-ci ne produiraient tous leurs effets que si elles étaient complétées par des réformes significatives dans le champ du travail et de l'emploi. Notre état d'esprit était simple :

zéro solution miracle, aucune fatalité et une nécessité de se plonger dans l'examen attentif des potentialités mal exploitées.

Au cours des premiers mois du gouvernement, j'ai présenté à l'Assemblée nationale notre stratégie pour le travail et l'emploi. Elle reposait sur six leviers que je symbolisais par un Rubik's Cube : les six faces sont nécessaires et interdépendantes, et s'il est difficile de réussir, il y a en réalité toujours une solution.

La première face du Rubik's Cube représentait les ordonnances travail pour libérer la confiance des entrepreneurs, notamment des petites entreprises, afin qu'elles puissent embaucher en surmontant leurs freins juridiques et psychologiques.

La deuxième face représentait l'investissement dans une véritable stratégie des compétences car le premier marqueur du chômage était le manque de qualification. Le taux de chômage des personnes qualifiées était de 6 %, moins de 3 % chez les cadres mais 18 % pour les personnes non qualifiées. Pour ces dernières, il n'existait quasiment que les emplois précaires, mal rémunérés, sans perspectives de carrière et, de toute manière, en nombre insuffisant. En investissant dans les compétences et la formation, l'économie produit un plus grand nombre d'emplois mais également des emplois plus ajustés, mieux rémunérés, avec de meilleures conditions de travail et favorables à l'égalité des chances.

Le troisième levier, c'était l'apprentissage. Notre ambition était de lutter contre le niveau de chômage insupportable chez les jeunes, qui est deux fois plus élevé que chez les adultes, et de permettre à la diversité de leurs talents de s'exprimer. La France bénéficiait d'une démographie dynamique à la différence de l'Allemagne, de l'Italie, de l'Espagne et du Japon :

ce qui aurait dû être un atout, sa jeunesse, était perçu comme une des raisons du taux de chômage élevé. Il fallait changer le postulat, reconnaître la jeunesse comme une chance et investir massivement dans les jeunes, en leur donnant une chance de réussir.

Le quatrième levier, c'était l'insertion par l'activité économique des personnes les plus vulnérables, qu'ils et elles soient chômeurs de très longue durée, en situation de handicap, dépendants de l'aide sociale, réfugiés et migrants arrivés récemment en France, enfermés dans des addictions chroniques, sans domicile fixe, ou sortant de prison, tous très éloignés du monde du travail. Pour ces personnes, un marchepied était nécessaire, une étape intermédiaire pour parvenir ensuite à l'emploi au sens classique du terme. L'insertion par l'activité économique était du ressort des entreprises d'insertion et des associations intermédiaires, et financée principalement par le ministère du Travail. Plusieurs dispositifs de qualité existent depuis longtemps pour faciliter le retour à l'emploi, avec salaire, formation et accompagnement social pour aider les personnes vulnérables à régler les problèmes de logement, de santé, de famille, de dépendance, d'addiction. Vu l'ampleur des besoins, il fallait changer d'échelle, renforcer la pérennité de leur modèle économique et social, et leur permettre d'innover.

Le cinquième levier était la réforme de l'assurance chômage. Le point de départ consistait à compléter le dispositif, comme annoncé dans la campagne présidentielle, en ouvrant un droit aux indemnités chômage en cas de démission pour création d'entreprise ou formation, et en apportant une couverture chômage minimale aux indépendants (agriculteurs, artisans, commerçants, autoentrepreneurs) qui n'avaient aucun droit jusqu'ici. Nous avons ouvert ces deux nouveaux types de droits.

Il s'agissait ensuite d'aller plus loin avec l'idée suivante : en période de croissance et de création d'emplois, travailler devrait toujours permettre de gagner plus qu'en restant au chômage, alors que les règles de calcul instituées depuis dix ans avaient parfois l'effet contraire en cas de succession de contrats courts, selon les analyses de Pôle emploi et de l'Observatoire français des conjonctures économiques (OFCE). Comme le demandait Édouard Philippe, il fallait aussi désendetter le régime d'assurance chômage (35 milliards d'euros de dette garantie par l'État, la plus importante après celle de la SNCF), pour lui permettre de réagir si une nouvelle crise émergeait. À l'époque, j'avais expliqué aux parlementaires et aux partenaires sociaux qu'en cas de crise majeure, le but du régime d'assurance chômage était avant tout d'apporter un filet de protection massif, et que dans une période de création d'emplois il devait protéger les plus vulnérables mais aussi inciter ceux qui le pouvaient à accepter les emplois existants. Nous étions loin d'imaginer la crise de la Covid-19 qui allait modifier totalement la donne et nous ramener à une exigence prioritaire de protection d'un plus grand nombre de demandeurs d'emploi. Dès avril 2020, nous avons suspendu cette réforme conçue pour répondre à un tout autre contexte.

La sixième face du Rubik's Cube, enfin, concernait la réforme des retraites et notamment ses effets sur l'emploi des seniors. Cette réforme n'a pu aboutir avant la crise sanitaire.

Notre espoir, avec cette stratégie systémique pour l'emploi, était de parvenir à un horizon de 7 % de chômage à la fin du quinquennat, c'est-à-dire le niveau de l'an 2000. Le consensus des économistes est que le plein emploi se situe autour de 5 % de taux de chômage, le chômage résiduel dit « frictionnel » correspondant alors aux périodes courtes entre deux emplois. L'objectif était extrêmement ambitieux en partant d'un taux de 9,6 %. Nous voulions faire mieux que les vingt années précédentes.

Trois ans plus tard, en janvier 2020, l'investissement était en forte hausse y compris dans les PME, un demi-million d'emplois net avaient été créés (net, c'est-à-dire le bilan global en déduisant tous les emplois détruits), et le nombre de CDI était en croissance, contrairement aux contrats temporaires, démontrant que la confiance des acteurs économiques avait un effet contre la précarisation de l'emploi subie depuis des années. Le taux de chômage avait baissé de 9,6 à 8,1 %. Vingt-cinq départements étaient même déjà passés sous la barre des 7 %, essentiellement en Bretagne, en Vendée, sur la côte ouest. Le taux de chômage de 8,1 % (7,9 % en métropole) était le plus bas depuis onze ans. Nous étions parvenus à effacer les effets de la crise 2008-2009.

Derrière ces chiffres, il y a avant tout des personnes, des vies, des situations difficiles et parfois dramatiques. Et autant d'espoir qui renaissait pour chaque emploi gagné. À chaque baisse d'un point de taux de chômage, ce sont trois cent mille demandeurs d'emploi en moins, ce sont trois cent mille familles qui retrouvent leur dignité par l'emploi. En janvier 2020, rien n'était gagné, loin de là, mais après une décennie déprimante, les principaux signaux étaient enfin au vert : création d'entreprises, investissements, création d'emplois, embauches, nombre de CDI… La ligne de mire d'un taux de chômage à 7 % devenait envisageable. Par prudence, nous en parlions peu, mais notre confiance en la capacité de la France à vaincre ce fléau installé depuis une génération grandissait.

À ce moment-là, notre stratégie de sortie du chômage de masse a été percutée de façon brutale par la crise de la Covid-19 et ses conséquences, le confinement et la mise à l'arrêt d'une grande partie de l'économie pour sauver des vies. Très rapidement, notre priorité a été la mise en place d'un important filet de sécurité pour protéger les emplois grâce au chômage partiel, et de prêts garantis, de reports de charges et d'aides aux indépendants afin d'éviter les faillites d'entreprises.

Ces mesures sans précédent ont été prises pour éviter un désastre comme ce fut le cas dans d'autres pays. L'« airbag » que nous avons immédiatement mis en place pour protéger l'économie et l'emploi a largement fonctionné pour des millions de salariés. Nous ne savions pas encore si la crise épidémique durerait trois semaines, trois mois, un ou deux ans. Les experts débattaient d'une reprise de la croissance en V (une perte rapide de croissance suivie d'une remontée rapide et forte), en L (une chute rapide de croissance dont les effets sont lents à s'estomper), ou en W (une alternance de périodes de croissance et décroissance notamment en cas de confinements successifs).

En 2021, au moment où j'écris ces lignes, la situation est différente, la crise se prolonge, elle affecte en particulier les salariés précaires des secteurs les plus durablement touchés tels le tourisme, l'hôtellerie-restauration, la culture et l'événementiel. Les économistes parlent désormais d'une perspective de croissance en K (contraste entre des secteurs en pleine expansion et d'autres en lourde difficulté). La crise touche massivement les jeunes qui voient leur horizon bouché. À cette absence de perspectives, aux difficultés pour continuer à étudier ou à accéder à un emploi, aux modes de vie rétrécis par les contraintes sanitaires, s'ajoute le poids des dettes financières et écologiques que nous leur laisserons. Pour beaucoup d'entre eux, l'espoir est brisé.

Les femmes, les plus concernées avec les jeunes par le travail précaire et les « petits boulots », sont également très impactées. Le précariat, c'est-à-dire l'externalisation de la flexibilité des entreprises mais aussi d'une partie des services publics, renforce la fragilité de leur situation. Un tiers des familles sont monoparentales et le quotidien est à la charge des mères, qui se débattent avec toutes les dimensions de la crise. En outre, le personnel de santé et les aides à domicile sont à plus de 80 % des femmes, et elles sont en première ligne dans l'épidémie. L'OCDE, l'OIT, le FMI ou encore la Banque mondiale tirent la sonnette d'alarme : la crise est en train de faire reculer la situation des femmes dans le monde et d'accroître à nouveau les inégalités. Jeunes, femmes, emplois précaires, salariés peu qualifiés, indépendants : ce sont eux qui sont et seront les plus touchés par le sous-emploi qui augmente.

En janvier 2021, les faillites d'entreprises sont encore peu nombreuses en France, mais les menaces sont présentes. Le taux de chômage est remonté à 9 % de la population active fin 2020, même si l'explosion anticipée a été en partie contenue grâce au filet de sécurité qui a été maintenu sans faiblir. Cependant, selon certains des scénarios les plus probables établis à cette date par Laurence Boone, cheffe économiste de l'OCDE, le choc économique et social va nous toucher de plein fouet à la mi-2021, sans que l'on puisse s'attendre à un rétablissement complet de la situation précédente de l'emploi avant fin 2022. Elle alerte elle aussi, depuis des mois, sur les conséquences de la crise sur le plan de l'accroissement des inégalités.

La France a perdu 8,3 % de son PIB en 2020, c'est-à-dire de sa richesse, à cause de la crise de la Covid-19. C'est un des taux les plus forts de l'OCDE, lié notamment au fait que 8 % de la richesse nationale et des emplois dépendent du tourisme au sens large. Les prévisions nationales pour 2021 avant le troisième confinement sont basées sur l'hypothèse d'un rebond de croissance de 5 à 6 % selon l'OCDE et la Banque de France, qui permettrait d'effacer en deux ans la perte subie.

Patrick Artus, le chef économiste de Natixis dont j'ai apprécié les analyses précises lors de nos rencontres trimestrielles à l'occasion des Rendez-vous de Grenelle, estime que chaque mois de non-reprise coûte un point de PIB. Il tablait, en janvier 2021, sur 4 % de croissance, révisable à la baisse selon l'évolution de l'épidémie tant l'incertitude est grande. Il craint que le sous-emploi actuel ne se prolonge encore pendant trois ou quatre ans, avec un taux de chômage qui pourrait remonter jusqu'à 12 %. La course de vitesse entre la vaccination et la reprise économique est lancée. Il est probable que les États-Unis, la Chine, et l'Asie en général, s'en tirent mieux car seule la vaccination massive et rapide permet de relancer le moteur économique. Ces pays vont probablement accroître leur écart de croissance avec le reste du monde.

Le combat pour le plein emploi est-il perdu sur le long terme ? Je ne le pense pas car nos fondamentaux, renforcés ces dernières années, restent assez robustes, mais à deux conditions majeures et incontournables : faire évoluer très rapidement notre modèle économique pour accélérer la transition écologique et numérique, et investir massivement dans l'humain. Le plan de relance européen et français vise exactement cela : utiliser la crise comme un accélérateur de l'indispensable transformation de notre modèle économique. Les recommandations de l'OCDE à ses États membres vont dans le même sens. C'est un mouvement d'ampleur inédite, et qui concerne tous les secteurs d'activité et des entreprises et des organisations de toutes tailles, dans le secteur privé comme le secteur public.

Investir dans l'humain, que cela signifie-t-il en pleine crise ? Cela veut-il dire que nos actions passées seraient obsolètes ? Évidemment non, mais cela n'est plus suffisant. Il faut renforcer, amplifier et compléter les programmes déjà lancés pour préparer la reprise et ouvrir des perspectives à chacun. Rien ne serait pire qu'une reprise de l'activité dans quelques mois qui nous prendrait de cours, faute d'avoir préparé les organisations et les compétences nécessaires, et qui laisserait la France et de nombreux Français sur le carreau.

Même en pleine crise, certaines compétences continuent de faire défaut, alors que les possibilités de mobilité professionnelle restent importantes. Ainsi, au 2 avril 2021, il y avait 774 000 offres d'emploi disponibles sur le site de Pôle emploi, presque autant qu'au début 2020. De très nombreux emplois restent déficitaires en ressources : services à la personne, santé, logistique, bâtiment, informatique… Malgré la crise, la France continue à recruter et à manquer de ressources dans certains secteurs, contrairement à d'autres qui sont sinistrés. La mobilité professionnelle devient donc décisive.

Lorsqu'en 2019 Bruno Le Maire avait initié le programme Pacte productif pour la relance de l'industrie, nous avions lancé au ministère du Travail un grand travail prospectif sur les emplois, corrélé à la prospective technologique menée par les différents secteurs productifs. L'enjeu pour l'emploi était de taille car il s'agissait de tenter de réindustrialiser une partie de notre économie. Chaque emploi industriel génère quatre emplois de services. En France en 1960, un quart des emplois et

28 % de la valeur ajoutée provenaient de l'industrie. En 2018, l'industrie ne représentait plus que 10 % des emplois et 13 % de la valeur ajoutée, même si celle-ci avait été multipliée par quatre en valeur. En se désindustrialisant sous l'effet d'une mondialisation insuffisamment régulée, notre pays a laissé de côté des territoires entiers dévastés et vidés de leurs emplois et sans horizon. Cependant, de nouvelles opportunités apparaissent : la perspective d'une économie innovante technologiquement, largement numérisée, et le plus rapidement possible décarbonée était le fil rouge des transformations envisagées. Elle constitue la colonne vertébrale du plan de relance post-Covid.

Les services à la personne étaient déjà identifiés comme un facteur de croissance d'emplois compte tenu du vieillissement de la population en France et dans toutes les économies développées. Les résultats du Ségur de la santé animé par Nicole Notat à la demande du gouvernement vont éclairer ce qui va advenir en particulier dans le secteur sanitaire.

Recruter pour les besoins d'aujourd'hui, susciter la création de nouveaux types d'emplois liés sur le plan de relance écologique et numérique et à la croissance des besoins en services à la personne, faciliter les mobilités professionnelles : la clé de toutes ces actions repose sur la stratégie des compétences que nous avons lancée en 2018 à travers l'apprentissage et la formation professionnelle continue, et qu'il convient d'amplifier pour répondre aux défis de la crise et préparer le rebond. Au Danemark, le gouvernement et les partenaires sociaux ont une expression pour cela : « Protéger les travailleurs et non les emplois », car ceux-ci sont amenés à se transformer, de façon encore accélérée du fait de la crise.

Des millions d'emplois sont concernés par les mutations à venir : transformation écologique dans l'agriculture, l'agroalimentaire, l'industrie, l'énergie, le bâtiment, les transports, la logistique, la gestion de l'eau et des déchets, le recyclage… Avec Brune Poirson et les équipes du ministère, nous avions évalué dès 2019 à 300 000 emplois le potentiel de création dans l'économie circulaire.

La numérisation de l'économie et l'émergence de l'intelligence artificielle dans une grande partie des activités, comme l'a aussi montré l'OCDE, vont également profondément bouleverser le champ de l'emploi et des compétences. D'ici à 2035, la productivité va augmenter de 35 % du fait de l'automatisation de la production de biens et de services, et du contrôle des systèmes. Quatre emplois sur dix qui se créent depuis dix ans sont déjà situés dans des secteurs à forte intensité numérique. Près de la moitié des emplois de notre pays ont été ou seront transformés par cette vague technologique. Cependant, au total, le nombre d'emplois devrait être assez stable selon les simulations de l'OCDE, car de nombreux nouveaux métiers émergent, par exemple en gestion de données, en conception de systèmes d'apprentissage automatique, en recherche et en sciences, sans compter la forte augmentation des besoins de services à la personne. Mais tous ces bouleversements requièrent de nouveaux savoirs, savoir-faire et savoir-être. Ce sont de nouvelles compétences. Sans elles, le moteur de la croissance ne reprendrait pas ou de façon hésitante. Sans elles, beaucoup seraient laissés sur le bord du chemin. Sans elles, nous perdrions la bataille de l'emploi et retomberions dans le fatalisme. Rien ne nous y contraint.

Cette double révolution, écologique et numérique, peut être un danger pour l'emploi, ou une opportunité de croissance inclusive, c'est-à-dire qui donne une chance au plus grand nombre, et ultimement à chacun. La crise ne fait qu'accélérer cette mutation. Le maître mot de la réponse à ce défi des mutations à venir est : compétences. Les anglophones, qui ont l'art des formules synthétiques facilitées par leur langue, disent « *upskilling and reskilling* » : monter en compétences et se reconvertir par la formation. Là encore, il n'y a pas de fatalité si on mise sur l'humain. Dans l'entreprise Septodont, dans le Val-de-Marne, que j'ai visitée le 16 octobre 2017, qui fabrique des anesthésiants dentaires, les opératrices de base, peu qualifiées, sont devenues pilotes de lignes automatisées grâce à la formation. Leur travail est plus intéressant et mieux rémunéré. Investir dans les compétences de tous et de l'ensemble de notre pays est devenu vital pour le futur de tous et pour la modernisation de notre économie.

Il est donc essentiel de continuer à soutenir et même d'amplifier les programmes d'investissement dans les compétences et l'apprentissage que nous avons lancés depuis trois ans et qui ont démontré leur pertinence et leur efficacité. Mais il faut aller plus loin en innovant à nouveau avec les parties prenantes de la société civile ainsi qu'avec les partenaires sociaux et les parlementaires.

Les jeunes sont LA priorité. J'appelle à un grand plan Marshall pour la jeunesse française et européenne, dont j'esquisserai les premières pistes plus loin. Investir sur les jeunes, c'est investir sur notre avenir.

Un autre grand volet de l'investissement humain devrait concerner les femmes, à commencer par les jeunes filles et les jeunes femmes pour qu'elles osent se lancer dans l'aventure numérique qui va être demain un des plus grands leviers de création de valeur et d'emplois et dont elles sont dramatiquement absentes aujourd'hui. Seulement 5 % des entrepreneurs « tech » sont des femmes. Ne pas saisir cette opportunité, ce serait pour elles perdre à nouveau une génération pour atteindre l'égalité professionnelle entre les femmes et les hommes. Leur futur, comme celui des jeunes, se construit maintenant. Il y a urgence.

Miser sur les femmes les plus modestes mais qui apportent tant à notre pays me paraît indispensable également. Dans les quartiers populaires comme dans les zones rurales, elles sont souvent les garantes de la cohésion sociale, celles qui tissent au quotidien les fils qui relient chacun à sa famille et à son voisinage. Mais elles n'ont ni salaires, ni droits, ni reconnaissance. Il faudrait concevoir et imaginer *avec* elles, et pas seulement *pour* elles, des programmes locaux pour les intégrer, les valoriser et leur donner les moyens d'agir davantage, au motif de la cohésion sociale qu'elles prennent en charge, afin de développer les emplois de proximité, de services, de garde d'enfants, de soutien scolaire, de solidarité, de mobilité, de propreté ou d'aménagement urbain. Elles sont les mieux placées pour identifier les besoins sociaux et pour les assumer si on les soutient.

Avec Frédéric Bierry, aujourd'hui président de la toute nouvelle collectivité européenne d'Alsace, nous avions commencé à travailler sur l'activation du RSA. Comment coupler RSA et activités sociales ? Il faut impérativement inventer sur ce terrain, car beaucoup de besoins sociaux ne sont pas couverts. Ce serait un leurre et une injustice de croire que toutes les personnes qui bénéficient de l'assurance chômage ou du RSA seraient uniquement des personnes « à problèmes ». En réalité, elles pourraient apporter beaucoup à la collectivité même si ce n'est pas directement dans le champ du travail classique. Cela ne serait pas un travail marchand mais une contribution sociale décisive méritant une reconnaissance financière et sociale. Dans un autre domaine, le secteur associatif ne tient que par de jeunes retraités. Personne ne nie la valeur sociale du secteur associatif, mais là aussi la crise actuelle montre la nécessité d'innover et de l'amplifier.

Tout le monde doit avoir de quoi vivre mais tout le monde doit aussi pouvoir contribuer à la vie économique ou sociale. Le droit à l'activité devrait devenir l'une des modalités du droit au travail. Il en va du respect de la dignité et de la défense de l'intérêt général. Faire société, cela signifie reconnaître la valeur et le potentiel de chacun et lui permettre de s'émanciper. Faire sens, c'est faire le pari de l'humain.

7

La bataille des compétences

« Rêvez fort et n'abandonnez jamais. »

Lady Gaga

Deux des leviers de lutte contre le chômage de masse, l'apprentissage et le CPF supposaient des modifications législatives substantielles. Lorsqu'en 2018, j'ai porté la deuxième loi « pour la liberté de choisir son avenir professionnel », sur l'apprentissage, la formation tout au long de la vie, l'égalité professionnelle entre les femmes et les hommes, et l'accès à l'emploi des personnes en situation de handicap, nous avons repris la méthode de concertation très intense en amont et pendant le déroulement des travaux parlementaires que nous avions utilisés pour les ordonnances travail. Facétie du calendrier législatif ou clin d'œil de l'histoire, cette deuxième loi a aussi été votée la nuit du 1er août.

Le 22 novembre 2017, deux mois jour pour jour après la publication des ordonnances travail, habitée par la conviction que notre prochain grand chantier serait celui des compétences, je faisais paraître une tribune dans *Le Monde* intitulée « La compétence : une nécessité, un droit, une chance ». Le but de cette prise de parole était de retracer la perspective et fixer le cap au moment où allait s'engager une négociation entre les partenaires sociaux sur la formation professionnelle et l'apprentissage, préalable à un projet de loi que je porterais. Depuis la loi de Jacques Delors de 1971, l'idée de la formation professionnelle continue tout au long de la vie, innovante à l'époque, avait fait son chemin en France puis en Europe. Mais la réalité de l'accès de tous à cette formation continue était encore très loin de la réalité.

Déjà, lorsque j'étais conseillère pour la formation auprès de Martine Aubry en 1991, j'étais profondément choquée par le fait que seulement un tiers des ouvriers (et un quart des ouvrières) accédaient à une formation professionnelle chaque année, de très courte durée pour la plupart, alors que sept cadres sur dix pouvaient se former. L'accès à la formation était deux fois moins élevé dans les petites que dans les grandes entreprises. La vie professionnelle, bien loin de compléter les écarts de qualification, aggravait ceux-ci. La promesse républicaine d'émancipation, la capacité à progresser dans son métier et sa carrière grâce à la formation continue étaient loin de l'expérience vécue par la grande majorité des salariés.

Diagnostic

Ces chiffres choquants, je les ai retrouvés presque identiques lorsque je suis devenue ministre du Travail. La situation n'avait quasiment pas changé malgré les multiples dispositifs et les financements importants mis en œuvre durant les dernières décennies. Une caissière, un opérateur en usine, un manutentionnaire ou un éboueur n'avaient quasiment aucune chance d'accéder à une formation qui leur permette d'évoluer professionnellement, d'avoir une promotion ou de changer de métier. Cette limitation de l'accès à la formation qualifiante concernait les salariés les moins qualifiés comme les jeunes et les demandeurs d'emploi.

Les inégalités sociales perduraient et s'amplifiaient même avec la formation continue, laquelle bénéficiait pour les deux tiers aux cadres et aux salariés des grandes entreprises, interdisant à la majeure partie des ouvriers, employés et salariés de petites entreprises de la possibilité d'envisager une promotion ou de changer de métier. Partout sur le terrain j'entendais ce sentiment de fatalité : « J'étais nul à l'école, alors je m'en sortirai jamais » ou « J'ai pas de diplôme, tout est bloqué pour moi. » Outre la perpétuation de l'inégalité des chances, désespérante car nouée pour la vie dès l'âge du lycée, ne pas investir dans la formation de tous est une absurdité économique à une époque où les compétences sont le levier de la performance, de la compétitivité et de l'innovation.

Nous sommes un des rares pays où la formation initiale conditionne toute la vie professionnelle. La trilogie de la vie, formation-travail-retraite, est profondément inscrite dans nos mentalités et contribue au sentiment de fatalité et d'assignation à son origine sociale. Cela devient parfois caricatural, lorsque les médias comme les entreprises présentent des cadres de 50 ans par leur diplôme initial, comme si trente ans d'expérience professionnelle n'avaient pas plus appris aux intéressés qu'un parchemin de jeunesse. Je ne l'ai vu qu'en France. La certitude désabusée que « rater à l'école, c'est rater sa vie » est profondément ancrée et fait des dégâts. Bien sûr, il y a de magnifiques exceptions.

Thierry Marx, qui était juste fâché avec l'école car à ses yeux le sens et l'utilité de ce qu'on y apprend ne sont jamais élucidés, n'avait pas pu passer en classe de troisième, le conseil de classe l'ayant jugé « trop bête ». C'est aujourd'hui un de nos grands chefs étoilés. Il a créé l'école Cuisine mode d'emploi(s) qui redonne une chance à ceux que la vie a brisés, écrit des livres et inspire de nombreux jeunes. Mais pour une réussite éclatante, combien de résignations, d'échecs, de souffrances.

Lorsque nous sommes arrivés au gouvernement, le constat était sans appel et le diagnostic on ne peut plus clair : le premier marqueur du chômage, c'était l'absence de qualification ; le premier levier de l'émancipation, la formation. Le projet du président de la République visait l'émancipation de tous par l'école, le travail et la formation continue. La CFDT parlait de sécurisation des parcours professionnels par la formation. Nous utilisions plutôt le terme d'émancipation. Dans les deux cas, cela signifiait qu'il fallait apporter une garantie collective pour que chacun ait la capacité de se former. Je suis convaincue que dans une République sociale, selon les termes de notre Constitution, le droit collectif doit garantir à chacun la liberté et la capacité à se former pour se développer, s'épanouir dans un métier qui lui plaise, progresser professionnellement et se prémunir contre le chômage. En outre, l'investissement immatériel dans la formation est le nerf de la guerre de la compétitivité, de l'économie de la connaissance et de l'innovation.

La France n'a ni vocation ni envie d'évoluer vers un modèle économique *low cost*. La voie vers la prospérité collective passe par la création de valeur ajoutée, et donc l'innovation, le professionnalisme et l'excellence.

Ma conviction était totale : la nation devait investir dans les compétences pour lutter contre les inégalités de destin et donner à chacun sa chance, comme pour améliorer l'innovation, la performance et la croissance des entreprises. S'il est un enjeu pleinement social et économique, c'est bien celui de la formation tout au long de la vie.

« La folie, c'est se comporter de la même manière et s'attendre à un résultat différent », disait Albert Einstein. Il fallait donc radicalement changer d'approche pour obtenir des résultats. La loi Chaban-Delmas-Delors du 16 juillet 1971 avait posé une magnifique ambition en instituant le concept innovant de formation tout au long de la vie, qui s'est répandu depuis lors dans le monde entier. Mais les faits n'ont pas été à la hauteur de cette vision à la fois humaniste et économique, malgré la qualité d'organismes comme le Conservatoire national des arts et métiers (CNAM) et l'Agence nationale pour la formation professionnelle des adultes (AFPA). Pendant près d'un demi-siècle, notre système d'organisation de la formation professionnelle et de l'apprentissage n'avait suffi à faire de la formation ni le levier de l'émancipation individuelle et collective ni un moteur assez puissant du progrès économique et social. Nous n'avions pas d'autre choix : il fallait mener une véritable révolution de l'apprentissage et de la formation continue.

Lorsque j'ai échangé sur mes priorités avec Emmanuel Macron et Édouard Philippe, avant même de devenir ministre, nous étions pleinement d'accord sur le fait que les ordonnances sur le Code du travail et le grand plan d'investissement dans les compétences seraient deux initiatives structurantes pour préparer l'avenir qui devaient être lancées immédiatement. Dès l'été 2017, j'eus de fortes inquiétudes car la découverte de la situation budgétaire était plus mauvaise que nous ne l'avions pensé, ce qui faillit conduire à une réduction drastique de ce plan dans le budget de l'État. Pour moi, il aurait été inadmissible que cet engagement d'Emmanuel Macron pendant la campagne présidentielle ne soit pas tenu. Je découvris qu'en politique, même une annonce du président de la République peut être remise en question quand il s'agit de passer à l'action, et qu'il ne faut rien lâcher. Finalement, le plan fut maintenu à hauteur des ambitions initiales.

Première solution : le compte personnel de formation

Nous avons voulu transformer le dispositif de formation professionnelle continue pour créer un véritable droit à la formation pour tous à travers le compte personnel de formation et son appli Mon compte formation.

Pour agir de façon structurelle, j'ai en effet proposé, dans le projet de loi « pour la liberté de choisir son avenir professionnel », de faire du compte personnel de formation (CPF), un véritable droit pour trente millions de Français, en le transformant radicalement. J'étais convaincue que les plans pilotés par la puissance publique sont indispensables mais ne suffisent pas à changer radicalement la donne. Si la compétence devient la nouvelle frontière de la croissance économique mais aussi de l'émancipation de chacun, ce dont je suis persuadée, il nous faut garantir à chacun un droit à se former tout au long de sa vie.

C'est d'autant plus important que la polarisation croissante entre les emplois à haute valeur ajoutée intellectuelle et les emplois peu valorisés des services à la personne peut générer durablement une barrière sociale quasi infranchissable, qui pénalisera les moins formés, les plus précaires, les jeunes décrocheurs et les femmes qui se tournent plus que les hommes vers les métiers de service. Cette limitation potentielle de la mobilité sociale constitue un frein pour la performance économique, un grave danger pour la cohésion sociale et est à rebours de nos valeurs républicaines de liberté et d'égalité. Le droit à la formation tout au long de la vie doit devenir au XXIe siècle un des grands acquis de notre République sociale, comme l'école l'a été à la fin du XIXe.

Il y a presque trente ans, au cabinet de Martine Aubry, j'avais écrit une note où je rêvais et proposais déjà un « congé individuel de formation tout au long de la vie », permettant à chacun d'avoir un droit à se former tous les dix ans au-delà des besoins de son employeur. Sans convaincre. Mais la situation est différente aujourd'hui. La société des compétences se construit sous nos yeux et les travaux européens de prospective économique en parlent déjà comme d'un avenir incontournable. Le numérique peut favoriser l'accès de tous à la formation.

Juillet 2017. Pleinement mobilisés sur l'élaboration des ordonnances travail, nous prenons quand même un moment avec mon équipe pour anticiper ce que pourrait être la suite. Nous savons déjà qu'après le Code du travail, notre deuxième grand chantier sera celui des compétences.

Outre le plan d'investissement dans les compétences que nous nous préparons à lancer pour les jeunes et les demandeurs d'emploi, je rêve tout haut : je voudrais que chaque Français puisse avoir un droit réel à la formation professionnelle, qu'il puisse utiliser librement en y accédant par une application, sans autorisation ni contrôle de personne. C'est le seul moyen pour que les ouvriers, les caissières, les aides-soignantes et les agents d'entretien aient réellement accès à la formation pour progresser dans leur carrière, obtenir une promotion, changer de métier, choisir leur vie professionnelle et non pas la subir.

Dans mon cabinet, Antoine Foucher, Stéphane Lardy et Alain Druelles ont été négociateurs patronaux ou syndicaux de plusieurs accords interprofessionnels. Ils connaissent tous les arcanes du système de formation. Eux aussi rêvent depuis un moment d'un véritable droit individuel d'accès direct. Depuis l'accord interprofessionnel de 2003 et la loi de 2004, il existe un dispositif de compte personnel de formation, mais qui n'est pas un droit effectif : les salariés ont un compte en heures et doivent demander l'autorisation de leur entreprise ou du fonds paritaire mutualisé de leur branche professionnelle pour y avoir accès. Beaucoup se voient essuyer un refus ou n'osent pas demander car ils souhaitent se reconvertir et anticipent avec justesse que leurs interlocuteurs ne financeront pas des formations dans d'autres secteurs que le leur.

Si je suis fière et heureuse des quatre transformations majeures que nous avons conduites avec le soutien du président de la République – les ordonnances travail, la création de l'appli Mon compte formation, la révolution de l'apprentissage et l'index de l'égalité professionnelle –, la moins visible aujourd'hui en France est celle du compte formation, pourtant révolutionnaire.

Seul Singapour a mené une démarche similaire, en même temps que la France, mais avec des droits plus réduits et de façon ponctuelle. Plusieurs pays du G20 la considèrent déjà comme majeure, disruptive et s'en inspirent pour le futur. Plus important encore, trente millions de Français peuvent exercer leurs droits en toute autonomie grâce à l'appli Mon compte formation, et des centaines de milliers ont déjà commencé à l'utiliser pour se former. Ce droit nouveau, concret, ancré dans notre époque, cette appli qui s'adresse directement au citoyen sans intermédiaire, je l'ai déjà en tête lorsque je publie la tribune sur les compétences.

L'appli Mon compte formation

Le système que nous avons construit, vu du côté utilisateur, est très simple : chacun des 30 millions de Français salariés du secteur privé (lucratif ou non lucratif) et indépendants, reçoit 500 euros par an sur un compte personnalisé Mon compte formation auquel il accède simplement avec son numéro de Sécurité sociale. Tous ces droits sont téléchargés automatiquement. La même appli lui donne accès à des centaines de milliers de formations préparant aux 12 000 qualifications existantes. L'appli lui permet de trouver et comparer en quelques minutes toutes les formations qui l'intéressent, leur coût, leur disponibilité, leur date et leur localisation. Tous les organismes de formation proposant ces qualifications doivent être certifiés. Et les utilisateurs pourront les noter comme sur d'autres plateformes en ligne. Pôle emploi, les entreprises, les branches professionnelles, les pouvoirs publics peuvent abonder le compte de formation de leurs salariés ou de leurs publics bénéficiaires.

J'ai lancé l'appli Mon compte formation le 21 novembre 2019 au cinéma UGC des Halles, au cœur de Paris, avec de nombreux témoignages de personnes dont la formation avait changé le parcours professionnel et la vie, comme une boxeuse professionnelle, un handballeur ou un créateur d'entreprises. Depuis ce lancement, près de trois millions de personnes se sont déjà connectées, ce qui fait du CPF le premier dispositif public réellement accessible.

Le coût moyen d'une formation qualifiante est de 1 210 euros, plus bas que prévu, car la transparence et la comparaison des coûts ont déjà commencé à réguler le marché. Les heures du système précédent ont été intégrées et converties en euros pour que personne ne soit lésé. Chacun peut compléter le montant avec sa carte bancaire s'il le souhaite. Les formations les plus demandées sont les langues, le permis de conduire, celles ayant trait à la création ou reprise d'entreprise, les bilans de compétences, le numérique et les certificats d'aptitude à la conduite en sécurité (CACES). Pourquoi le permis de conduire ? En principe, le CPF ne prépare qu'aux qualifications professionnelles, ce que n'est pas le permis B. J'ai fait une exception, considérant que le permis B avait une vraie valeur sur le CV, qu'il était souvent requis, et que les plus modestes qui n'avaient pas les moyens de se payer le permis B étaient pénalisés dans leur recherche de travail. J'ai raconté comme j'avais été émue à Drancy, début juillet 2020, de rencontrer ces femmes qui faisaient le nettoyage à Roissy, et dont la vie avait changé grâce au financement de leur permis par le CPF. Deux tiers des formations sont suivis par des ouvriers, employés et techniciens.

Pour la première fois de notre histoire, la formation continue va pouvoir recréer une égalité des chances. C'est pourquoi j'ai voulu que la somme créditée soit la même pour tous, et non proportionnelle au salaire. C'est aussi pour cela que dans la loi « pour la liberté de choisir son avenir professionnel », j'ai garanti aux personnes travaillant à mi-temps, qui sont en très grande majorité des femmes peu qualifiées, les mêmes droits qu'aux salariés à temps plein. Pour que le temps partiel subi ne rime plus de façon inexorable avec précarité, bas salaire et absence de perspective de carrière.

La route est longue, mais nous disposons désormais du but, de la boussole et des moyens nécessaires, environ un milliard d'euros par an, issus des cotisations des entreprises et mutualismes à travers France compétences, l'organisme de régulation réunissant État, régions et partenaires sociaux que nous avons créé par la loi, et dont Jérôme Tixier et Stéphane Lardy assurent la gouvernance avec une grande efficacité.

Nous n'aurions pas réussi à bâtir un système financier et numérique si robuste et d'une telle ampleur sans l'apport de la Caisse des dépôts, la banque des territoires. Elle joue un rôle majeur auprès des collectivités territoriales et des acteurs du développement économique. J'ai rencontré son directeur général, Éric Lombard, et lui ai proposé de construire sous l'autorité du ministère du Travail le dispositif de Mon compte formation. Ce fut un gigantesque travail commun de nos équipes.

Mon cabinet, et en particulier Antoine Foucher et Bertrand Lamberti, et la Caisse des dépôts, avec Michel Yahiel et son équipe, soutenus par leur directeur général Éric Lombard, s'y sont attelés avec enthousiasme. Créer les droits automatiques de 30 millions de Français, référencer en temps réel des centaines de milliers de formations, organiser un paiement en ligne immédiat... les défis étaient gigantesques, du jamais vu pour un service public et dans un délai aussi serré. Quatorze mois après le vote de la loi, l'appli était opérationnelle. La Caisse des dépôts est ainsi devenue en quelque sorte la banque des citoyens. C'est ce que j'ai dit aux membres du comité exécutif de la Caisse rencontrés à deux reprises pour les mobiliser sur ce grand projet tant la qualité d'exécution me paraissait cruciale – là aussi du jamais vu. Engager une telle transformation ne se fait pas par simple circulaire. Le contact humain et direct est essentiel.

Craintes et oppositions

Une des raisons du relatif silence médiatique sur ce sujet, c'est que, pour une fois, la concertation n'aboutit pas vraiment sur ce sujet. Les partenaires sociaux négocièrent un accord sur la formation professionnelle et l'apprentissage qui fut conclu 28 février 2018. Il comportait de nombreuses avancées que j'ai saluées et soutenues, mais ne créait pas un droit réel à la formation accessible directement aux salariés. J'annonçai donc, dans la matinale de Jean-Pierre Elkabbach sur CNews, que nous irions plus loin en créant un vrai droit pour chacun, un Big Bang de la formation. Manque de chance, la négociation des partenaires sociaux avait pris du retard et se termina vers 4 heures du matin. Je ne pus donc pas les prévenir avant l'émission. À leur réveil, ils découvrirent mes propos et m'en voulurent pendant longtemps. Je ne regrette rien sur le fond, car je suis persuadée que ce droit moderne et universel correspond à notre époque et donne à la France de l'avance dans la construction de l'avenir. Mais si c'était à refaire, j'attendrais l'émission suivante quelques jours plus tard pour les informer et échanger nos arguments au préalable.

Au Parlement et avec les partenaires sociaux, il y eut débat. N'allait-on pas faire de la formation un produit consumériste ? N'encourageait-on pas l'individualisation de la société ? Je suis persuadée du contraire : c'est la loi de la République qui crée ce droit à la formation, et le garantit par un financement collectif issu des cotisations obligatoires des entreprises. Le parcours de formation est par nature personnel, et la liberté de choisir sa voie professionnelle est une grande et noble ambition cohérente avec nos valeurs républicaines. C'est donc bien la société qui permet à chacun de s'émanciper et d'évoluer professionnellement. Le collectif et l'individu ne s'opposent pas, l'un permet la liberté de l'autre et garantit l'égalité entre tous.

Les salariés n'allaient-ils pas être victimes d'organismes de formation « bidon » ou peu sérieux ? Connaissant certains errements du passé, nous avions prévu dans la loi trois cordes de rappel pour le contrôle qualité : une certification obligatoire des organismes de formation, ce qui était totalement nouveau en France ; l'obligation que ces formations préparent à l'un des 12 000 diplômes, titres ou certificats professionnels reconnus ; et une notation des formations en ligne par leurs utilisateurs. Si un organisme faillit à ces obligations, il peut être déréférencé du site. Certains partenaires sociaux, tant du côté syndical que patronal, me dirent : « Mais si les salariés sont libres, ils vont acheter n'importe quoi ! »

Je n'aime pas cette condescendance, et je n'y crois pas une seconde. S'investir dans une formation, même financée par la puissance publique, cela prend du temps, cela représente un engagement et un effort personnel basé sur un but ou un projet : qui irait se lancer dans quelque chose qui ne lui serait pas utile pour son avenir professionnel ? En outre, un accès à un conseil professionnel gratuit, organisé sous la responsabilité des partenaires sociaux, a été prévu à leur demande afin d'assister ceux qui avaient besoin d'aide pour déterminer leur parcours.

Un an plus tard, le panel des formations les plus recherchées montre la pertinence de ces choix par rapport aux besoins du marché du travail : langues, permis B, création d'entreprise, numérique… Les choix libres et individuels correspondaient bien à des opportunités de promotion ou de changement de métier pertinents avec l'évolution de l'économie. Faire le pari de l'intelligence, de la liberté et de la confiance est toujours gagnant.

Derrière cette critique, il y avait la perte de pouvoir d'un nombre important d'organismes intermédiaires qui géraient ces fonds et décidaient de qui pouvait accéder à la formation.

Une autre question venait des entreprises : les fonds n'iraient pas forcément vers les formations dont ils avaient besoin. À court terme, cela pouvait s'entendre. Mais de très nombreuses entreprises recherchent des qualifications qu'elles ne trouvent pas sur le marché du travail, même dans la crise actuelle comme j'ai pu le constater dans le Finistère fin septembre 2020. Quel meilleur recrutement que d'embaucher une personne tellement motivée par un métier qu'elle décide elle-même de se former ? En outre, l'appli permet à Pôle emploi, une collectivité, une entreprise ou une branche de cofinancer directement sur le site les formations ciblées qui les intéressent, et de se constituer ainsi un vivier de personnes formées et motivées à promouvoir ou à recruter. Un chef d'entreprise du transport routier qui désespérait de trouver des candidats me dit : « Avec l'appli CPF, la branche des transports ou mon entreprise, on va pouvoir proposer 2 000 euros en ligne à toute personne qui souhaiterait passer son permis poids lourd, avec une embauche à la clé. » Nous sommes au tout début de cette démarche émancipatrice de co-investissement.

Résultats

À ceux qui doutent de la capacité des salariés à faire leur choix, la meilleure des réponses, je l'ai eue un matin sur RTL quand j'expliquai ce que serait la future appli. Dans la deuxième partie de l'émission consacrée aux questions des auditeurs, l'un d'eux m'interpella : « Je suis éboueur. Je voulais devenir chauffeur du camion pour gagner plus : le métier est moins pénible et il y a des postes, on en cherche partout. J'ai mis longtemps à trouver ce qui existait comme formation pour ce permis et c'était loin de chez moi. Avec votre appli, là, je pourrais trouver tout de suite ? » « Oui, répondis-je, en deux ou trois clics, et les plus proches de chez vous. » « Ah ! Et la formation coûtait 800 euros. Mon employeur ne voulait pas la payer. C'est cher pour moi 800 euros. Je gagne le SMIC. La banque n'a pas voulu me prêter l'argent. J'ai dû demander à la famille, aux copains. Avec votre truc, là, j'aurais 500 euros par an, donc en deux ans j'aurais pu me payer la formation ? » « Oui », répondis-je. « Alors c'est bien, votre appli formation. » Tout était dit. Le sens de toute mon action politique en matière de compétences était résumé dans cet échange.

Depuis, les faits nous ont donné raison. En décembre 2020, un an après le lancement de Mon compte formation, et malgré dix mois de restrictions liées à la pandémie de Covid-19, cinq millions de Français avaient déjà activé leur profil, mais surtout plus d'un million avaient déjà choisi et bénéficié d'une formation parmi les 309 000 cursus proposés sur l'appli et conduisant à 5 300 certifications possibles (diplômes, titres professionnels, nouvelles qualifications). Plus important encore, 63 % de ceux qui suivaient une formation de leur choix étaient des ouvriers et des employés, démentant les pronostics de ceux qui affirmaient que seuls les cadres avaient une appétence à se former. Six personnes sur dix en formation avaient entre 30 et 50 ans, et un sur cinq plus de 50 ans, démontrant là aussi que les Français étaient prêts à s'engager personnellement à tout âge pour se former, là où trop d'entreprises étaient frileuses à investir sur les compétences des plus seniors. Enfin, point essentiel, la moitié des bénéficiaires étaient des femmes, qui jusqu'ici accédaient nettement moins que les hommes à la formation continue. Tous témoignent que s'ouvrent à eux pour la première fois des possibilités choisies d'évolution ou de changement de métier. Choisir et non subir. Pouvoir s'émanciper et non se résigner. Cela peut changer la vie.

Tout cela confirmait que le CPF constituait bien pour la première fois un grand service public de formation et d'égalité des chances tout au long de la vie. J'avais présenté notre initiative française à tous les ambassadeurs étrangers européens et des pays de l'OCDE en poste à Paris. La Commission européenne suit avec intérêt ce sujet. Début 2021, elle étudie la possibilité d'en faire un grand projet européen dans le cadre du plan de relance et de la stratégie européenne des compétences.

Deuxième solution : le plan d'investissement dans les compétences

Pour les demandeurs d'emploi et les jeunes, nous avions un autre outil puissant : le plan d'investissement dans les compétences (PIC). Son but est triple : démultiplier les parcours de formation réussis pour les plus vulnérables afin de leur permettre de trouver un emploi ; répondre aux besoins en compétences de l'économie sur les métiers en tension ou ceux liés à la transformation numérique et écologique ; changer notre façon de former et d'acquérir des compétences en modernisant et numérisant la formation pour la rendre accessible à tous. Solidarité, compétitivité, innovation étaient les maîtres-mots.

Pour la première fois, nous avons annoncé un plan de formation massif sur cinq ans, doté de 15 milliards d'euros, avec l'ambition de former deux millions de jeunes et de demandeurs d'emploi à tous les métiers porteurs d'insertion professionnelle et d'emploi. Jamais un gouvernement n'avait investi autant dans les compétences. La montée en puissance sera progressive sur deux ans et la construction de l'offre sera accompagnée avec des engagements sur la qualité. Le rythme annuel habituel dans les financements publics ne permet pas aux acteurs d'investir dans l'innovation et la qualité. Leur donner de la visibilité sur deux ou trois ans leur permet de recruter et de former des équipes de qualité et de monter un projet d'excellence. En 2018, 203 000 jeunes et demandeurs d'emploi ont bénéficié du PIC. Ils sont 473 000 en 2019. Compte tenu de la Covid-19, le bilan sera probablement de 380 000 pour 2020. L'engagement de campagne du président de la République de former deux millions de personnes supplémentaires sera tenu. Si l'on combine le PIC avec les programmes déjà existants dans les régions et à Pôle emploi, le nombre de demandeurs d'emploi et de jeunes inscrits en formation n'a jamais été aussi important en France : plus d'un million de personnes en 2019. La nation investit dans l'humain.

Neuf des personnes engagées dans ces formations sur dix n'ont pas le bac, la moitié n'a aucune qualification, plus d'un quart vit au RSA, presque un sur dix est en situation de handicap, et la proportion d'habitants des quartiers urbains et des zones rurales prioritaires, ainsi que des Outre-mer, est volontairement surreprésentée, car ce sont eux qui subissent de plein fouet le chômage ou les jobs précaires, même en période de croissance. Nous ne voulons laisser personne au bord du chemin et souhaitons redonner à chacun la chance d'accéder à un emploi de qualité.

L'engagement des régions

La deuxième condition, c'était d'engager les régions qui, depuis la loi de décentralisation, avaient la compétence générale en matière de formation professionnelle, et les moyens afférents. Le constat était très mitigé : certaines régions étaient actives en la matière. Dans d'autres régions, c'était un désastre : à la tête de la région Auvergne-Rhône-Alpes, Laurent Wauquiez avait baissé de 63 % les moyens pour former les chômeurs. C'était vrai aussi en Provence-Alpes-Côte d'Azur, dans une bien moindre proportion. De nombreuses régions avaient supprimé les programmes de formation des personnes illettrées, et quasiment toutes celle des détenus. Comment espérer s'en sortir si on est condamné à vie aux emplois précaires et non qualifiés, qu'on n'a aucun moyen de s'insérer dans le marché du travail, ou de se réinsérer une fois qu'on a purgé sa peine ? Supprimer la formation, c'est condamner nos concitoyens à la répétition de l'exclusion et à la précarité. Investir dans les compétences, c'est combattre les inégalités de destin et redonner confiance à chacun dans la solidarité active de la République.

Oui, je m'interroge sur la pertinence d'avoir délégué aux régions la formation professionnelle des demandeurs d'emploi. Sur le papier, il pourrait y avoir une certaine logique car les régions ont également la compétence de développement économique, qui doit éclairer le choix des formations permanentes pour l'économie. En tant que citoyens vous n'avez pourtant aucune assurance d'accéder à la formation continue si votre région décide de consacrer ces moyens à d'autres sujets, ce qui est son droit de par la loi de décentralisation. Une démarche pragmatique et beaucoup plus proche des réalités économiques et sociales de terrain, associant le préfet, les collectivités locales (agglomérations et communautés de communes) et Pôle emploi, me paraîtrait plus juste et plus efficace. Je pense que ce sujet gagnerait à être mis à l'ordre du jour du programme de la prochaine campagne présidentielle.

Pour le PIC, nous décidons de contractualiser avec les régions, en leur apportant 6 milliards d'euros supplémentaires pour construire une dynamique territoriale partout sur le territoire. Dans la majeure partie des régions, la réaction va être positive. Sans esprit partisan, Xavier Bertrand (Hauts-de-France), François Bonneau (Centre-Val de Loire), Valérie Pécresse (Île-de-France), Jean Rottner (Grand Est), Alain Rousset (Nouvelle-Aquitaine), Carole Delga (Occitanie), Marie-Guite Dufay (Bourgogne-Franche-Comté), Loïg Chesnais-Girard (Bretagne), la totalité des présidents de régions d'Outre-mer ainsi que d'autres présidents de région signeront avec moi un PRIC, plan régional d'investissement dans les compétences. Les plans s'adaptent systématiquement aux spécificités économiques régionales. À la Réunion, les 23 au 25 octobre 2019, j'accompagne le président de la République qui annonce le plan Petrel, un plan renforcé et construit sur mesure avec les élus pour prendre en compte les réalités économiques, sociales et territoriales de l'île. Seuls Laurent Wauquiez (Auvergne-Rhône-Alpes) et Renaud Muselier (Provence-Alpes-Côte d'Azur) refuseront de maintenir leur niveau initial de financement et de nombre de demandeurs d'emploi formés au moment de la décentralisation, condition mise à l'apport de nouveaux moyens de l'État. Je souhaite la contractualisation, mais sans naïveté et en veillant au bon usage des deniers publics, qui sont l'argent des Français.

L'État ne peut pas payer deux fois pour la même chose. Tous deux critiqueront cette approche dans la presse régionale, mais pour moi la priorité est que les jeunes sans diplôme et les demandeurs d'emploi sans qualification ou avec des qualifications obsolètes puissent accéder aux emplois porteurs de demain. Dans ces deux régions, le plan sera confié avec succès à Pôle emploi. Jean-Marie Marx, pleinement engagé depuis des décennies sur les enjeux de la formation, va piloter pendant deux ans auprès de moi le PIC en tant que haut-commissaire au développement des compétences. Avec le soutien des services du ministère du Travail et de Pôle emploi, une machine de guerre contre le chômage est ainsi lancée.

Quels résultats ?

La troisième condition, c'est de mesurer les résultats sans complaisance, de façon quantitative et qualitative pour progresser. La Dares vérifiera de façon indépendante qu'avec ce programme le taux d'accès à l'emploi est de dix points supérieurs aux précédents. Beaucoup de formations visent à remettre à niveau des fondamentaux pour pouvoir accéder ensuite à une formation qualifiante vers des emplois très recherchés par les entreprises. Partout en France, les entreprises connaissent des métiers en tension et des difficultés de recrutement. Elles recherchent des soudeurs, des aides-soignants, des chauffeurs routiers, des développeurs... La liste est longue.

Mais après des décennies de chômage de masse, beaucoup de jeunes décrocheurs qui ont quitté l'école sur un échec, de demandeurs d'emploi inscrits à Pôle emploi, ou de personnes au RSA, n'ont pas ces qualifications et peinent à les obtenir sans une remise à niveau préalable. Ces formations « marchepied » portent sur les savoirs de base (lire, écrire, compter, communiquer) mais aussi sur la reprise de la confiance en soi, souvent dévastée après des années d'échec et d'exclusion, et sur les codes sociaux du travail (ponctualité, assiduité, travail d'équipe, relation client, qualité, engagement sur les résultats). En ce qui concerne la moitié des formations qui visent directement la qualification et l'accès à l'emploi, les résultats sont bons : 60 % des bénéficiaires retrouvent un emploi immédiatement, 80 % au bout de six mois.

Investir dans l'humain, c'est donner à chacun une chance d'accéder à l'emploi et à l'autonomie financière et préparer les compétences dont les entreprises ont besoin pour grandir et réussir. C'est un des investissements les plus durables que la République puisse faire.

L'innovation est la clé

La quatrième condition, peut-être la plus importante à mes yeux, c'est d'innover, et d'encourager l'expérimentation à grande échelle. Le pays regorge d'innovateurs pédagogiques, économiques et sociaux de terrain, trop souvent empêchés de tester ou amplifier leurs idées parce qu'ils n'entrent pas dans les cases très normées des programmes publics.

Du côté des entreprises, la prise de conscience de l'enjeu crucial des compétences pour la croissance suscite des démarches innovantes. Le centre de formation Enercom pour la fabrication d'éoliennes, dans l'Oise, que je visite le 14 mai 2018, le Hall 32 de Michelin pour la formation aux métiers de l'industrie que j'inaugure le 13 septembre 2019, le centre de formation d'excellence de LVMH que j'inaugure près d'Angers le jour de la publication de la loi « Avenir professionnel » le 5 septembre 2018, le campus Industreet de Total que je visite le 19 novembre 2019 à Stains en Seine-Saint-Denis, tous ces projets ont trois points communs : répondre aux besoins de main-d'œuvre qualifiée qui restent sans réponse, anticiper et accélérer les transformations à venir en promouvant le meilleur de la technologie et du savoir-faire, et impliquer l'écosystème des fournisseurs et des territoires.

Grâce à l'action de ses équipes et au leadership de son directeur général Jean Bassères, l'image de Pôle emploi s'est nettement améliorée ces dernières années tant auprès des entreprises que des demandeurs d'emploi. L'agence s'est ouverte à de multiples partenariats qu'elle promeut sur son site en tant que solutions complémentaires de son activité, et elle participe à des programmes innovants tels que Du stade vers l'emploi. Le 21 février 2020, au stade de Liévin, je participe (en tenue de sport) à l'opération combinant sport d'équipe et *job dating* organisée par Pôle emploi et la Fédération française d'athlétisme. À l'issue de cet événement, plus des deux tiers des demandeurs d'emploi sont embauchés et l'action se déploie désormais dans cinquante villes.

Le PIC lui aussi doit être à la pointe de l'innovation et de l'efficacité en matière de pédagogie et d'accès à l'emploi. Je demande donc à mes équipes de lancer des appels à projets d'expérimentation très ouverts, comme le programme HOPE-PIC pour l'intégration professionnelle des réfugiés, le programme Des étoiles et des femmes, qui propose aux femmes des quartiers prioritaires de la ville un parcours d'excellence ou le programme de remobilisation des « invisibles », ces jeunes ayant quitté l'école, ne fréquentant ni Pôle emploi ni les missions locales et que les travailleurs sociaux vont rencontrer au bas des tours ou dans les salles de sport. Le programme 100 % Inclusion est le plus important, il finance des initiatives hors normes pour donner leur chance aux plus vulnérables.

Les projets retenus sont des prototypes innovants ou des changements d'échelle de projets pilotes déjà confirmés. Nous encourageons les consortiums entre organismes pour permettre ce changement d'échelle en matière sociale qui est un problème bien français. J'ai vu des projets d'une tout autre ampleur dans d'autres pays, par exemple en Inde avec l'ONG Naandi, dirigée par Manoj Kumar, qui joue un rôle de délégataire de la puissance publique en matière d'éducation des filles, de nutrition des élèves les plus pauvres, d'accès à l'eau potable dans les villages et de développement de la permaculture chez les paysans des tribus adivasis. En France, nous amalgamons trop souvent contrôle des deniers publics et refus de l'audace. Pour inventer des solutions efficaces, les pouvoirs publics ont besoin d'audace et de contrôle, d'ambition et de gestion des risques, de créativité et d'évaluation. Comme tout corps social, comme toute entreprise, mais à une bien plus grande échelle et avec une responsabilité accrue puisqu'elle engage tous nos concitoyens.

Pour favoriser cette audace pragmatique et créative, je confie les décisions sur les projets « 100 % Inclusion » à un jury indépendant présidé par Éric Kayser, le créateur des boulangeries éponymes célèbres dans le monde entier pour la qualité de leur travail artisanal. Il apporte sa passion entrepreneuriale et son engagement citoyen, et y consacrera un temps précieux avec le jury. La gestion des risques et le contrôle sont assurés par la direction générale de l'emploi et de la formation professionnelle au sein du ministère du Travail, et par la Caisse des dépôts. Après quelques réglages sur le rôle de chacun, la combinaison d'acteurs si différents s'avérera très fructueuse. Les résultats démontrent qu'il n'y a pas de fatalité et que nul n'est inemployable si on lui donne les leviers du succès.

Parmi de nombreux projets, les résultats des écoles Cuisine mode d'emploi(s) créées par le chef étoilé Thierry Marx, suivies de Service mode d'emploi, et de démarches similaires dans la boulangerie et la poissonnerie, sont exceptionnels. De la première école du 19e arrondissement de Paris où je suis me suis souvent rendue à celle que j'ai visitée à Toulouse, j'ai été touchée par les témoignages de ceux dont ce projet avait changé la vie. L'objectif était de former à quatre-vingt-dix gestes professionnels de base en quatre-vingt-dix jours des personnes très éloignées de l'emploi, dans des secteurs en fort besoin de main-d'œuvre (avant la Covid-19) comme la restauration et l'alimentation. Certains sortaient de prison ou portaient un bracelet électronique. D'autres émergeaient d'un long parcours de toxicomane. D'autres encore avaient été sans domicile fixe. Tous ceux qui avaient un petit revenu étaient aux minima sociaux. Personne ne divulguait ou ne mentionnait son passé. La seule exigence était l'assiduité et la ponctualité. La formation est conçue de façon très pratique et totalement adaptée aux réalités de base des métiers. Les formateurs viennent d'entreprises et sont très engagés. Le charisme de Thierry Marx et son réseau d'amis restaurateurs contribuent aussi aux résultats exceptionnels : neuf personnes sur dix trouvent un travail à la sortie des trois mois de formation. Je me souviens d'un échange avec un formateur, ancien stagiaire lui-même : il avait fait « des conneries », s'en était sorti parce qu'on lui avait fait confiance. Quand l'intelligence humaine et le cœur sont réunis, l'impossible devient possible.

Je suis certaine que la multiplication d'initiatives de ce type et de centaines d'autres, connues ou inconnues, de personnes qui se lèvent et osent innover change tout. Elles bousculent les conventions, inventent de nouvelles approches et sont des modèles d'identification pour les autres. Ce sont des passeurs, des inspirateurs, des éveilleurs d'humanité. Les pouvoirs publics doivent arrêter de croire qu'ils savent tout. Ils doivent arrêter de produire des circulaires de quarante pages conçues en chambre pour encadrer la vie. Ils doivent fixer le cap, donner des buts généraux, permettre aux acteurs socio-économiques de mettre au service du bien commun leur imagination et leur courage, et évaluer les résultats. C'est ce que nous avons voulu faire avec le PIC.

Le PIC nous a permis aussi de presque doubler le nombre de places dans les écoles de la deuxième chance (E2C), créées par Édith Cresson lorsqu'elle était commissaire européenne et dont nous fêtâmes ensemble les vingt ans à Marseille le 13 octobre 2017. Je me souviens de ces jeunes filles rencontrées à Marseille, envoyées à l'E2C par les missions locales pour les jeunes ou par les travailleurs sociaux, déjà malmenées par la vie, et qui y reprenaient peu à peu confiance et retrouvaient leur estime.

Nous décidâmes aussi de renforcer l'EPIDE, un dispositif « civil » remarquable inspiré des meilleures pratiques de formation de l'armée, et qui propose à des jeunes volontaires un parcours de professionnalisation en internat basé sur les valeurs de la République, le respect et l'exigence. Ces jeunes majeurs, qui arrivaient tous avec de lourdes difficultés sociales et éducatives, et dont beaucoup décidaient de se couper d'un milieu toxique en lien avec la violence ou la drogue, étaient particulièrement courageux et reconnaissants envers la République. Plus de la moitié d'entre eux tentaient ensuite de devenir militaires, policiers, pompiers professionnels ou soignants et de rendre ce qu'ils avaient reçu.

À Marseille, un échange avec un jeune me choqua et m'émut. Il était né en France de parents français, avait 18 ans et avait abandonné l'école à 12 ans : « Personne ne m'a rien dit. Personne n'est venu me chercher. J'ai pas fait grand-chose pendant toutes ces années, j'ai tourné en rond, j'ai fait des conneries. Mais maintenant je veux m'en sortir. Je suis en vrac à l'intérieur, mais l'EPIDE ça me fait comme une colonne vertébrale. » Je découvrais que des enfants quittaient l'école obligatoire sans que la République s'en émeuve. L'Éducation nationale ne tient aucune statistique de ce phénomène qui remet pourtant en cause un des fondamentaux de notre République.

En Outre-mer, le RSMA (régiment du service militaire adapté) réussissait également remarquablement l'insertion professionnelle et sociale des jeunes volontaires qui y entraient.

Florence Parly, ministre des Armées, et Annick Girardin, ministre des Outre-mer, ainsi que les états-majors, le soutenaient pleinement. Ce dispositif mériterait d'être étendu et ouvert plus largement aux jeunes filles.

L'appel à projets du PIC pour la formation des réfugiés fut un grand succès, avec plus d'une cinquantaine de projets et neuf embauches sur dix à la sortie. Le 6 février 2018, je visitai les travaux de la ligne de métro 14 à Saint-Ouen. L'ampleur du site, vaste comme une cathédrale souterraine, tout comme le travail des tunneliers étaient impressionnants. Les entreprises, qui peinaient à recruter, étaient pleinement satisfaites et les réfugiés afghans, érythréens ou soudanais très motivés. Deux jours plus tard, au centre des compagnons du devoir de Champs-sur-Marne, en région parisienne, qui formait des réfugiés aux métiers de couvreur, un groupe de réfugiés vint m'offrir un cœur qu'ils avaient taillé dans l'ardoise : « Merci à vous qui nous donnez un métier, merci à la France qui nous accueille. » Depuis, ce cœur est sur mon bureau, comme un rappel essentiel que ce que nous faisons, c'est pour et avec les gens, les Français et ceux que notre pays accueille au nom de la fraternité.

Le sujet de l'intégration des réfugiés relève bien sûr de l'efficacité économique – les former à des métiers où il y a des difficultés à recruter et leur permettre de s'insérer leur évite d'être relégués dans une position d'assistés ou d'exclus à vie –, mais elle met aussi en jeu parfois d'autres registres. À la Société poitevine de peinture, à Poitiers, une PME d'une quarantaine de salariés, le patron avait décidé de former quatre jeunes réfugiés, afghans et soudanais. Je rencontrai le 3 septembre 2018 le management et les jeunes. Un des chefs d'équipe, très ému, m'expliqua qu'il aurait déjà dû partir à la retraite mais que la rencontre avec l'un des jeunes lui avait ouvert de tels horizons sur le plan humain qu'il était resté pour le former et l'accompagner. Le jeune, les larmes aux yeux, avait murmuré : « J'ai pas seulement trouvé un métier et un pays, j'ai trouvé un père. » Un silence dense plana quelques secondes. Quand la vérité humaine traverse nos actions, notre devise républicaine de la fraternité prend tout son sens.

La société de compétences

Les programmes publics doivent permettre de trouver des solutions à des problèmes réels. Le programme spécial TPE du PIC ou les préparations opérationnelles à l'emploi organisées par Pôle emploi, qui forment sur mesure en vue d'une embauche concrète d'un demandeur d'emploi, en sont des exemples réussis. Mais les besoins explosent aussi dans les secteurs nouveaux. C'est ainsi que de nombreux projets se concentreront sur les métiers du numérique, en pleine expansion et déjà en difficulté de recrutement. Un des grands avantages, c'est que ce type de qualification étant très nouveau, les employeurs ne renvoient pas les demandeurs d'emploi à leur manque de diplôme ou d'expérience.

Encore fallait-il convaincre ces derniers qu'on pouvait être en échec scolaire et réussir dans le numérique sans être geek ni avoir été bon en maths. Les formations au codage ou à l'intelligence artificielle financées par le PIC et organisées à de nombreux endroits par l'école Simplon étaient représentatives de cet état d'esprit, comme sur l'île de Marie-Galante. À l'école Simplon de Montreuil le 25 mai 2018, le stage de *data management* pour l'intelligence artificielle regroupait des profils très variés : une boulangère qui devait se reconvertir en raison d'une allergie à la farine, un jardinier attiré par ce secteur, des jeunes en échec scolaire. Un jeune sorti de classe de troisième témoigna : « Au collège j'étais nul en maths. Ici j'apprends les bases de l'intelligence artificielle, c'est facile, c'est logique, ça me plaît. » Peu après, il était embauché chez Safran. Dans le numérique où les qualifications évoluent en permanence, il n'y a pas de fatalité liée au passé de chacun. C'est aussi ce qu'a démontré Xavier Niel en créant les écoles 42 sur un concept novateur et intensif.

Comme ministre du Travail, la formation des jeunes, des demandeurs d'emploi et des personnes vulnérables est bien sûr une priorité dans le financement des programmes publics. Mais ma conviction est que l'accès de tous les actifs à la formation tout au long de la vie est essentiel. La valeur ajoutée de demain se construit sur la connaissance. La société des compétences va remplacer l'économie de main-d'œuvre.

À l'heure où la transformation numérique et l'intelligence artificielle vont bousculer le monde du travail, la valeur ajoutée humaine portera sur la créativité, l'innovation, la relation humaine et le service à la personne. Il faut donc préparer de grands plans de transformation. Avec Bruno Le Maire, les fédérations professionnelles et les partenaires sociaux, nous avions travaillé à un projet de Pacte productif couplant l'évolution de la technologie et la transformation des compétences, en particulier en matière de réindustrialisation, de transition écologique et de numérique. J'entrevoyais l'importance de cet enjeu lorsque les ingénieurs de Dassault Systèmes inventaient des logiciels d'écoconception industrielle avancée il y a quinze ans. Désormais toute l'économie est concernée. Ces projets sont venus nourrir le plan de relance lancé pour répondre à la crise économique et sociale générée par la Covid-19.

Aujourd'hui, face à l'indispensable transition écologique qui va révolutionner nos manières de produire, consommer, nous nourrir, nous transporter, face à la transformation numérique et notamment l'intelligence artificielle qui va bousculer tous nos modèles, face aux défis de la crise économique et sociale actuelle, face à l'effritement de la cohésion sociale de notre pays, investir massivement dans les compétences est décisif.

Cette urgence à construire la société des compétences qui nous animait déjà en 2017, devenue vitale pour transformer le plan de relance en reconquête de l'emploi, est aussi promue par l'OCDE car décisive dans la compétition mondiale, pour la sortie de la crise actuelle et pour la réduction des inégalités. Elle est également au cœur du projet européen, de façon accrue depuis quelques mois car elle fait partie des solutions du plan de relance post-Covid-19. La présidente Ursula von der Leyen et le commissaire Nicolas Schmit en sont les garants. Hier comme ministre du Travail, aujourd'hui comme ambassadrice de France auprès de l'OCDE, j'y travaille avec eux.

8

La révolution de l'apprentissage

« Ce qui peut aider un jeune à trouver sa voie, c'est son pouvoir de rêve. »

Boris Cyrulnik

Septembre 1986 : je suis à Tours, en Indre-et-Loire, au centre de formation d'apprentis des compagnons du devoir. J'accompagne Sébastien, 16 ans, le fils d'un premier mariage de mon mari, qui entre en apprentissage de couvreur. Ses parents, issus de milieux modestes et enfants de l'école républicaine, elle agrégée de lettres, lui docteur en sociologie, sont convaincus que seule l'école ouvre la voie de l'émancipation. Ils sont désespérés de voir que leur fils unique est réfractaire à l'Éducation nationale et qu'il veut entrer en apprentissage. Considérant que cela sanctionne un échec scolaire, ils se sentent incapables de l'accompagner le jour de sa rentrée en internat. Or, en devenant apprenti, Sébastien, qui se vivait en échec et doutait de lui, a soudainement été considéré comme une personne mature et autonome. Il fallait voir son émotion à recevoir ses premiers outils professionnels et sa première paie, de disposer pour la première fois d'une carte bancaire. Sa motivation à apprendre est née là.

J'ai toujours trouvé absurde et dramatique cette obsession française de vouloir séparer la tête et les mains contrairement à toute réalité. Pour moi, l'intelligence de la main a toujours été une évidence. On sait depuis plus de soixante ans, grâce à l'épistémologue et psychologue suisse Jean Piaget, que c'est par le geste et le jeu que l'enfant apprend, et que le développement de l'intelligence procède par adaptation progressive à l'environnement. Or dans l'apprentissage, méthode active par nature, les jeunes « font pour apprendre », trouvent un désir d'apprendre, développent une fierté du métier, acquièrent une « valeur » professionnelle et sociale, et se sentent respectés.

14 mars 2018 : je suis de nouveau à Tours dans le même centre de formation d'apprentis des compagnons du devoir, où j'accompagne Emmanuel Macron pour mettre un coup de projecteur sur la réforme de l'apprentissage que nous préparons. Plus d'un millier de jeunes nous entourent, font des selfies avec le président, manifestent leur enthousiasme et leur fierté. Ils ne doutent pas de leurs capacités, savent que 90 % d'entre eux trouveront un emploi à la sortie. Au niveau national, toutes filières confondues, ce sont quatre jeunes sur cinq pour qui l'apprentissage débouche sur un emploi, un résultat bien meilleur que celui des étudiants à l'université. L'apprentissage d'un métier est une voie de passion, d'excellence et de réussite professionnelle. Ils le savent.

5 février 2019 : je me rends à Joué-lès-Tours, cette fois-ci au Campus des métiers de l'artisanat d'Indre-et-Loire où Bernard Stalter me présente les différentes filières d'apprentissage, en particulier la section d'horlogerie. Bernard est alors président de l'Union nationale des entreprises de coiffure (Unec) et président de

l'Assemblée permanente des chambres de métiers et de l'artisanat (APCMA). Sous sa houlette, cette dernière va rédiger un livre blanc de propositions pour la réforme de l'apprentissage dont nous allons beaucoup nous inspirer. Alsacien aux moustaches légendaires, chaleureux, défenseur passionné des métiers et de l'artisanat, il sera l'un des meilleurs ambassadeurs de la réforme de l'apprentissage et sillonnera la France pour l'expliquer. Quelle émotion, quelle tristesse partagée quand il est décédé, victime de la Covid-19 au printemps 2020... Le 12 mars 2021, près de Strasbourg, avec sa famille et les leaders de l'artisanat, j'ai participé au changement de nom du CFA d'Eschau en centre de formation Bernard-Stalter. Malgré la peine, son énergie inspire toujours les jeunes et les acteurs de l'apprentissage.

Un travail de longue haleine

Lorsque j'étais au cabinet de Martine Aubry en 1991, j'avais proposé et obtenu que l'on intègre dans la loi quelques dispositions favorisant le développement de l'apprentissage afin de le rendre plus accessible à tous les niveaux jusqu'à l'enseignement supérieur. Le but était qu'il acquière ainsi ses lettres de noblesse et offre des cursus complets du CAP au master. C'est d'ailleurs ce qui se passe depuis une dizaine d'années, où la progression de l'apprentissage à l'université et dans les écoles d'ingénieurs et de commerce est fulgurante.

Toutefois, on en était bien loin il y a trente ans. La question politique était alors de savoir si l'apprentissage était « de gauche ». Certains socialistes y étaient même franchement opposés, considérant qu'il s'agissait d'un moyen d'exploiter les jeunes et non d'une voie de formation et d'excellence. Hormis quelques cas minoritaires, inacceptables, que les inspections de l'Éducation nationale, du travail et de l'agriculture étaient chargées de sanctionner, les faits résistaient à cette crainte datée. Nous avions en partie aménagé le système. Mais l'idéologie est longue à combattre.

J'ai persévéré : lorsque je suis entrée chez Danone en 1993 comme directrice de la formation, la première mesure que j'ai proposée à Antoine Riboud fut de lancer un grand programme pour les jeunes fondé sur l'apprentissage, permettant ainsi de faire passer la proportion d'apprentis de 0 à 5 % des effectifs, avec un fort investissement en direction des tuteurs.

Contrairement aux idées reçues, l'apprentissage est bien tout le contraire d'une impasse, puisqu'un jeune peut préparer successivement un CAP, un bac pro, un BTS, un master ou un diplôme d'ingénieur, tout en étant rémunéré en tant qu'apprenti tout au long du cursus. Cette filière devient alors un vrai levier de promotion sociale. Beaucoup de jeunes et de familles ignorent encore cette possibilité. L'exemple le plus frappant a été pour moi la visite d'Égletons, en Corrèze, avec Emmanuel Macron. Des jeunes de 15 à 30 ans, apprentis, lycéens, étudiants et élèves ingénieurs se côtoyaient dans ce centre national de formation des travaux publics en internat. Un jeune me dit : « Avant, je pensais que j'allais dans le mur. Mais ici, je joue au baby-foot avec des gars qui ont cinq ans de plus que moi et qui font ingénieur. Moi aussi, je deviendrai ingénieur ! » La force des modèles d'identification, toujours, décuple la confiance et la motivation.

Une des valeurs ajoutées méconnues de l'apprentissage, c'est aussi qu'il s'agit d'une école d'entrepreneuriat et de management. Un tiers des apprentis, quelques années plus tard, créent ou reprennent une entreprise, contribuant ainsi à créer de nouveaux emplois. En outre, la plupart des anciens apprentis deviendront à leur tour des maîtres, tuteurs et formateurs de nouveaux apprentis, car la fierté de transmettre est aussi grande que la fierté d'apprendre. L'avenir de l'artisanat, notamment, tient tout entier dans cette transmission des savoir-faire.

Une révolution copernicienne

Nous avons constaté en France le déclin du nombre d'apprentis aux niveaux bac et en dessous depuis une dizaine d'années, alors même que le taux de chômage des jeunes progressait inexorablement. Pourquoi ? Parce que l'apprentissage a depuis trop longtemps été à la fois capturé par les pouvoirs publics et délaissé par les entreprises et les branches. Seuls 7 % des jeunes avaient accès à l'apprentissage malgré le fait que quatre sur cinq trouvent un emploi à l'issue de ce cursus, c'est-à-dire un taux bien supérieur aux autres filières de formation.

La comparaison à l'échelle de l'Union européenne était d'ailleurs aussi nette que cruelle : les pays européens qui avaient construit un système d'apprentissage robuste connaissaient un faible niveau de chômage des jeunes. Ceux qui, comme la France, privilégiaient la seule voie académique classique rencontraient un taux d'abandon des études, d'échec et de chômage à l'issue du cursus scolaire beaucoup plus important. L'apprentissage permettait une diversité des pédagogies et consistait en une voie majeure vers l'emploi. Alors il fallait reprendre le dispositif à la base, comprendre les blocages, et lever tous les freins institutionnels, juridiques, financiers et de représentations.

Pour avancer, notre conviction était qu'il fallait transformer le système en menant une grande réforme de l'apprentissage. J'ai proposé à Emmanuel Macron une « révolution copernicienne » du système, des structures et des mentalités. Il a pleinement soutenu cette ambition, cohérente avec notre vision politique de l'émancipation par le travail et la formation.

Convaincre les décideurs

Il fallait commencer par faire bouger le regard des décideurs sur l'apprentissage. Nous avons organisé un voyage d'études avec les leaders des partenaires sociaux et des conseils régionaux qui le souhaitaient, pour se décentrer et regarder la réalité française du point de vue d'un pays où l'apprentissage était une voie majeure. Nous n'avons pas choisi l'Allemagne que tout le monde croit connaître mais la Suisse. Personne n'oserait dire que la Suisse est un pays qui ne réussit pas économiquement, et pourtant 65 % des jeunes passent par la case apprentissage dans leur parcours de formation. Certains deviendront maçons ou artisans, d'autres médecins ou entrepreneurs, mais tous auront développé une capacité à apprendre en analysant et en transformant leur environnement. Belle occasion de revoir nos catégories mentales. Cela a permis à ces décideurs et négociateurs de comprendre pourquoi et comment l'apprentissage était la voie de formation principale dans certains pays. Le conseiller fédéral nous a accueillis chaleureusement et nous a démontré comment le système repose largement sur l'engagement des branches et des entreprises. De leur côté, les chefs d'entreprise rencontrés ont semblé conscients de leur rôle vis-à-vis de la jeunesse et de la nécessité d'investir dans l'apprentissage pour préparer les ressources humaines du futur, même dans les périodes moins favorables économiquement. Réflexion inspirante dans la crise actuelle.

Ensuite il a fallu consacrer beaucoup d'énergie et de temps à la concertation avec l'ensemble des acteurs professionnels et tous les ministères concernés. J'ai demandé à Sylvie Brunet, élue depuis députée européenne, de mener une concertation pendant trois mois avec un groupe de travail réunissant les partenaires sociaux, les régions, les branches professionnelles, et les ministères du Travail, de l'Éducation nationale, de l'Enseignement supérieur et de l'Agriculture, pour essayer de trouver des propositions communes. Bien sûr, il y avait des visions différentes de l'apprentissage, des enjeux de pouvoir ainsi que des enjeux financiers avec les trois milliards d'euros de taxe d'apprentissage. Si cette concertation n'a pas abouti à une vision convergente de la réforme à mener, elle a néanmoins permis de mettre à plat tous les sujets et d'identifier les acteurs les plus aptes à faire décoller l'apprentissage dans l'intérêt des jeunes et des entreprises.

J'ai souvent répété à ces dernières que les compétences ne se trouvent pas « sur étagère », et qu'elles continueraient à avoir des difficultés à les trouver si elles ne contribuaient pas à les « fabriquer ». Cela suppose un engagement fort et durable de leur part. Le triangle de relations humaines entre l'apprenti, le maître d'apprentissage et le formateur du CFA est la clé de voûte du succès.

Il nous a fallu ensuite simplifier drastiquement les procédures administratives, en supprimant deux types d'autorisations préalables du conseil régional : une autorisation pour créer ou agrandir un centre de formation d'apprentis et une autre pour que celui-ci puisse recevoir des subventions publiques. Ce mécanisme d'autorisation avait a priori deux conséquences inhibitrices pour l'action : une incertitude financière permanente pour les centres de formation d'apprentis et de fortes inégalités d'une région à l'autre concernant les coûts de formation d'un apprenti. La formation d'un lycéen coûte environ 8 000 euros par an ; pour former un CAP de cuisinier en apprentissage, d'une région à l'autre la subvention pouvait varier de 2 500 à 12 000 euros par an. Comment prétendre assurer une formation de cuisinier de qualité, matière d'œuvre comprise, avec 2 500 euros par an ? Cela n'avait aucun sens.

Nous avons donc inscrit dans la loi un système de financement automatique et proportionnel au nombre de jeunes formés, le coût par contrat étant fixé pour chaque métier sur le plan national par les professionnels de la branche, sur la base des coûts réels. Ainsi le financement des coûts de formation en CFA est assuré automatiquement par un système mutualisé chaque fois qu'un binôme « un jeune, une entreprise » conclut un contrat d'apprentissage. Depuis l'application de ces mesures, les CFA sont devenus des promoteurs et développeurs de l'apprentissage. Et le contrôle du bon usage des deniers publics, qui proviennent des taxes sur les entreprises, a lieu a posteriori, fait très rare dans la conception habituelle du rôle des administrations en France.

Avec les présidents des conseils régionaux, les discussions furent âpres car ils s'opposaient, dans leur majorité, à la réforme. Seul Xavier Bertrand, président des Hauts-de-France, l'a soutenue publiquement. Il avait été ministre du Travail et reconnaissait avec moi que seule une réforme systémique pouvait faire « décoller » l'apprentissage. Tout en étant préoccupé par la diminution éventuelle du rôle des régions au bénéfice des branches et des entreprises, Gérard Larcher, président du Sénat et lui aussi ancien ministre du Travail, comprenait notre ambition sur l'apprentissage.

Avant notre réforme, les régions avaient un pouvoir « de vie et de mort » sur les centres de formation, le recrutement des formateurs, la localisation des formations, leurs moyens matériels et financiers. L'apprentissage, qui cependant repose sur le rôle clé des entreprises, était de fait « administré », contrairement à de nombreux pays, ce qui n'incitait pas le monde économique à prendre ses responsabilités. Dans les faits, les politiques étaient très différentes d'une région à l'autre, certaines délaissant l'apprentissage, d'autres s'y investissant fortement. Au total, la progression était très faible, de l'ordre de 1 à 3 % par an, car le système bridait la croissance de contrats d'apprentissage. Notre réforme a consisté à simplifier le processus et à mettre branches et entreprises en situation de s'engager pleinement auprès des jeunes pour permettre aux CFA de grandir.

Une partie significative de la taxe d'apprentissage versée par les entreprises n'était pas utilisée pour l'apprentissage. Les régions ont été compensées financièrement pour la perte d'une partie de leurs compétences, mais la collecte de la taxe d'apprentissage est désormais mutualisée sur le plan national au sein de l'établissement public France compétences, créé par la loi pour coordonner et fluidifier le système de financement à travers onze organismes paritaires sectoriels. État, régions et partenaires sociaux en copilotent la gouvernance.

Avec Édouard Philippe, nous avons eu de nombreuses discussions sur cette réforme car il souhaitait éviter un conflit avec les régions. Finalement nous avons conduit la réforme et les résultats sont là. Le combat mené pour les jeunes a été gagné. Nous avons mis les jeunes et les entreprises au cœur du système, et les institutions à leur service.

Créer des parcours sur mesure

Par ailleurs, nous avons amélioré voire transformé le dispositif sur de nombreux points. L'entrée en apprentissage peut désormais avoir lieu entre 16 ans et 30 ans (contre 26 ans auparavant), avec la possibilité de calibrer les formations sur mesure pour s'adapter à chaque parcours et d'entrer en formation tout au long de l'année.

J'ai rencontré une jeune femme dans un centre de formation d'apprentis en ébénisterie. Elle était diplômée d'un master 2 en arts déco. Mais elle aimait réaliser les objets elle-même. Grâce à notre réforme, elle a pu choisir, à 28 ans, de préparer un CAP ébénisterie en mode intensif sur un an. Elle est désormais installée comme entrepreneur, designer et artisan, et elle conçoit et fabrique ses propres meubles. Elle m'a dit cette belle phrase : « Tout moi-même est engagé dans chacun de mes meubles. »

Au Ceproc, centre d'excellence des professions culinaires présidé par Joël Mauvigney, j'ai rencontré récemment deux jeunes en reconversion vers le métier de leur passion, la gastronomie, grâce à la réforme de l'apprentissage. Auparavant, l'un était professeur de sports, l'autre consultante.

Ces parcours sur mesure sont encore peu nombreux mais se multiplient grâce aux possibilités ouvertes par notre réforme et parce que le désir d'apprendre un métier concret et de passion grandit chez les étudiants notamment.

Le sur-mesure va permettre aussi d'accueillir plus de jeunes en situation de handicap dans l'apprentissage, avec des cursus de trois ans au lieu de deux si besoin en fonction de leur situation. Il était choquant de voir que seuls 1 % des apprentis étaient en situation de handicap, alors qu'on compte 6 à 7 % de personnes handicapées dans la classe d'âge considérée. C'est un long combat, qui n'est pas encore gagné, mais les incitations techniques et financières mises en place vont faciliter cette dynamique. Par ailleurs, la rémunération des jeunes a été augmentée, et une aide de 500 euros pour permettre à chacun de passer le permis a été mise en place.

Enfin, nous avions constaté que le programme européen Erasmus pour les étudiants n'était que très difficilement ouvert aux apprentis. Sur la base du rapport que le député européen Jean Arthuis m'a remis, nous avons levé les obstacles législatifs et réglementaires nécessaires pour permettre à de jeunes apprentis de vivre eux aussi cette formidable expérience de voyage autonome, de découverte professionnelle et de brassage culturel.

Développer les prépas apprentissage et les CFA

À l'autre bout de l'échelle sociale, l'apprentissage est aussi une voie d'insertion, une deuxième chance pour les jeunes. Les « prépas apprentissage » que nous avons lancées dans le cadre du PIC en sont une démonstration. Elles permettent à des jeunes dont les acquis scolaires sont insuffisants, ou qui ne connaissent pas assez bien la réalité des métiers pour choisir leur voie, de bénéficier d'un sas de quelques mois pour compléter leurs bases dans les fondamentaux (maths, français, communication), de comprendre l'importance des comportements sociaux (ponctualité, travail en équipe), de prendre confiance en eux et de trouver ce qui les motive. La prépa apprentissage aux métiers de l'industrie expérimentée par le Pôle de formation de l'UIMM (Unions des industries minières et métallurgiques), à Nancy-Maxéville, que j'ai visitée le 22 mars 2019, fait ainsi découvrir aux jeunes avec succès des métiers industriels bien éloignés des clichés datés. Technologies embarquées, informatique industrielle, maîtrise des matériaux pour l'aéronautique ou l'automobile… Peu de jeunes ont connaissance de ce qu'est l'industrie 4.0 de demain. Il en est de même avec le Hall 32 de Michelin, remarquable par sa modernité.

Les CFA de l'UIMM, présidée par Philippe Darmayan, comme ceux du bâtiment avec leur belle opération « 15 000 bâtisseurs », ou encore ceux du secteur agricole, innovants et précurseurs depuis longtemps, s'engagent à fond dans la découverte des métiers, préalable indispensable à la montée en puissance de l'apprentissage. La découverte de la multiplicité des métiers est aussi l'une des missions du Campus des services de l'automobile et de la mobilité de Guyancourt, dans les Yvelines, que j'ai visité pour la première fois le 6 septembre 2018. C'est une magnifique vitrine et un lieu de formation emblématique sur les savoir-faire de la profession, attractive tant pour les jeunes que pour les professionnels. Tous les types de mobilité sont concernés, jusqu'aux véhicules électriques ou la fabrication et la maintenance des motos. J'ai même pu enfourcher le prototype de la prochaine Harley-Davidson…

En outre, les jeunes des quartiers populaires pensaient que l'apprentissage leur était inaccessible, leur famille n'ayant aucun réseau dans les entreprises. J'ai confié à Patrick Toulmet, délégué interministériel au développement de l'apprentissage dans les quartiers prioritaires, la mission de relier l'offre des entreprises aux demandes des jeunes.

En cohérence avec notre volonté de responsabiliser les entreprises en plaçant les professionnels « dans le siège du conducteur », nous avons aussi encouragé les entreprises à faire grandir les CFA existants ou à en créer de nouveaux. Le résultat a été spectaculaire, au-delà de nos prévisions. Près de cinq cents projets ont été annoncés, dont plus de la moitié ont déjà vu le jour en dix-huit mois. J'ai visité ou inauguré plusieurs d'entre eux : Formaposte ouvert par La Poste à Saint-Denis ; Industreet lancé par Total à Stains pour former des jeunes en décrochage scolaire aux métiers de l'industrie, en complément de son soutien aux écoles de production ; les deux CFA de l'entreprise Nicollin à Montpellier, l'un dédié aux métiers de l'environnement, l'autre à l'animation sportive en lien avec le club de foot ; le CFA de la restauration collective mené par un quatuor inédit d'entreprises (Accor, Sodexo, Adecco, Korian) ; le CFA de la Fédération française de rugby qui vise à former 2 023 jeunes au métier d'administrateur de club d'ici à la Coupe du monde de 2023, lancé à l'occasion du match France-Angleterre du Tournoi des Six Nations... Projets innovants, inédits, intimement liés à la raison d'être de ces organismes. La réforme a ouvert la porte à toutes ces énergies.

L'apprentissage et l'alternance se développent aussi dans l'enseignement supérieur, préparant des générations qui n'opposeront plus réflexion et action, théorie et pratique. Le professeur Jérôme Duval-Hamel, président cofondateur de l'École de droit et de management de Paris de l'université Panthéon-Assas, a créé avec mon soutien lorsque j'étais DGRH de Danone les premiers diplômes bidisciplinaires par l'apprentissage dans le saint des saints de l'élitisme universitaire de la France, dès 2010. Il a bâti huit diplômes innovants, en droit, management et entrepreneuriat, qui sont parmi les plus réputés d'Europe, malgré la faiblesse des moyens matériels universitaires et en mobilisant des compétences et des ressources financières dans les entreprises. Sur cette base, nous avons pu créer ensemble TVDMA, la première web TV en droit et management des affaires, qui est devenue le plus grand fonds numérique européen et francophone sur ces sujets. Ce service public est gratuit et accessible à tous. Depuis, avec notre réforme, c'est l'ensemble de l'enseignement supérieur qui a commencé à développer des cursus par l'apprentissage.

Améliorer l'orientation

L'orientation est un des gros obstacles au développement de l'apprentissage. La plupart des jeunes n'ont pas les moyens dans leur entourage de découvrir ce que sont réellement les métiers et les conseillers d'orientation ne peuvent pas connaître des milliers de professions. Les jeunes s'orientent généralement vers les métiers qu'ils connaissent par leurs proches (le père, la mère, le voisin, un professeur), mais ce mode d'information reste très limité. Il est vrai que l'émission *Top Chef* a créé des générations d'apprentis vers les métiers de la gastronomie et de la cuisine, mais le *Top Chef* de tous les métiers n'existe pas encore.

Sans compter les stéréotypes de genre, présents dans l'apprentissage comme ailleurs : des coiffeuses mais des mécaniciens, des puéricultrices mais des maçons, etc.

Du reste, les apprentis ne comptaient qu'un tiers de filles, principalement dans les métiers de services.

Il fallait donc créer des modalités de rencontre entre les professionnels et les jeunes pour que ces derniers puissent se projeter concrètement dans des métiers, mieux les connaître et s'identifier à des profils diversifiés.

Pour cela, nous avons travaillé avec Jean-Michel Blanquer, et inscrit dans la loi que la totalité des élèves de la quatrième à la première bénéficierait chaque année de deux semaines de découverte des métiers. Ce grand plan d'aide au choix professionnel est placé sous la responsabilité des conseils régionaux et de l'Éducation nationale, qui mobiliseront branches et entreprises autant que de besoin. Nous en sommes encore au tout début, la dynamique est engagée mais le passage à grande échelle n'est pas encore acquis. Sous l'impulsion de leurs présidents, quelques régions ont initié des approches intéressantes, comme en Centre-Val de Loire, Bourgogne-Franche-Comté, dans le Grand Est, ou en Occitanie. Le secteur agricole et rural, des maisons familiales aux lycées agricoles, innove depuis longtemps en ce domaine de même que l'association 100 000 entrepreneurs. Il ne faut rien céder de ce changement essentiel sur l'orientation qui est encore loin d'être généralisé dans tous les collèges et lycées de France.

Par ailleurs, le ministère de l'Éducation nationale a mis fin à une règle absurde : pendant très longtemps, les principaux et proviseurs ont vu leur notation pénalisée lorsque des élèves allaient en apprentissage. En outre, le logiciel d'orientation à la sortie de la classe de troisième, Affelnet, proposait aux élèves et leurs parents un amalgame choquant : « Redoublement ou apprentissage ». La levée de ces deux freins a eu des effets encore plus rapides que nous ne l'imaginions :

en un an, les demandes d'entrée en apprentissage ont augmenté de 40 %, tant à la sortie de la troisième qu'après le bac sur Parcoursup. Ce n'était jamais arrivé dans l'histoire de notre pays. Les jeunes ont compris, plus vite parfois que certains parents et professeurs, la valeur que pouvait représenter pour eux l'apprentissage : se former aux mêmes diplômes tout en passant à l'action, en étant rémunéré et en acquérant de l'expérience dans un métier de son choix et avec des perspectives d'évolution.

Jean-Michel Blanquer et moi, fait unique paraît-il dans les relations entre les ministères du Travail et de l'Éducation nationale, avons promu de concert la double voie apprentissage et lycée professionnel. Nous avons d'ailleurs encouragé les lycées à former eux aussi des apprentis, et à construire des passerelles entre ces deux voies. Demain, les parcours de l'apprenti et de l'élève ne seront plus aussi étanches et éloignés, mais deux modalités évolutives et réversibles à tout moment de la même manière d'apprendre. Le succès du jeune, d'abord. Le futur du jeune, au cœur du système.

Créer des passerelles entre les dispositifs, permettre à chaque jeune de choisir et non pas de subir son parcours de formation, ne pas orienter « à vie » par obsession du diplôme, autant d'ambitions que nous devons avoir pour tous, et pas seulement pour ceux qui ne sont pas à l'aise dans le système scolaire classique. Chez Dassault Systèmes, je rencontrais les cadres à haut potentiel en entretien individuel. À chacun, je posais la même question pour entamer notre échange sur ses aspirations et ses perspectives de carrière : « Tu peux me parler de ta vie, ton œuvre, tes rêves ? » À cette question, l'un des responsables les plus reconnus de la direction recherche et développement éclata en larmes :

« J'ai raté ma vie, dit-il. J'ai eu le malheur d'être bon en maths entre 15 et 18 ans. J'adorais la flûte traversière et j'avais déjà un haut niveau au conservatoire. Mais faire une prépa était incompatible avec la pratique intensive de la musique. J'ai dû abandonner la flûte traversière. J'ai fait une des plus grandes écoles d'ingénieurs, ma carrière a l'apparence de la réussite, mais j'ai raté ma vie. »

Le désir est un moteur de réussite et d'épanouissement. Chaque jeune doit pouvoir aller au bout de ses rêves.

Nous avons enfin intégré dans la loi les mesures nécessaires au développement d'un programme Erasmus pour les apprentis sur le modèle du dispositif existant pour les étudiants, qui est un succès – les procédures d'accès à Erasmus ont été facilitées à partir des recommandations du rapport que Jean Arthuis a élaboré à ma demande. Nous avons obtenu de la Commission européenne un doublement des moyens sur ce sujet. L'épidémie va en retarder la mise en œuvre mais ce programme a du sens sur le long terme. Les jeunes en reviennent mieux formés, extrêmement motivés, ouverts et plus matures, comme j'ai pu le constater. Tous ces programmes internationaux contribuent à montrer aux jeunes que l'apprentissage est une voie d'excellence.

Pour populariser la réforme et surtout promouvoir l'apprentissage auprès des jeunes, nous avons donné carte blanche à une équipe de jeunes, avec la responsabilité de communiquer sur les réseaux sociaux. Trois apprentis en master et en BTS de communication ont sillonné la France avec une camionnette et une caméra. Ils ont tourné et posté des podcasts réalisés avec des apprentis. La campagne #DémarreTaStory est devenue virale et a totalisé plus de seize millions de vues ! Ce fut un vrai et franc succès, reconnu par le prestigieux prix de la Communication Corporate. La fierté de notre trio d'apprentis et de notre agence de communication faisait plaisir à voir. De nombreux médias ont fait des reportages factuels et positifs sur l'apprentissage. Il me semble que nous avons réussi collectivement à faire changer le regard sur l'apprentissage, décrié en France depuis des décennies.

L'impact de la crise

L'argent public est précieux. Il faut donc innover en permanence avec des moyens contraints tout en maintenant un haut niveau de qualité et d'efficacité de la communication, et s'assurer notamment que les nouveaux droits votés dans une loi puissent être connus et utilisés par tous nos concitoyens. Une exigence et un respect qui participent de la démocratie.

Dès le premier confinement, nous avons craint que la dynamique de l'apprentissage ne se stoppe, de très nombreuses entreprises arrêtant leurs recrutements. Avec Emmanuel Macron et Édouard Philippe, nous avons décidé très vite, en mai 2020 et sans attendre le plan de relance, de pérenniser l'acquis en apportant une aide massive aux entreprises de sorte que l'État prenne en charge la quasi-intégralité des coûts salariaux pour les jeunes en première année d'apprentissage : 5 000 euros pour chaque jeune de moins de 18 ans, 8 000 au-delà. Le message était : « On va vous aider, mais ne laissons pas tomber les jeunes, la formation c'est leur avenir et celui de vos entreprises. »

Les entreprises l'ont compris, ce qui montrait à quel point la réforme les avait mises en capacité d'agir. Le mouvement B4IG (Business for Inclusive Growth) pour les grandes entreprises, lancé au G7 de Biarritz avec la France et l'OCDE et les clubs départementaux « La France une chance, les entreprises s'engagent », qui relient des milliers de PME, ainsi que de nombreux autres clubs territoriaux ou thématiques avec lesquels je conserve des liens étroits se sont mobilisés. En septembre 2020, ce sont quatre cents chefs d'entreprise du Medef qui m'ont reçue à Plougastel, dans le Finistère. Malgré la crise, ils ne voulaient rien céder de leurs ambitions entrepreneuriales ni de leur volonté de former des jeunes à travers l'apprentissage. Depuis, j'ai fait de nombreuses visioconférences avec des clubs d'entreprises sur ces thèmes. Au total, la dynamique de recrutement d'apprentis a même été amplifiée. Mais la crise dure. Il ne faut rien lâcher. Les jeunes sont notre priorité.

L'apprentissage de demain

Suite à notre réforme, nous avons constaté une augmentation historique de 16 % du nombre de nouveaux contrats d'apprentis en 2019 et de 20 % en 2020 malgré la crise de la Covid-19, soit près de 500 000 nouveaux jeunes qui ont signé un contrat d'apprentissage fin 2020, un niveau jamais atteint en France et qui porte le nombre total d'apprentis à plus de 700 000. En outre, plus de 200 nouveaux centres de formation d'apprentis se sont créés partout sur le territoire, portant leur nombre de 965 à 1 200, preuve d'une mobilisation des énergies inédite dans de très nombreux secteurs. Une progression remarquable et porteuse d'espoir pour tant de jeunes qui peuvent ainsi choisir un métier qui les passionne, progresser en qualification jusqu'aux plus hauts niveaux et pour la très large majorité trouver un emploi. Une mobilisation sans précédent des branches, des entreprises et des CFA. Rien ne nous empêche plus d'imaginer que dans le futur, comme dans les pays les plus avancés sur ce sujet, 15 % ou 20 % d'une classe d'âge aient la chance de bénéficier de l'apprentissage à un moment de leur parcours. C'était 7 % il y a trois ans.

En outre, la philosophie de l'apprentissage, le « faire pour apprendre », peut apporter une valeur ajoutée innovante à l'ensemble des cursus d'enseignement. Le Centre de recherches interdisciplinaires (CRI), fondé à Paris par François Taddei et dont je soutiens le développement depuis des années, comme le Media Lab du MIT aux États-Unis avec qui j'ai beaucoup échangé lorsque je travaillais chez Dassault Systèmes, expérimentent de nouvelles manières de mixer l'apprentissage et la recherche, en s'appuyant sur l'expérimentation continue en fab lab, le mode projet pour imaginer des solutions à des problèmes réels (écologie, handicap…) et la mobilisation de l'intelligence collective pluridisciplinaire. À l'échelle des enfants, les associations comme La Main à la pâte ou Les Savanturiers sont aussi des laboratoires d'idées et de pratiques innovantes pour l'accès de tous à une science vivante.

Dans les Centres de formation des apprentis les plus avancés pédagogiquement, la transmission des savoirs et des savoir-faire s'accompagne aussi de projets, d'expérimentation, d'exploration active. L'apprentissage recèle un potentiel d'innovation à développer, dans un univers où les modes d'éducation vont être appelés à de profondes mutations.

En trois ans, fait inédit pour un ministre du Travail m'a-t-on dit, j'ai visité plus de cinquante CFA, de Mayotte à Strasbourg, de Pantin à Rouffach, d'Albi à Saint-Denis. Avant, pendant et après notre réforme. Partout j'ai vérifié que l'apprentissage représentait de vraies chances de succès pour une grande partie des jeunes, une voie de premier choix d'autant que l'immense majorité de ces apprentis trouvaient à s'insérer durablement dans le monde du travail dès la fin de leur formation. Partout, j'ai vu les regards de ces jeunes, de leurs maîtres d'apprentissage et de leurs formateurs briller de fierté et de passion pour leur métier.

En 2023, la France va accueillir à Lyon les WorldSkills, la compétition mondiale des talents des apprentis et des jeunes de filières professionnelles. Je suis allée à Kazan le 20 août 2019 avec une importante délégation française arracher cette victoire. C'est un honneur pour un pays d'organiser cette compétition, qui donne une visibilité exceptionnelle à l'apprentissage et aux métiers. Les meilleurs apprentis du monde de toutes les professions seront présents. Cette preuve de l'excellence complètera et renforcera notre soutien aux prix des meilleurs ouvriers et apprentis de France.

Libérer l'apprentissage, c'est permettre aux jeunes de bâtir leur avenir. En tant que Nation, c'est investir dans le futur. En tant qu'entreprise c'est construire les compétences de demain.

En tant que citoyens, c'est un puissant facteur d'innovation sociale et professionnelle.

9

Nul n'est inemployable

« Rien n'est solitaire, tout est solidaire. »

Victor Hugo

Nul n'est inemployable, il faut permettre à chacun de contribuer à la société par son travail.

La « valeur travail » n'est pas une morale de l'effort et de la souffrance, mais le constat que s'engager dans une activité économique ou sociale engendre la dignité de l'autonomie, la recherche de l'excellence, la fierté de se sentir utile, la reconnaissance des autres et une richesse de lien social.

Le travail donne du sens à la vie. Personne ne devrait en être privé. C'est un des fondamentaux de notre civilisation, proclamé à l'article 23 de la Déclaration universelle des droits de l'homme de 1948 : « Toute personne a droit au travail, au libre choix de son travail, à des conditions équitables et satisfaisantes de travail et à la protection contre le chômage. » En 1848, la IIe République avait déjà affirmé ce droit au travail comme participant de la dignité de l'être humain. Le préambule de la Constitution française de 1946 affirme quant à lui : « Chacun a le devoir de travailler et le droit d'obtenir un emploi. »

Quand le travail fonde l'identité sociale et la reconnaissance collective, il devient crucial que chacun puisse y accéder. Être exclu du travail, c'est perdre une partie de sa liberté, et pour beaucoup un manque, une souffrance. Pour certains, ne pas travailler est un choix de vie, mais il s'agit le plus souvent d'une minorité financièrement aisée ou qui vit d'un soutien familial.

L'Insee et l'OCDE ont confirmé que le niveau de vie s'améliore plus par l'accès à un salaire que par les aides sociales. Ces dernières sont nécessaires comme filet de sécurité mais ne permettent pas l'autonomie individuelle et la sortie de la pauvreté pour les générations suivantes. L'enjeu de la « croissance inclusive » est crucial. Une proportion toujours plus grande de la population des pays riches est laissée de côté. L'OCDE s'inquiète du rétrécissement de la classe moyenne et de la montée des inégalités dans la plupart des pays membres. L'ascenseur social est dramatiquement en panne. Il n'y a presque plus de mobilité sociale dans les pays de l'OCDE, constatait cette institution. Les revenus, le niveau d'éducation, la profession se transmettent d'une génération à l'autre. Pour les plus pauvres, la seule voie de promotion sociale passe par le travail et la qualification.

La dynamique de l'inclusion

En septembre 2017, afin d'éclairer les politiques nouvelles à mettre en œuvre pour l'accès à l'emploi des plus vulnérables, j'ai confié à Jean-Marc Borello, le fondateur et président du groupe SOS, une mission sur l'innovation sociale au service de la lutte contre l'exclusion.

Près de quatre cents personnes ont contribué à cette réflexion. Son très riche rapport « Donnons les moyens de l'inclusion » a mis en valeur quatre éléments clés qui ont largement inspiré les politiques afférentes.

Tout d'abord, la confirmation que nul n'est inemployable à condition de développer l'employabilité des personnes, mais aussi « l'employeur-abilité », c'est-à-dire la capacité des entreprises à devenir inclusives, à repérer en chacun un potentiel et à lui donner sa chance. Sur la base de ce rapport, nous avons investi massivement dans la formation et dans l'accompagnement social et professionnel des plus vulnérables au travers du plan d'investissement dans les compétences et du programme pour l'insertion par l'activité économique. Nous avons mobilisé près de sept mille entreprises « inclusives » engagées ou prêtes à s'engager dans cette démarche au sein de multiples clubs départementaux réunis sous la bannière « La France, une chance. Les entreprises s'engagent ! » Les PME ont été très nombreuses à se mobiliser dans des actions concrètes.

Ensuite, le rapport soulignait que la solution aux multiples freins professionnels et sociaux reposait sur un triptyque « formation / accompagnement social / emploi ». La Dares a depuis confirmé qu'un seul dispositif était beaucoup moins efficace pour le retour durable à l'emploi que la combinaison des trois. Sur la base des propositions du rapport, nous avons donc transformé en parcours emploi compétences (PEC), fondés sur ce triptyque, les contrats aidés dont avaient trop souvent abusé les gouvernements précédents pour diminuer artificiellement les chiffres du chômage. La plupart des contrats aidés « première formule » étaient en réalité des emplois précaires subventionnés par l'État, proposés à des personnes précaires, avec très peu de débouchés vers l'emploi durable. Lors d'un échange avec des employées de cantines scolaires à Paris, l'une d'elles m'avait dit : « Je suis en contrat aidé, on me dit que je travaille très bien, alors j'espère qu'ils vont m'embaucher. » La triste réalité est que la mairie, et elle n'était pas la seule, faisait tourner le personnel sur des contrats aidés en CDD à chaque rentrée scolaire. Cette dame n'avait aucune chance d'être embauchée. Les contrats aidés étant payés par l'État, il s'agissait donc pour la collectivité d'une main-d'œuvre gratuite ou peu coûteuse et non d'un véritable tremplin vers l'emploi durable. Bien sûr, certains contrats aidés étaient très bien accompagnés mais globalement, seule une personne sur quatre accédait à l'emploi. Décevoir cet espoir nous paraissait choquant. Les PEC confirmeront la pertinence de cette évolution. Cette réforme fut violemment contestée au départ car, contrairement au PEC, les contrats aidés initiaux apportaient une main-d'œuvre quasi gratuite aux collectivités locales et aux associations sans exigence d'accompagnement, de formation, ni de résultats dans l'emploi. Cette subvention déguisée faisait parfois vivre de petites structures, et nous avons privilégié les PEC dans celles-ci, sans rien baisser de notre exigence de qualité. Nous avons rompu avec l'approche classique de « traitement statistique du chômage » pour viser l'inclusion durable dans l'emploi.

De plus, le rapport proposait de créer un fonds déconcentré d'inclusion dans l'emploi, permettant aux préfets de région de mobiliser les aides à l'accès ou au retour à l'emploi avec souplesse, en fonction des réalités de terrain, et de nouer des partenariats avec les communes, intercommunalités et départements. Nous l'avons mis en place dès 2018.

Enfin, le rapport de Jean-Marc Borello suggérait de s'intéresser au potentiel inexploité du secteur de l'insertion par l'activité économique (IAE), porteur d'innovations sociales depuis plus de quarante ans, et de passer avec ce secteur un pacte d'ambition pour assurer son développement et accroître sa performance – pacte qui nous permettra de changer d'échelle en matière d'inclusion et deviendra un axe majeur de la stratégie du gouvernement en matière de lutte contre la pauvreté.

Le formidable potentiel de l'insertion par l'activité économique (IAE)

L'insertion par l'activité économique, qui vise à redonner du travail aux personnes vulnérables en leur procurant une activité, une rémunération, un accompagnement social, du temps pour reprendre confiance en elles et pour apprendre les codes et les rythmes du monde du travail, peut prendre différentes formes. Sous statut associatif le plus souvent, parfois de société privée à but social, il peut s'agir d'une entreprise ou d'un chantier d'insertion qui obtiennent des marchés comme tout autre acteur économique, tout en recevant une aide financière du ministère du Travail pour compenser le manque de productivité et financer l'accompagnement social et professionnel. Cette aide au poste représente de 8 000 à 12 000 euros par an et par personne selon la situation individuelle, et prend en charge la montée progressive de la performance de chacun tout en permettant cet accompagnement social personnalisé.

L'IAE peut prendre aussi la forme de missions courtes ou longues dans des entreprises ordinaires à travers les associations intermédiaires, les entreprises de travail temporaire d'insertion, les groupements d'employeurs pour l'insertion et la qualification (GEIQ) ou encore les entreprises à but d'emploi (EBE). Dans tous les cas, le soutien, l'accompagnement humain, social et professionnel, et la relation avec les entreprises qui fournissent les marchés sont essentiels. La clé de la réussite est de relier le social, l'économique et le territorial. Et les résultats sont là : deux tiers des bénéficiaires de l'insertion par l'activité économique retrouvent un emploi ou entrent dans une formation qualifiante qui va leur permettre d'y accéder. C'est un véritable investissement de la nation qui a du sens humainement tout en étant avisé et économiquement efficace. Une preuve de plus que relier le social et l'économique est une approche pertinente et de long terme.

Partout sur le territoire naissent des ressourceries, où des salariés en insertion réparent et recyclent du matériel électroménager, des meubles, des jouets, des vêtements et autres objets du quotidien qui sont revendus à bas prix bas pour être accessibles à tous, dans une approche résolument sociale, écologique et solidaire. La plupart ont un statut d'entreprise d'insertion. J'ai rencontré de nombreux salariés en insertion dans les ressourceries d'Auch dans le Gers, de La Glanerie à Toulouse ou de Beaurainville dans le Pas-de-Calais. Le sentiment de la dignité retrouvée et la fierté d'avoir retrouvé un travail qui a du sens sont prégnants dans leurs témoignages. À Auch, un des salariés en insertion se révèle particulièrement doué en vente, je serais presque repartie avec un lave-linge alors que j'en ai déjà un ! Je lui demande : « Comment êtes-vous arrivé ici ? » Il me répond : « Il y avait une grande banderole "On embauche" à l'entrée, je me suis présenté et ils m'ont pris. » « Et avant ? » « J'ai été dix ans SDF, vous savez, la spirale… J'avais perdu mon emploi, ma femme, mon logement, je n'avais plus goût à rien… Vous savez comment c'est. » Témoignage de dégringolade et d'espoir qui pourrait inspirer tant de gens. Quand les médias parleront-ils enfin de ces formidables histoires de vies qui s'abîment mais peuvent aussi se relever ? Il n'y a pas de fatalité. Ce monsieur a trouvé un emploi dans la vente, métier qu'il aime, après avoir repris confiance et retrouvé sa propre estime. Pourtant, à la simple lecture de son CV, peut-être à Pôle emploi et certainement dans un processus de recrutement, aurait-il été considéré comme inemployable. Personne n'aurait parié sur lui, personne ne lui aurait donné sa chance s'il n'avait pas rencontré par hasard cette entreprise d'insertion. Des trajectoires improbables comme la sienne, il y en a des dizaines de milliers chaque année. Lorsque la cascade des accidents de la vie entraîne une personne vers le fond dans un sentiment d'échec et d'impuissance, elle peut toujours remonter la pente grâce à une main tendue et à sa force vitale.

Cette émotion à échelle humaine, je la retrouve chaque fois que des salariés en insertion partagent un peu leur histoire, comme à Marseille avec ces jeunes si fiers de travailler sur le chantier de rénovation historique mené par Acta Vista, du groupe SOS, ou comme ces femmes, parfois meurtries par la vie, rencontrées aux Chantiers navals à Boulogne-sur-Mer.

Depuis longtemps, nous avons la chance d'avoir des acteurs professionnels innovants dans ce domaine en France. J'ai demandé à Thibaut Guilluy, responsable du réseau d'entreprises d'insertion ARES, que j'avais nommé président du Conseil de l'inclusion dans l'emploi, de travailler avec tous les acteurs du secteur pour définir les conditions d'atteinte de cet objectif. Leur rapport sera le socle du Pacte d'ambition, c'est-à-dire de la feuille de route que nous allons mettre en place tous ensemble.

Nous avons repris la majeure partie des trente propositions de ce rapport. Parmi celles-ci se trouvent des moyens supplémentaires, une évolution du modèle économique, mais aussi des simplifications administratives. Parfois, faire sauter un simple verrou administratif peut changer le quotidien des associations : j'ai ainsi annoncé que nous allions supprimer l'agrément individuel préalable demandé par Pôle emploi aux associations, prérequis imposé jusqu'ici pour qu'une personne puisse commencer son parcours d'insertion. La défiance administrative a un coût social. Deux mois pour entrer dans un dispositif d'aide pour des personnes précaires, ce n'est pas acceptable. Chaque jour compte. Un agrément individuel, c'est aussi une charge administrative supplémentaire pour les associations. Faire confiance a priori, puis contrôler a posteriori est un changement d'approche que je vais généraliser dans l'insertion, l'apprentissage, la formation, puis plus tard le chômage partiel. Mobiliser les acteurs et les encourager d'abord, puis contrôler l'usage de l'argent public et réguler si nécessaire me paraît une démarche indispensable, même si elle est à contre-courant de notre culture administrative.

L'engagement crucial des entreprises

Pour changer d'échelle, il faut faire évoluer le modèle économique des structures concernées de façon à ce qu'elles servent de passerelle vers l'emploi « ordinaire » (non subventionné) et puissent ainsi accueillir plus de bénéficiaires. Changer d'échelle suppose donc de modifier les dispositifs publics pour permettre aux plus fragiles d'être accompagnés plus longtemps tout en encourageant le retour rapide à l'emploi de ceux qui le peuvent. Ainsi, suite au rapport, nous avons intégré dans la deuxième loi « pour la liberté de choisir son avenir professionnel » la création de « CDD tremplins » vers l'emploi ordinaire. L'intelligence collective a été mise au service du bien commun.

Pour changer d'échelle, il faut aussi investir dans le social. Dans ce Pacte d'ambition, nous décidons de consacrer au secteur de l'insertion par l'économie plus d'un milliard d'euros en 2020 et chaque année suivante dans le budget du ministère, montant historique jamais égalé. Dans le cadre du plan de lutte contre la pauvreté, nous nous sommes fixé une haute ambition : passer de 140 000 bénéficiaires de l'insertion par l'activité économique par an à 240 000 en 2022.

Pour réussir cet objectif, nous avons besoin que les entreprises privées et les acheteurs publics s'engagent plus encore. Certains sont déjà très impliqués. Mais le secteur de l'IAE a besoin d'un milliard de chiffre d'affaires supplémentaire d'ici à 2022 en complément du milliard d'euros provenant du ministère du Travail et d'une multiplication des missions et emplois d'insertion.

Comment mobiliser un large réseau d'entreprises ? En juillet 2018, le président de la République avait réuni les cent plus grandes entreprises du pays et les avait interpellées sur le risque de fragmentation sociale, les appelant à s'engager pour permettre l'égalité des chances et remettre en route l'ascenseur social, notamment pour les jeunes. C'était six mois avant la crise des Gilets jaunes... Des entreprises s'étaient engagées à commencer par des choses très simples, par exemple proposer des stages de troisième à des collégiens des quartiers populaires qui n'accédaient jamais aux entreprises, faute de réseaux.

Dans les mois qui ont suivi, nous avons rencontré plus de cent grandes entreprises par petits groupes pour nous assurer de leur engagement et les encourager mais aussi pour lever les freins administratifs à cette approche économique et sociale de l'inclusion, qui touche parfois leur cœur de métier, par exemple dans l'accès à l'énergie ou aux services bancaires pour les plus pauvres. Un an plus tard, le 12 novembre 2019, au G7 des chefs d'État à Biarritz, une quarantaine de multinationales s'engagèrent sur des objectifs chiffrés pour lutter contre l'exclusion dans les pays riches, à travers l'initiative B4IG (Business for Inclusive Growth, « business pour la croissance inclusive ») portée par l'OCDE et animée en France par Emmanuel Faber. Plus de 100 millions de personnes à travers le monde bénéficieront de cet engagement sur des actions à fort impact social. Parmi ces grandes entreprises, près de la moitié sont d'origine française : Axa, BNP Paribas, Danone, Engie, L'Oréal, Renault, Schneider Electric, Sodexo, Suez, Veolia...

Avec Denis Zervudacki, j'ai aussi rencontré les entreprises étrangères qui investissent en France et dont il anime le club. Plusieurs d'entre elles se mobilisent pour les quartiers urbains prioritaires ou l'apprentissage pour tous. Le patron mondial de J.P. Morgan est venu avec moi en Seine-Saint-Denis pour annoncer le soutien financier de son entreprise à l'accès à l'apprentissage des jeunes les plus éloignés de l'emploi. Depuis ma nomination comme ambassadrice de France à l'OCDE, je continue à soutenir cette démarche sur le plan international.

Nous voulions aussi impliquer les PME, car ce sont elles qui irriguent tous les territoires et représentent la moitié des emplois. J'ai proposé à Emmanuel Macron de passer de cent à cent mille entreprises, en créant cent clubs de cent entreprises, un par département, avec Jean-Marie Marx, haut-commissaire au développement des compétences, Florence Poivey, ancienne cheffe d'entreprise et responsable du Medef très engagée sur ces sujets, puis Thibaut Guilluy quand il sera nommé haut-commissaire à l'inclusion et à l'engagement des entreprises. Il en est de même pour les très nombreux demandeurs d'emploi du département. Nous voulons veiller aussi à ce que les artisans, TPE et PME puissent accéder aux marchés de sous-traitance. Le 5 juillet 2018, à Bobigny (Seine-Saint-Denis), nous signons donc tous les trois avec l'autorité organisatrice des JO une charte qui impose des clauses sociales : 10 % des heures de travail générées par la préparation et la conduite des JO devront être réservées à des publics en difficulté d'emploi. Le ministère du Travail mettra en place avec les organisateurs l'accès à l'apprentissage et aux formations nécessaires.

Faire de la transition écologique une opportunité

Dans le même temps, fermer les centrales à charbon, assurer durablement la maintenance du parc nucléaire, développer les énergies renouvelables et l'économie circulaire, cette révolution de nos modes de production, consommation et transports va impacter fortement le champ de l'emploi. Le risque est que la destruction d'emplois précède la création ou que les nouveaux emplois ne soient pas localisés au même endroit, déstabilisant profondément certains territoires. Tout l'enjeu de la transition écologique, c'est d'avancer le plus vite possible vers cette transformation de nos modèles économiques et de nos modes de vie indispensable à l'avenir des générations suivantes, sans sacrifier l'économique pourvoyeur d'emplois ni générer un désastre social. Or les temps de l'écologie, de l'économique et du social coïncident rarement.

L'urgence écologique doit pouvoir converger avec cette approche économique et sociale. Je regrette que la Convention citoyenne pour le climat mise en place en 2019, riche en propositions par ailleurs, se soit si peu intéressée à cet angle de vue. Pourtant, le mouvement des Gilets jaunes a débuté avec l'instauration d'une taxe écologique sur le diesel. Même si le mal-être profond de certains territoires délaissés, même si les difficultés économiques croissantes de la petite classe moyenne et des milieux modestes viennent de plus loin et se sont construites sur deux ou trois décennies, la transition économique brutale ne va pas de soi. Il faut tenir compte des réalités territoriales et enrichir en emplois la transformation écologique.

En 2019, le vote de la loi sur l'économie circulaire (écoconception, recyclage, réutilisation, production locale…) va permettre de multiplier ces opportunités. Avec la secrétaire d'État Brune Poirson, nous avons estimé qu'elle permettrait de créer environ 300 000 emplois dans les années à venir, notamment dans les entreprises d'insertion. Cela devient un volet important des programmes de formation et d'insertion du ministère du Travail, et de la préparation du Pacte productif avec Bruno Le Maire.

L'inclusion des personnes handicapées

Avec Sophie Cluzel, secrétaire d'État chargée des Personnes handicapées, nous travaillons sur le sujet de l'inclusion. Mère d'une fille handicapée, elle se bat pour l'inclusion des personnes handicapées à l'école, dans l'entreprise, dans la vie quotidienne. Tout commence par un changement de regard. En tant que non-voyant, Éric Brun-Sanglard m'avait déjà fait comprendre en m'invitant à un dîner à l'aveugle que pour pouvoir agir il faut d'abord ressentir la différence de perception et tout ce qu'elle apporte à chacun d'obstacles mais aussi d'acuité renforcée.

Brigitte Macron est très engagée sur les sujets du handicap et de la formation des jeunes en difficulté. Elle reçoit de nombreux courriers de personnes en détresse et mène et soutient des actions innovantes avec discrétion et sincérité. Avec elle et Sophie Cluzel, nous déjeunons au Café Joyeux à Paris dont les « équipiers », serveurs ou personnel de cuisine, sont des employés avec un handicap mental ou sensoriel. Nous apprenons auprès d'eux quelques rudiments du langage des signes pour pouvoir passer commande. Entre regards et bienveillance, l'irruption de l'humain comme moteur à l'action devient évidente. Oui, notre société peut donner une place à chacun. Et oui, chacun peut y apprendre et y vivre quelque chose qui l'enrichit.

Avec les professionnels, les associations, les partenaires sociaux, les parlementaires et les administrations, nous avons construit le volet « accès à l'emploi des personnes en situation de handicap » de la loi « pour la liberté de choisir son avenir professionnel », traquant sans relâche toute une série d'obligations administratives censées protéger les personnes handicapées et les enfermant parfois dans une forme de stigmatisation. J'obtiens une forte augmentation des moyens consacrés à l'insertion professionnelle des personnes handicapées, permettant de passer de 40 000 à 80 000 places par an en entreprises adaptées. Les entreprises adaptées, comme les entreprises d'insertion, négocient des marchés dans le secteur privé et compensent la perte de productivité liée aux handicapés par une aide au poste du ministère du Travail.

Cyril Gayssot, le président de l'Union nationale des entreprises adaptées, va effectuer un travail de fond avec tout le secteur et mon cabinet pour faire évoluer le modèle économique de ces entreprises adaptées. En effet, les règles administratives et financières sont telles que pour assurer leur équilibre économique, ces entreprises ont intérêt à conserver les salariés les plus aptes à travailler dans le secteur concurrentiel au détriment de l'accompagnement des plus vulnérables. Nous changeons ces règles pour permettre l'accès à l'emploi d'un plus grand nombre de personnes. Le 12 juillet 2018, je signe avec Sophie Cluzel et Cyril Gayssot l'engagement « Cap vers l'entreprise inclusive 2018-2022 » permettant le développement du secteur sur ces bases.

Le 26 avril 2019, à Saint-Geours-de-Maremne dans les Landes, je visite l'entreprise adaptée Facylities Multi Services dirigée par Cyril Gayssot, qui emploie 86 % de personnes en situation de handicap. Trois éléments me marquent de façon durable. Le premier, c'est que quatre salariés sur cinq, comme dans toutes les autres entreprises adaptées que je visite, ne sont pas handicapés de naissance, mais ont été victimes d'un accident de la route, d'un accident du travail ou d'une maladie grave. Cela peut arriver à n'importe lequel d'entre nous, un jour. Je me souviens d'un ancien chef d'entreprise, fauché par un accident et condamné au fauteuil roulant, qui s'était reconverti dans l'informatique et abordait sa deuxième vie professionnelle avec énergie et la volonté de transmettre.

Le second, c'est l'audace et l'intelligence des dirigeants qui ont obtenu d'Airbus des contrats de gestion des données, gérés par des personnes en situation de handicap dans une *data room* dont l'accès sécurisé n'a pas à rougir de la comparaison avec les meilleures *war rooms* en grande entreprise. Cette alternative à la délocalisation est une piste prometteuse. Pendant la crise de la Covid-19, en 2020, la fabrication de masques solidaires dans des entreprises adaptées montrera qu'une alternative à l'importation de certains produits chinois est possible.

Le troisième, c'est l'excellence du management. J'ai très rarement vu une entreprise où le respect et la valorisation de tous les salariés, l'esprit d'équipe et la recherche d'excellence allaient autant de pair. Cette entreprise adaptée, à l'opposé d'une image misérabiliste que certains pourraient imaginer, était un modèle de management.

Avec Cyril Gayssot et Thibaut Guilluy, nous démarrons à Pau, avec François Bayrou, un « tour de France de l'inclusion » pour faire se rencontrer les entrepreneurs sociaux qui créent ces entreprises adaptées et les entreprises inclusives qui veulent combiner compétitivité et solidarité avec les plus vulnérables. Ce sont les deux facettes d'une même médaille, réunissant des entrepreneurs engagés qui parfois ignorent l'existence des autres. Partout nous le vérifierons : les faire se rencontrer génère de nouvelles opportunités. L'union fait la force.

D'autres acteurs se mobilisent pour contribuer au nécessaire changement d'échelle qui m'obsède : Pierre Louette, P-DG du groupe Les Échos-Le Parisien, me propose de transformer le Salon des achats responsables pour en faire un « Vivatech de l'inclusion ». Ce salon a pour but de mettre en relation des acheteurs d'entreprise qui recherchent des fournisseurs et des entreprises adaptées qui recherchent des marchés. Le salon est de qualité, mais reste méconnu du grand public et de la grande majorité des PME. Je connais bien Vivatech[1], auquel j'avais contribué lorsque je dirigeais Business France. L'idée de Pierre Louette, dont le groupe gère désormais ce grand rendez-vous annuel, est de susciter une dynamique similaire sur les sujets de l'inclusion. La crise de la Covid-19 empêchera la réalisation de la première édition du Vivatech de l'inclusion en 2020. Espérons que ce ne soit que partie remise.

Toutes ces initiatives partagées me confortent dans la certitude qu'une nation ne peut être durablement prospère, audacieuse et unie si elle exclut une partie de ses citoyens. Or la pauvreté touche neuf millions de nos concitoyens.

1. Initiative audacieuse du président de Publicis Maurice Lévy pour mettre mondialement en valeur les start-up et les innovations. La première édition s'est tenue en 2016 et a été immédiatement un succès.

Les missions locales

Nul n'est inemployable mais lorsqu'on connaît la galère, les accidents de la vie, quand tout va mal (logement, santé, famille, emploi...), on a besoin de soutien, de temps, d'un marchepied vers l'emploi. Avant de devenir chômeur de longue durée, bénéficiaire du RSA, demandeur d'asile ou réfugié, femme isolée avec enfants et sans ressources, chômeur avec des addictions ou une maladie chronique, senior handicapé ou en reconversion après un accident du travail, jeune à la rue à la sortie de l'aide sociale à l'enfance ou détenu en mal de réinsertion, les problèmes se sont souvent enchaînés et multipliés. Sans logement pas d'emploi, sans emploi pas de logement, sans la santé tout devient inaccessible, sans revenu pas d'accès à la mobilité... La liste des enfermements progressifs et du cumul des entraves est longue. Pour permettre à chacun de retrouver le chemin de l'espoir, de l'inclusion sociale et de l'emploi, il faut accompagner humainement les personnes, dénouer tous ces nœuds et donner du temps.

Beaucoup en témoignent : il n'y a pas de fatalité, chacun doit pouvoir retrouver une activité, mais il faut introduire des étapes. Lorsqu'on a connu des années pénibles, il est difficile de retrouver la confiance en soi et l'énergie pour se lever tôt le matin, de prendre un emploi à temps plein avec un rythme de travail soutenu et des exigences élevées de performance.

Je le sais par expérience depuis longtemps. En 1983, Bertrand Schwartz, délégué interministériel à l'insertion sociale et professionnelle des jeunes, avait créé les missions locales pour les jeunes. Sur sa proposition, j'ai été l'une des trois premières directrices, à Metz. Suivant son esprit visionnaire, nous avions une approche globale et pluridisciplinaire : formation, emploi, culture, entrepreneuriat, habitat, transports, santé, insertion sociale, toxicomanie, délinquance... La mission locale était vivante, ouverte sur le monde. Elle allait au-devant de tous les jeunes en difficulté, qu'ils soient au chômage ou en prison, en déshérence ou désabusés.

Presque quarante plus tard, je suis attristée de voir que beaucoup de missions locales sont devenues des institutions classiques, plus préoccupées par l'éventualité d'être absorbées par Pôle emploi qu'enclines à aller rencontrer les jeunes au bas des tours d'immeubles ou dans les villages. Il y a bien sûr d'heureuses exceptions. Je pense par exemple à la très dynamique mission intercommunale de l'Ouest, à la Réunion. Ou encore à la mission locale de Carhaix en Bretagne, située au cœur d'une zone rurale, où j'ai rencontré des jeunes qui devaient faire deux heures de stop par jour pour bénéficier de la rémunération et de l'accompagnement de la garantie jeunes. L'innovation suppose une constante réinvention.

Dès les premiers mois suivant l'ouverture de la mission locale de Metz, rue des Allemands, en face de la boucherie halal qui nous livrait des saucisses de veau pour déjeuner sur le pouce, nous avons accueilli plus de deux mille jeunes. Il y avait des jeunes filles des villes situées dans l'agglomération, comme Borny, qui n'avaient jamais pris le bus pour quitter leur quartier et n'étaient jamais venues dans le centre de Metz. Il y avait des jeunes détenus à la prison de Metz-Queuleu en l'avenir desquels personne ne croyait plus – 95 % d'entre eux avaient moins de 25 ans. Et pourtant, nous ne nous sommes pas résignés. Le maire, Jean-Marie Rausch, avait désigné un de ses élus pour présider le conseil d'administration de la mission locale, Armand Knecht. Ce dernier, commerçant en textile, était connu pour son goût de la presse. La rumeur locale, moqueuse, disait qu'il apparaissait plus de quinze fois par jour dans *Le Républicain lorrain*, comme commerçant, président de l'Union des commerçants, président de l'Union juive des commerçants, président de l'Amicale du centre-ville, etc. La rumeur disait qu'il n'était pas toujours regardant sur le respect des réglementations. J'étais donc assez circonspecte sur sa nomination. Et pourtant, nous avons fait un tandem formidable. C'était un *self-made man*. Quand j'ai essayé de le convaincre que certains jeunes détenus étaient des « entrepreneurs montés à l'envers », c'est-à-dire faisant du trafic ou prenant des initiatives contre la loi et la société, mais que parmi eux il y en avait certainement qui pouvaient réussir en tant qu'entrepreneurs, comme lui, si on leur donnait une chance, il a relevé magnifiquement le défi.

Avec l'équipe pluridisciplinaire de la mission locale, nous coachions les jeunes à la sortie de prison, et Armand Knecht les plaçait chez ses innombrables copains chefs d'entreprise, avec la promesse que nous irions les rechercher dans la journée s'il y avait un problème. Il y eut très peu d'échecs. Trois sur quatre s'inséraient dans l'entreprise. Plusieurs ont même pris la succession de leur patron. J'ai mis en place un club de banques et d'entreprises prêtes à s'engager sur leurs projets. Le social et l'économique, déjà. À 28 ans, je savais qu'il n'y avait pas de fatalité.

L'engagement sur le terrain

Je l'ai vérifié à nouveau, lorsqu'à l'âge de 30 ans j'ai été nommée déléguée régionale à la formation professionnelle de Basse-Normandie, au sein du ministère du

Travail. Cinq leaders d'associations d'insertion étaient particulièrement innovants – je les surnommais « le club des cinq ». Certains m'envoient toujours régulièrement des nouvelles. Ils m'ont inspiré l'idée de conserver une partie de nos moyens financiers publics pour l'innovation sociale, comme on le ferait pour le budget de recherche et développement dans une entreprise. Parmi ces projets il y avait celui du colonel de Torcy. Ancien militaire de carrière dans la cavalerie, il avait décidé de consacrer sa retraite précoce à sauver des jeunes délinquants grâce au cheval.

Sa conviction était que ces jeunes ne respectaient rien ni personne, mais que sur le dos d'un cheval ils apprendraient à écouter, à respecter le cheval et à communiquer avec lui, sous peine de chuter rapidement. Avec les délinquants récidivistes, les animateurs étaient souvent impuissants à créer un contact constructif mais pour ces jeunes, prendre soin des chevaux et les monter pouvait changer leur rapport aux autres, à l'autorité et à eux-mêmes. Le colonel de Torcy, fort en gueule, iconoclaste et déterminé, avait créé un haras construit de bric et de broc dans une ancienne ferme, mais avec de beaux chevaux, des salariés engagés et un programme pédagogique innovant. J'ai fait sa connaissance quand il a déboulé dans mon bureau, désespéré car les services de l'aide sociale, et de la jeunesse et des sports voulaient fermer la structure car les toilettes n'étaient pas aux normes. J'ai réussi de justesse à éviter la fermeture en prenant sur moi la responsabilité administrative du risque vis-à-vis de mes collègues. Je suis allée rencontrer les jeunes et les éducateurs qui faisaient un travail formidable et qui ont bénéficié durablement de mon soutien financier et administratif. Il y a quelques années, j'ai passé le réveillon chez des amis à Caen. Quelqu'un m'a présentée à une personne et j'ai soudain entendu à quelques mètres : « Quoi ! C'est la vraie Muriel Pénicaud ? » C'était l'actuel directeur du centre équestre, qui s'est alors présenté à moi, m'expliquant que le colonel de Torcy répétait souvent que j'étais la seule à l'époque qui avait compris et sauvé ce projet perçu comme farfelu. Depuis, des démarches similaires avec le cheval ou le bateau se sont multipliées, et c'est une bonne chose. Il m'a expliqué que le haras avait maintenant une telle qualité équestre et humaine que les bourgeoises de Caen en étaient les meilleures clientes, ce qui m'a fait beaucoup rire. Une voisine a corroboré son propos en chantant les louanges de ce directeur. Nos regards se croisant, il me dit ensuite avec un grand sourire : « On s'est rencontrés. Il y a longtemps. J'étais un des premiers jeunes délinquants sauvés par le colonel de Torcy. À l'époque, je faisais beaucoup de conneries. » Il m'apprit que le colonel était mort six mois auparavant : « Le colonel de Torcy a parlé de vous toute sa vie. Il aurait tellement aimé vous revoir. » Les larmes me montèrent aux yeux. De ne pas l'avoir revu. Et du formidable cadeau de la vie de découvrir le destin de ce jeune délinquant devenu directeur d'un haras branché. Ce témoignage prouvait que l'ascenseur social pouvait être réparé grâce à l'octroi d'une seconde chance susceptible de changer une trajectoire de vie. Parce que quelqu'un s'était levé et avait osé innover.

Un autre exemple d'économie solidaire innovante au carrefour de deux besoins est l'association Lulu dans ma rue fondée par Charles-Édouard Vincent. Les promoteurs de ce projet constataient un immense besoin de petits services de proximité à Paris (changer une ampoule, monter les courses d'une personne âgée ou handicapée, faire une petite réparation…), en même temps que la difficulté pour les SDF et autres personnes en grande difficulté sanitaire, psychologique ou sociale de retrouver la capacité à travailler de façon régulière, même à temps partiel. Ils ont eu l'idée de créer une entreprise d'insertion qui les embaucherait de façon très souple et temporaire, pour une heure ou deux, progressivement davantage, les jours où ils le peuvent. Les « Lulus » apportent un service de proximité et du lien social dans le voisinage tout en se réinsérant progressivement. Au-delà du soutien financier du ministère, Lulu dans ma rue rencontrait un problème légal. Pour protéger les travailleurs de la précarité, ce type d'embauche est réservé aux agences de travail intérimaire. Dans la loi « Liberté de choisir son avenir professionnel », nous avons donc instauré la possibilité d'agréer des entreprises d'insertion de travail temporaire. J'avais donné un nom de code à cette disposition : « l'amendement Lulu dans ma rue ». La fierté et la joie des « Lulus » que j'ai rencontrés sont la meilleure des reconnaissances qu'un ministre qui porte une loi peut recevoir.

Leur démarche volontaire et courageuse, c'est aussi celle de nombreuses femmes et hommes en situation précaire qui se démènent pour trouver des petits boulots de ménage, de livreur ou de chauffeur, ou qui vont créer une microactivité dans leur quartier en se disant qu'il vaut toujours mieux un peu de travail que pas du tout.

L'innovation, c'est aussi l'expérimentation « Territoires zéro chômeur » lancée en 2016 par le précédent gouvernement sur dix territoires et financée elle aussi par le ministère du Travail. Le constat de départ était qu'il existait de nombreux besoins sociaux de proximité non couverts et en même temps un haut niveau de dépenses sociales. L'idée originale était de transformer ces dépenses « passives » en dépenses « actives », en embauchant des bénéficiaires du RSA et des chômeurs de longue durée pour répondre à ces besoins dans les petits services, l'entretien des bâtiments, la vie sociale, sans faire concurrence au secteur marchand ou au secteur public existants. L'expérimentation est à mi-parcours, même si la loi a été modifiée en 2020 pour élargir le nombre de sites concernés. La forte mobilisation des élus locaux, en particulier dans les zones rurales, est un des grands apports de cette expérimentation, sans compter la dignité sociale retrouvée grâce au travail comme en témoignent les salariés embauchés. J'ai pu le constater en particulier à Pipriac, en Ille-et-Vilaine, le 4 octobre 2018. L'équation financière n'est pas encore complètement prouvée, chaque poste étant financé par le ministère du Travail à hauteur de 22 000 euros par personne, ce qui en fait le dispositif d'insertion le plus coûteux. Mais la pertinence de cet investissement public dépend avant tout de son efficacité et il est trop tôt pour évaluer l'insertion durable des bénéficiaires, très peu étant à ce jour sortis du dispositif. Le projet séduit des centaines de députés et de maires qui ne veulent pas se résigner au déclin de leur territoire et au chômage de masse. Innover, cela signifie accepter d'oser, de tâtonner et de progresser ensemble.

La prise de risque n'est pas ce qu'on demande habituellement à l'administration, mais cela me paraît indispensable, comme la culture de l'évaluation, pour faire progresser nos politiques publiques en pertinence, en efficacité et en impact. La mesure de l'impact social doit devenir une notion incontournable des politiques publiques.

La « R&D sociale »

L'innovation sociale est bien sûr aussi un élément clé du plan d'investissement dans les compétences. J'ai souhaité qu'on y intègre des appels à projets de type nouveau pour développer la « R&D sociale vers la qualification et l'emploi » et faire changer d'échelle les expérimentations réussies en les dupliquant partout sur le territoire. L'appel à projets « 100 % Inclusion » est porteur d'espoir.

Jean-Marc Borello, « serial entrepreneur social » depuis des décennies, préside le groupe SOS qu'il a créé et qui ne cesse d'innover. Cette association à but non lucratif attire de nombreux diplômés de haut niveau en quête de sens. Avec eux, il monte des ingénieries inédites, comme gérer la société de traiteur pour événements haut de gamme du Pavillon Élysée, sur les Champs-Élysées, sous forme d'une entreprise d'insertion. Quand excellence rime avec solidarité… Pour le lancement officiel du G7 social que je présidais, j'y ai invité mes homologues ministres du Travail du G7 et le Premier ministre suédois. Ils ont été stupéfaits et ravis de voir cette cohérence entre nos travaux sur la lutte contre les inégalités et l'expérience vécue ce soir-là. Autre ingénierie sociale innovante : le groupe SOS a lancé l'opération « 1 000 cafés » pour financer la création de cafés dans des communes rurales. Ces cafés offrent une multitude de services de proximité dans des villages désertés par les commerces et les services publics et ils créent de l'emploi.

L'innovation enfin, c'est de donner la parole aux bénéficiaires des programmes d'inclusion. Ces projets ne doivent pas seulement être construits pour eux, mais avec eux. À ma demande, l'avis du jury indépendant de l'appel à projets « 100 % Inclusion » du plan d'investissement dans les compétences a été complété par l'avis d'un groupe de personnes directement concernées (chômeurs de longue durée, bénéficiaires du RSA, jeunes en difficulté...) qui passent une journée à analyser les projets conçus pour les aider. Leurs analyses se sont révélées extrêmement pertinentes et fort utiles pour améliorer le programme.

Il y a une trentaine d'années, j'avais fait partie des personnes consultées sur le dispositif d'évaluation à mettre en place pour le RMI, l'ancêtre du RSA. J'avais plaidé sans succès pour qu'au moins un millième des crédits soient consacré à demander leur avis aux bénéficiaires. Le groupe de hauts fonctionnaires à qui j'ai exposé mon point de vue n'en voyait pas l'utilité, considérant que les chiffres de la consommation budgétaire et éventuellement de l'évolution du niveau de pauvreté suffisaient. La dimension sociologique leur paraissait incongrue. J'avais évoqué un comparatif marketing imagé : chez Danone, nous pouvions consacrer 10 millions d'euros pour savoir si les consommateurs préféraient le yaourt à la vanille de couleur jaune ou blanc avec les points noirs de la gousse de vanille. La République ne pouvait donc pas faire de même pour savoir si le RMI changeait la vie de nos concitoyens, dans quels domaines, et comment ils le vivaient ? Croire que l'on en sait plus que les gens concernés sur leurs besoins témoigne d'une cécité fréquente dans les pouvoirs publics, d'une forme de paternalisme condescendant. Pourtant, là aussi il faut une vue à 360° pour appréhender la réalité, et l'angle de vue des bénéficiaires fait partie des incontournables à mes yeux. Plus que jamais, je crois indispensable ce

« pour et avec » les intéressés, cette instillation de la démocratie citoyenne au cœur des dispositifs publics.

Toutes ces innovations ne vont pas être quantitativement suffisantes pour contrer les conséquences sociales de la crise épidémique. Avec la Covid-19, le nombre de bénéficiaires du RSA a bondi en quelques mois de 10 à 20 % dans une vingtaine de départements. Nombreux sont ceux qui vivent une situation d'exclusion. Comment intégrer la stratégie de lutte contre la pauvreté dans le projet social et économique du pays ? Ce n'est pas un sujet de charité, mais de démocratie. Plus que jamais, nous ne devons pas baisser les bras. Nous avons vérifié par l'expérience qu'il n'y a pas de fatalité au chômage de masse à terme, que le travail est la meilleure manière de sortir durablement de la pauvreté, que nul n'est inemployable, et que l'engagement de l'ensemble des acteurs est décisif pour qu'entreprises et société deviennent inclusives dans l'intérêt de tous...

Tout combat politique repose sur une vision et une méthode.

La méthode induit le résultat. Je l'avais déjà observé dans l'entreprise, mais devenir ministre m'a permis d'affiner une méthode de transformation pragmatique pour traiter les causes et non seulement les symptômes, et apporter des solutions durables dans le domaine des politiques publiques. Cette méthode peut se résumer en quatre étapes : un diagnostic partagé, une large concertation, une décision claire et forte, et une évaluation corrective. Pour être pertinentes et efficaces, ces quatre étapes demandent un « rebouclage » permanent avec les acteurs du terrain. Les citoyens n'ont pas que des perceptions, des colères et des attentes. Ils apportent des idées foisonnantes et de l'énergie pour inventer des solutions. Toute transformation réussie ne peut se mener qu'avec les acteurs de terrain et pour les citoyens. *In fine*, le plus important, le résultat qui compte, ce sont la vie, les difficultés, les espoirs, les projets des personnes concernées pour eux et leurs enfants, eux qui sont au cœur de la lutte contre la pauvreté parce que c'est de leur vie qu'il s'agit. C'est pour eux, mais surtout avec eux que nous construirons, mènerons et gagnerons ce combat républicain pour la dignité et l'inclusion sociale.

10

L'incertitude pour horizon

> « Vivre, c'est naviguer dans une mer d'incertitudes, à travers des îlots et des archipels de certitudes sur lesquels on se ravitaille. »
>
> Edgar Morin

La crise sanitaire est historique, au sens où elle résume, concentre et déplace des fondamentaux de l'humanité. Cela concerne l'individu comme le collectif, le local comme le global, le privé comme le public, le présent comme le futur.

Début mars 2020, on a commencé à parler d'un possible confinement national pour enrayer l'épidémie. Si la solution semblait incontournable sur le plan sanitaire, elle posait de redoutables questions économiques et sociales. Avec mon cabinet et les équipes administratives, nous nous sommes mobilisés immédiatement pour proposer des solutions afin de protéger les salariés et les entreprises.

Mon expérience de l'entreprise m'a appris qu'en gestion de crise, il faut un nombre limité de mesures, extrêmement rapides, importantes, simples d'usage et pragmatiques. En matière d'attitude, la bienveillance, l'ouverture et la proximité humaine sont essentielles.

Je pense par exemple à la gestion de crise de Fukushima. Le jour du séisme, du tsunami et de l'accident nucléaire du 11 mars 2011, je revenais du Japon, où Danone avait des activités importantes dans les produits laitiers, l'eau et l'export, et où j'étais en ma qualité de DGRH. À peine rentrée, l'annonce de l'accident occupait tous les médias. Cet accident paraissait inconcevable car il s'agissait de la conjonction d'un tsunami et d'un tremblement de terre dans une région où se trouvaient plusieurs centrales nucléaires. Cela dit, parmi tous les scénarios catastrophes de la gestion de risques, celui-ci avait été identifié par l'entreprise TEPCO comme ayant une faible probabilité de se produire, malgré l'alerte sur les risques environnementaux et de gouvernance adressée aux investisseurs par l'agence de notation Vigeo Eiris. Réunir les meilleurs ingénieurs du monde ne suffit pas si tous les *process* industriels et managériaux d'anticipation des risques ne sont pas pleinement activés en permanence. Une crise, c'est cela : quand l'impensable entre brutalement et massivement dans le réel bouleversant l'existence et les certitudes de chacun.

Le comité exécutif se retrouva en réunion de crise autour de notre première préoccupation : l'humain. Je revenais de Tokyo avec une vue claire sur les leaders et les leviers de notre organisation, je proposai donc de coordonner l'action. En temps de crise, il faut une coordination impeccable et une concertation permanente, tant le nombre de décisions à prendre dans l'instant est grand. Pendant cinq semaines, j'ai donc mené une réunion téléphonique quotidienne avec l'équipe de direction sur place et notamment notre directeur des ressources humaines japonais à Tokyo.

Mes collègues du comex étaient informés et nous décidions ensemble des points clés en temps réel. Plusieurs questions inédites se posaient. Tout d'abord, dans le vent de panique des premières heures, la plupart de nos expatriés occidentaux avaient fui le Japon avec leur famille et s'étaient réfugiés à Singapour, Hong Kong, Amsterdam ou Paris. Cet abandon de poste sans aucune autorisation ni échange a créé un ressentiment très profond chez leurs collègues japonais qui l'ont vécu comme une trahison et un abandon, sans compter leur incompréhension scandalisée par rapport à la logique de l'honneur et de la responsabilité qui fait partie des valeurs cardinales au Japon. J'ai donc donné des pouvoirs de décision plus grands à notre DRH japonais, qui était un homme avisé et très reconnu par les équipes.

Ensuite, nous ne savions pas si l'air dans nos bureaux à Tokyo, et surtout dans notre usine de produits laitiers frais à mi-chemin entre Tokyo et Fukushima, était sain et sécurisé. Il nous fallait d'urgence des compteurs Geiger. Évidemment, il n'y en avait plus un seul disponible sur le marché au Japon. J'appelai donc mon homologue DGRH d'Areva, dont une équipe assurait la maintenance du site touché. En quelques heures, il me trouva des compteurs Geiger. La solidarité entre directeurs de ressources humaines pour protéger nos salariés a été décisive.

Comme dans toute crise, l'information initiale était parcellaire et contradictoire. Nul ne savait exactement l'origine et la portée de cet accident nucléaire, ni ses possibles effets en chaîne. Je m'en tins à trois grands principes : la transparence, la solidarité et le principe de précaution. Avec notre DRH japonais, nous informions quotidiennement tous les salariés. Nous fournîmes aux salariés qui en avaient besoin des produits de base devenus rares. Nous fermâmes l'usine tout en maintenant l'intégralité des salaires. Malgré cela, l'angoisse des risques était forte.

Nos salariés les plus âgés se rappelaient les témoignages des proches des victimes d'Hiroshima ou Nagasaki. Le Japon savait dans sa chair et sa mémoire profonde que les séquelles à vie peuvent être terribles pour les survivants. Nous louâmes en quelques heures pour nos salariés qui le désiraient et leur famille, logements et bureaux à Osaka à 500 kilomètres de l'accident, et réservâmes des billets pour des trains rapides Shinkansen. Près de quatre salariés sur cinq, soit plus de cinq cents personnes, firent la migration.

Cela aurait pu durer des semaines ou des mois. Finalement, les audits de l'air et du sol permirent d'avoir une vue claire et sécurisée au bout d'une semaine, et d'entamer les travaux de réparation de l'outil industriel. En gestion de crise, l'incertitude devient partie intégrante de la navigation à haut risque en plein brouillard. Cette « opération Osaka » eut un retentissement fort en interne : nous avions protégé nos salariés, leurs familles et l'entreprise. L'engagement de tous s'est fortement renforcé ensuite, la cohésion était extraordinaire.

Enfin, nous prîmes une décision pour soutenir notre écosystème, c'est-à-dire celles et ceux qui travaillaient par et pour Danone au quotidien sans en être salariés. Fournisseurs de matières premières ou d'emballages, transporteurs, livreurs... les plus touchés étaient les éleveurs laitiers. Le sol était durablement radioactif, le lait de leurs vaches était impropre à la consommation. Avec l'équipe japonaise et celle du Fonds Danone pour l'écosystème que je présidais, nous lançâmes un programme de reconversion pour les agriculteurs qui le souhaitaient, sur d'autres terres, dans d'autres activités. Ne laisser personne au bord de la route parmi nos salariés comme parmi les éleveurs était notre ambition. C'est en travaillant avec les parties prenantes de terrain que nous trouvâmes des solutions.

Gérer une crise, c'est monter au front calmement, décider vite, communiquer de façon permanente et continue, apprendre à gérer l'incertitude, inventer des solutions inédites avec les intéressés. Et c'est surtout protéger, respecter, communiquer, imaginer des solutions avec tous, transformer durablement la situation.

Nous voilà début mars 2020, au bord d'une crise sanitaire qui va générer une crise économique dont nous ne savons pas si elle durera quelques semaines, des mois, un ou deux ans, en fonction de la flambée épidémique et de la capacité mondiale à mettre au point un vaccin et des traitements. Comment faire pour protéger au mieux les salariés, les indépendants et les entreprises ?

D'abord, apprendre des crises précédentes. Après la crise des subprimes de 2008-2009, la France avait échoué à remonter rapidement la pente, contrairement à l'Allemagne. Le chômage de masse des dix dernières années était en bonne partie dû à ce manque d'investissement sur le plan économique et social. Sauver les banques de la faillite, protéger les épargnants et moduler la politique monétaire, tout cela s'était avéré indispensable mais insuffisant pour sauvegarder les entreprises et les emplois. Croire que l'indispensable solidité bancaire était suffisante pour faire repartir le moteur économique et protéger l'emploi était une illusion. Il a fallu dix ans pour retrouver en 2019 le niveau d'emploi d'avant cette crise, et ce grâce aux mesures vigoureuses que nous avons prises au début du quinquennat en matière de droit du travail, d'apprentissage et de formation professionnelle.

L'Allemagne, au contraire, avait très vite rebondi après la crise financière. Une des raisons principales avait été l'usage massif de l'activité partielle, qui avait permis de sauvegarder des millions d'emplois et de préserver les compétences dans les entreprises. Plusieurs millions de salariés en activité partielle en Allemagne contre 300 000 en France : telle avait été la magnitude de l'écart dans l'investissement humain entre les deux pays il y a dix ans.

Je suis persuadée qu'il faut immédiatement mettre en place un dispositif massif et simple d'usage qui puisse endiguer en très peu de temps la vague qui arrive. Le confinement est imminent. L'activité économique va être brutalement arrêtée pour raisons sanitaires. Il faut éviter le maximum de faillites et de licenciements. Un mot d'ordre : sauver les emplois et les compétences. Un outil exceptionnel : l'activité partielle.

Le chômage partiel

Comment marche l'activité partielle, dite « chômage partiel », en France ? Le salarié dont l'activité s'arrête en raison d'une crise conjoncturelle conserve son contrat de travail, mais son salaire et les charges sont pris payées tout ou partie par l'État (ou l'Unédic) qui rembourse l'entreprise. Dès que l'activité reprend, les salariés sont donc présents et l'entreprise immédiatement opérationnelle. L'alternative, ce sont des centaines de milliers de personnes prédestinées au chômage, et des entreprises qui peinent à recruter pour repartir en sortie de crise. En Allemagne, l'activité partielle est prise en charge par le système d'assurance chômage, c'est-à-dire par l'équivalent de l'Unédic en France, mais géré entièrement par les partenaires sociaux sans garantie du déficit par l'État comme nous le faisons dans notre pays. Les entreprises outre-Rhin sont remboursées à 100 % des sommes versées aux salariés, qui équivalent à 60 % de leur salaire brut ou à 70 % du salaire net après charges. Le salarié conserve son emploi, ne travaille pas provisoirement mais touche 70 % de ce qu'il percevait en travaillant. Le contrat plein et entier est réactivé du jour au lendemain dès que l'activité reprend.

Trois questions se posent : comment convaincre de financer un dispositif similaire massif en France et qui doit payer ? Notre système français est-il assez robuste pour absorber une demande à très grande échelle ? Et comment nommer cette mesure ?

Cabinet et administrations se mettent au travail. Les chiffres donnent le vertige : nous estimons à entre 20 et 30 milliards d'euros le montant nécessaire pour sauver des millions d'emplois dans les mois à venir. À titre de comparaison, le budget annuel du ministère du Travail, incluant toutes les aides à l'emploi, à la formation, aux jeunes et aux chômeurs, est de 13 milliards d'euros. Les recettes annuelles de l'Unédic représentent 35 milliards d'euros, mais cachent un déficit cumulé depuis des années qui, avant la crise, était déjà de plus de 30 milliards d'euros couverts par une garantie de l'État. En clair, le premier euro manque. Et il faut 20 milliards. Mais le coût économique et social à ne pas agir serait encore plus grand : des centaines de milliers voire des millions de licenciements, des drames sociaux, des entreprises en faillite ou qui peineraient à rebondir faute de salariés compétents lorsque l'activité reprendrait, et une consommation en berne qui ralentirait la relance. En un mot, nous voulons mettre en place un gigantesque filet de sécurité pour les salariés et les entreprises, notamment les PME qui sont les plus fragiles et les plus pourvoyeuses d'emplois.

Un problème opérationnel se présente : le dispositif existant d'activité partielle a été construit il y a longtemps pour aider ponctuellement quelques entreprises en difficulté. Tel quel, il ne permet pas de changer d'échelle : l'entreprise doit faire une demande à l'administration qui l'examine au cas par cas, évalue et accepte ou non. Tout cela est long et requiert à la fois du temps et des fonctionnaires disponibles et formés. Ce n'est pas à la hauteur du tsunami économique qui se prépare. Les équipes travaillent à une refonte totale du système, avec le mandat suivant : confiance a priori, réponse immédiate, simplicité d'usage. Il faut changer tout le corpus de règles et revoir de fond en comble le système d'information de nos directions régionales (les Direccte) et de l'Agence de paiement de l'État (ASP) qui rembourse les entreprises. Le travail mené par la DGEFP avec l'ASP est remarquable. Quiconque a transformé un système d'information en entreprise sait ce que cela signifie. Notre défi est de mener cette transformation à très grande échelle et sans filet, en quelques semaines. Nous n'avons pas droit à l'erreur, il y va de l'emploi de millions de personnes. Pour être efficaces, les règles doivent être très simples : notre critère est qu'une entreprise d'un ou deux salariés puisse déclencher l'activité partielle pour ses salariés en deux jours et être remboursée sous quinzaine.

Quelques jours plus tard, je suis en mesure de proposer à Emmanuel Macron et Édouard Philippe une mesure exceptionnelle : investir massivement dans l'activité partielle, à hauteur de 27 milliards d'euros. Les salariés garderont leur contrat de travail, quoique empêchés de travailler. Ils toucheront la totalité de leur salaire s'ils sont payés au SMIC ou en dessous, et 84 % du net si leur salaire dépasse un certain seuil. Les entreprises seront remboursées de la totalité des salaires versés. Elles pourront mettre tout ou partie de leurs salariés en activité partielle, à temps plein ou à temps partiel, qu'ils soient en CDI ou en CDD, afin de protéger tous les emplois, sauvegarder toutes les parcelles d'activité économique possibles, et permettre un rebond plus rapide après la crise.

Nous leur ferons confiance a priori, avec une autorisation automatique en ligne sauf avis négatif de l'administration sous quarante-huit heures. Les remboursements aux entreprises seront effectués sous dix jours après qu'elles auront eu transmis en ligne leur état des salaires versés, afin d'éviter les problèmes de trésorerie chez les PME très fragilisées par le confinement. La confiance a priori n'excluant pas le contrôle a posteriori, nous lancerons une campagne de contrôles pour éviter les fraudes et les abus, minoritaires mais dommageables aux deniers publics comme à la crédibilité de l'action publique. Le système d'information est prêt, les équipes sur le terrain aussi. On croise les doigts.

À situation exceptionnelle, mesures exceptionnelles, et processus de décision non moins exceptionnels. En quelques jours, j'obtiens le feu vert pour la mise en place de ce dispositif, sans savoir combien de temps son usage massif serait nécessaire : quelques semaines ? Quelques mois ? En plusieurs vagues ?

Comme on le fait en entreprise après les événements majeurs, qu'ils soient réussis ou ratés, il me paraîtrait extrêmement utile de faire le *post mortem* de cette gestion de crise économique et sociale réussie dans sa première étape, pour en tirer des enseignements et trouver les clés d'une simplification, d'une agilité et d'une fluidité indispensables à l'efficacité de l'action publique au XXIe siècle. En France, nous confondons encore lourdeur des réglementations et réalité du contrôle.

Si la loi « Confiance » a institué l'excellent principe de la confiance a priori envers les citoyens et les entreprises, la pratique administrative en est encore éloignée. La complexité étouffe nos petites entreprises et n'empêche pas les fraudes. Faire confiance, ce n'est pas du laxisme. Faire confiance, c'est encourager les meilleurs, c'est permettre la multiplication des initiatives et des innovations. Pendant des semaines, je vais répéter quasiment chaque jour dans les médias qu'avec ce nouveau dispositif d'activité partielle nous faisons confiance a priori, et que les contrôles se feront a posteriori.

Le nom juridique du dispositif est l'« activité partielle ». Mais dans le langage courant depuis des décennies, on parle de « chômage technique » ou de « chômage partiel ». J'ai perdu la bataille sémantique. Après quelques jours à essayer de vendre le terme d'« activité partielle » au sein du gouvernement comme dans les médias, j'ai choisi l'efficacité à court terme : utiliser un langage qui parle immédiatement à tous. Avec le recul, je regrette un peu de ne pas avoir insisté. La « préférence pour le chômage » est un vieux débat français. Or l'activité partielle est justement ce qui permet d'éviter le chômage. Protéger, ce n'est pas mettre au chômage. Protéger, c'est permettre aux salariés de conserver un revenu et de passer le cap de la crise sans être contraints au chômage, et sauvegarder les compétences pour relancer l'économie. La protection active est un investissement pour le futur, pas un pansement.

Le confinement a débuté le 17 mars 2020. Pour sauver des vies, la majeure partie de l'économie a été mise brutalement à l'arrêt, sous la forme d'une interdiction administrative autorisée par la loi d'urgence sanitaire. Il n'y avait pas d'autre choix. Mais l'ampleur de la réponse économique et sociale devait être à la hauteur de la crise sanitaire. Notre dispositif d'activité partielle a été opérationnel immédiatement. Nous avons d'une certaine façon « socialisé », voire « nationalisé les salaires » du secteur privé. En tant qu'ex-DGRH, je n'aurais jamais pensé piloter un jour la paie de millions de salariés... C'est pourtant ce que nous avons fait.

Au pic du premier confinement, en avril 2020, plus de huit millions de salariés ont été placés en activité partielle et recevaient un salaire remboursé aux entreprises par l'État. Au total, plus de douze millions de salariés ont été couverts à un moment ou à un autre, soit six salariés sur dix dans notre pays. Plus d'un million d'entreprises, soit les trois quarts de notre pays, l'ont sollicité pour tout ou partie de leurs salariés. Elles ont été remboursées sous dix jours après leur déclaration, un record pour l'administration. Bruno Lucas, le DGEFP (délégué général à l'emploi et à la formation professionnelle), et ses équipes ont accompli un travail remarquable.

En mai, nous avons lancé avec les services du ministère un plan de contrôle de 50 000 entreprises. Comme nous l'anticipions, les fraudeurs étaient très minoritaires mais bien organisés : certains trichaient sur le taux horaire des salaires ou le nombre d'heures déclarés, d'autres encore faisaient travailler illégalement leurs salariés en télétravail tout en se faisant rembourser leurs salaires. Nous avons même trouvé des entreprises fantômes créées de toutes pièces pour salarier des proches aux frais de l'État ! Les sanctions sont tombées. Sans hésitation.

Mais il ne faut pas confondre l'arbre avec la forêt : je suis fière que nous ayons sauvé ces millions d'emplois et ces centaines de milliers d'entreprises. Dans la rue comme dans les commerces, j'ai reçu de très nombreux témoignages de citoyens, salariés et entrepreneurs qui me disaient : « Ça nous a sauvés. » Des vidéos humoristiques sur les réseaux sociaux montraient à quel point le « chômage partiel » était entré dans la vie des Français. Le plus important, c'est le résultat : l'immense « airbag » pour l'emploi, un des plus importants au monde, a permis de sauvegarder l'emploi en CDI et les CDD de longue durée. Le taux de chômage, que nous avions réussi à faire baisser à 8,1 % en début d'année est remonté à 9 % au troisième trimestre. La destruction provisoire de nombreux postes de CDD de courte durée et d'intérim a en revanche été très rapide, pénalisant les plus précaires et les jeunes, très nombreux dans l'hôtellerie-restauration, le tourisme, la culture et l'événementiel. Nous avons donc pris des mesures immédiates sur ces secteurs et lancé en juin le projet « 1 jeune, 1 solution » pour tenter de n'en laisser aucun au bord du chemin. Investir dans la jeunesse, c'est investir dans l'avenir. Plus que jamais dans la crise, cela doit être une priorité.

Pendant toute cette période, j'ai travaillé plus étroitement que jamais avec Bruno Le Maire, les fédérations professionnelles et les partenaires sociaux. Pendant que je mettais en place l'activité partielle et les protocoles sanitaires, Bruno Le Maire lançait le prêt garanti par l'État, le fonds de solidarité pour les indépendants et le report de charges sociales pour soutenir les chefs d'entreprise. Notre action était pleinement complémentaire et concertée. Tous les lundis matin, nous avions une conférence téléphonique avec la (presque) centaine de fédérations professionnelles, pour faire le point sur l'activité économique, écouter leurs problèmes et chercher des solutions pragmatiques. Grande distribution, industrie, bâtiment, artisans, commerçants, chacun avait la parole. Deux à trois fois par semaine, j'organisais une conférence téléphonique avec les leaders des partenaires sociaux, principalement pour les consulter sur les textes à venir, faire le point sur l'emploi, l'activité partielle, les protocoles sanitaires, le télétravail, le dialogue social en entreprise.

Cette remontée du terrain, cette coopération pour trouver les solutions, a, je pense, été décisive dans la gestion somme toute assez efficace et humaine – on nous l'accorde – de la situation économique et sociale lors du premier confinement. Les leaders tant syndicaux que patronaux ont tous été présents pendant les dix-sept réunions que j'ai organisées en moins de deux mois. Nos priorités étaient claires et partagées, même si tous ne convergeaient pas toujours sur les mêmes solutions. Pendant cette période, j'ai été amenée à proposer et signer en Conseil des ministres douze ordonnances et plusieurs décrets pour répondre au fur et à mesure, et en temps réel, aux problèmes que nous rencontrions. Ces textes concentraient l'activité partielle, la protection de la santé des salariés et la continuité de l'apprentissage et de la formation professionnelle. Nous avons également immédiatement suspendu la réforme de l'assurance-chômage, conçue pour répondre à un contexte de croissance et de création d'emplois, et donc inadaptée face à la crise économique et sociale qui s'annonçait. La rapidité de décision et de mise en œuvre est décisive dans une gestion de crise.

Grâce aux remontées de terrain qu'organisaient les partenaires sociaux en continu depuis leurs fédérations et leurs syndicats locaux, nous avons découvert de nombreux « trous dans la raquette » administrative. Nous les avons aussitôt réparés afin de donner accès à l'activité partielle aux CDD et aux intérimaires, aux saisonniers du tourisme, aux marins-pêcheurs, aux VRP et à bien d'autres qui en étaient exclus en raison de leur type de rémunération, ou encore pour prolonger de dix-huit mois les droits au chômage des intermittents du spectacle. Dès avril 2020, la France a pris les mesures les plus protectrices des travailleurs au plan international. Gouvernement pour organiser les échanges et prendre les décisions, administrations pour concevoir et rédiger les textes, partenaires sociaux pour proposer les mesures et évaluer leur pertinence économique et sociale, Conseil d'État pour en valider la dimension juridique : nous travaillions sans relâche, en flux tendus, habités par le sentiment de l'urgence et de la responsabilité. Je tiens à les remercier tous.

Les « biens essentiels »

J'ai un regret : celui de n'avoir pas pu convaincre sur la sémantique inappropriée des « biens essentiels ».

Au début du confinement, je m'étais opposée à la CGT et, au Parlement, à La France insoumise et au parti communiste qui voulaient interdire toute activité économique « non essentielle », y compris l'industrie, les transports et le bâtiment. Seul le commerce alimentaire trouvait grâce à leurs yeux. J'expliquais par des exemples l'interdépendance de l'économie : un commerce alimentaire a besoin pour se fournir des agriculteurs et de l'industrie agroalimentaire, de fabricants d'emballages en carton eux-mêmes dépendants de la filière bois et papier, de fabricants de palettes pour stocker les marchandises, de camions pour les transporter et donc de garages pour les réparations et de stations-service pour le carburant, d'électricité et de maintenance de la chaîne de froid, du système de ramassage des ordures, d'associations qui viennent récupérer les invendus pour les distribuer à l'aide alimentaire, d'informaticiens pour maintenir les systèmes d'information, de banques pour enregistrer les transactions, de vétérinaires et de douaniers pour contrôler les produits importés… La liste est presque sans fin. Il en va de même pour les hôpitaux et les Ehpad dont la diversité des fournisseurs est extrêmement large.

Le premier confinement autorisa donc ces activités à continuer avec les restrictions et les protections nécessaires. La solution portait donc sur une définition précise et un strict respect des mesures de protection sanitaires : les gestes barrières, la définition de « jauges » rigoureuses et la mise en place de protocoles sanitaires propres à chaque métier que nous avons élaborés avec les professions et en écoutant l'avis des partenaires sociaux.

Nous avons eu un débat similaire avec les fédérations professionnelles du bâtiment qui appelaient leurs entreprises à un arrêt de leur activité bien que le gouvernement ne leur ait pas imposé de fermeture réglementaire. Cas unique en Europe, l'activité du BTP a chuté de 85 % les premières semaines, faisant apparaître le risque d'un chômage important dans un secteur qui peinait jusqu'ici à recruter. Au bout d'un mois, en utilisant un protocole sanitaire négocié avec les organisations syndicales, l'activité a repris mais très lentement tant l'interdépendance des activités est profonde : l'artisan ne pouvait pas redémarrer sans l'ouverture des vendeurs de matériaux et d'outillage, la PME attendait le feu vert du donneur d'ordre, celui-ci attendait l'autorisation des collectivités locales ou que le bureau d'études et la PME aient rappelé leurs salariés placés en chômage partiel. Tous attendaient en outre que des solutions pour la restauration soient trouvées et autorisées... La machine économique est une horlogerie précise : quand elle se dérègle ou s'arrête, la remise en route est lente et difficile.

Cependant, c'est ensuite que l'expression « biens essentiels » s'est installée dans le paysage, traçant une ligne arbitraire entre ce qui était essentiel et ce qui ne l'était prétendument pas. Nous n'avons pas réussi à convaincre, y compris au sein du gouvernement, qu'il était dangereux de considérer les grandes surfaces ou les magasins de bricolage comme des activités essentielles, et de renvoyer les bars et les restaurants, les librairies, les musées, et les universités au rang du superfétatoire. Cette onde de choc laisse des traces amères chez des millions d'hôteliers et de restaurateurs, d'étudiants, d'artistes et d'acteurs de la culture et du tourisme. Si la convivialité, l'art, la connaissance et la culture, le partage de sens et d'émotions ne sont pas des biens essentiels, cela signifie que nous avons basculé dans un monde purement matérialiste où seule la consommation a une valeur. Cela signifie que nous adoptons une vision étroite de la santé où nous ne sommes que des corps. Pourtant, depuis vingt ans, l'OMS elle-même considère que l'approche de la santé doit être holistique, et que la santé mentale est indissociable du bien-être physique, comme le doublement des états dépressifs en France depuis le début de la crise le prouve.

Bien sûr, enrayer l'épidémie est une priorité non discutable. Mais nous aurions pu dire : « Tel bien est essentiel parce qu'il est porteur de sens et qu'il nous permet de mieux vivre, mais à ce stade nous n'avons pas trouvé de solution satisfaisante sur le plan sanitaire, nous devons donc fermer cette activité. Élaborons ensemble des solutions inédites pour préparer une réouverture même partielle dès que nous le pourrons. » Nous aurions pu trouver des solutions certes très partielles mais laissant poindre une lueur d'espoir : par exemple, réserver l'ouverture des musées aux scolaires avec des agendas planifiés, ouvrir certains restaurants avec des jauges strictes pour les étudiants en télétravail, ou les hôtels aux personnels soignants qui habitent loin et sont épuisés par ces mois de pandémie.

Les mots ont un sens. Aucun travailleur, aucun entrepreneur ne devrait être humilié et considéré comme « non essentiel » à la société. Créer du sens, de l'émotion, du plaisir et du lien humain sensible est ce qui nous permet de tenir debout. La pandémie nous met à rude épreuve. Ne laissons pas ce virus gagner le cœur de ce qui nous relie.

La sécurité avant tout

Pour les activités dont l'ouverture était autorisée, nous avons travaillé intensément à la mise en place d'une protection des salariés. L'économie étant presque à l'arrêt, il fallait en priorité assurer la sécurité au travail de ceux qu'on a appelés « la première ligne », les soignants, et la « seconde ligne », les employés de la grande distribution et du commerce, de la logistique et de l'agroalimentaire et des autres professions non touchées par les fermetures administratives. Nous avons opté très vite pour des protocoles sanitaires établis par le ministère du Travail avec les représentants des professions et les partenaires sociaux et validés par le ministère de la Santé. Le choix par profession nous a semblé évident, pour coller aux réalités du terrain : la protection des coiffeurs et de leurs clients pose des questions tout à fait différentes de celles des ouvriers du bâtiment sur un chantier.

Dans le premier cas, grâce à Bernard Stalter, président de l'Union nationale des entreprises de coiffure, nous avons mis en place le système de visières transparentes pour les salons de coiffure, ce sont eux qui en ont eu l'idée. La grande distribution a innové avec les parois en Plexiglas pour les caissières, qui sont ensuite devenues la référence pour tous les commerces alimentaires et les taxis. Le BTP n'a réellement repris son activité qu'après avoir abouti à un protocole sanitaire négocié avec les partenaires sociaux, après des semaines tendues où malgré l'autorisation administrative de continuer leur activité les fédérations professionnelles appelaient leurs entreprises à fermer pour raisons sanitaires, mettant en péril tout un écosystème de fournisseurs et de clients qui eut beaucoup de mal à redémarrer en mai et juin.

Nous avions mis une grande partie de l'économie à l'arrêt pour sauver des vies. Il n'était pas question de risquer celles des personnes qui travaillaient à la continuité de la vie du pays, au maintien de nos vies. En deux mois, quatre-vingt-dix protocoles sanitaires par métiers ainsi qu'un protocole générique transversal ont été rédigés, approuvés et publiés sur les sites du ministère et des professionnels. Si, dans l'ensemble, ils ont été si bien compris et respectés malgré le niveau d'exigences et de contraintes qu'ils instauraient au quotidien dans les lieux de travail, c'est parce que nous les avions bâtis avec les professionnels et qu'ils avaient donc du sens dans chaque métier. Sans la coopération étroite entre administrations et partenaires sociaux, nous n'aurions jamais pu réagir aussi vite et de façon aussi adaptée à chaque corps de métiers. Nous avions prévu une négociation et une loi sur la santé au travail en 2021 : la crise a chamboulé notre projet, nous contraignant à passer directement aux « travaux pratiques » pour protéger les salariés. Elle a aussi mis en lumière le caractère crucial de la santé au travail. On va au travail pour gagner sa vie, pas pour la perdre. Ce sujet reste d'actualité et nécessitera une réforme de fond.

Le télétravail

Pour protéger la santé des salariés tout en maintenant l'activité économique au maximum, le télétravail a fait partie des options évidentes. En m'appuyant sur mon expérience de DGRH, j'avais introduit dans les ordonnances travail de 2017 le droit au télétravail pour le salarié (sauf démonstration par l'employeur de l'impossibilité liée à la nature de l'activité exercée) et nous en avions défini le cadre général (droit à la déconnexion, moyens informatiques mis à disposition…). Les modalités détaillées étaient à négocier dans chaque entreprise, dans l'esprit du dialogue social et économique de terrain qui était le fil rouge de notre réforme du Code du travail. Avant la crise de la Covid-19, seuls 16 % des

Français travaillaient en télétravail, en général un jour ou deux par semaine ou de façon épisodique.

Or, six salariés sur dix disaient y aspirer. Avec le confinement, nous avons recommandé du jour au lendemain le passage en télétravail du maximum de salariés possible. Pour la plupart des salariés et des entreprises, c'était un fait entièrement nouveau. La Dares avait estimé à huit millions le nombre maximal de postes qui pouvaient être télétravaillés, soit un emploi sur trois dans le secteur privé. En quelques jours, plus de cinq millions de salariés ont découvert le télétravail. Une révolution soudaine, imprévisible et non préparée. Il y eut des côtés positifs : soulagement de ne pas risquer sa santé et de ne pas voir son emploi menacé, découverte d'un autre mode de travail qui permet la concentration et une certaine souplesse d'organisation personnelle. Il y eut des côtés sportifs, voire acrobatiques : comment équiper des milliers de salariés d'ordinateurs portables sécurisés en quelques jours, comment travailler sereinement tout en accompagnant les enfants qui, eux, pratiquaient l'école à la maison ? Comment éviter que les femmes, qui portent le poids principal des tâches familiales et domestiques, ne subissent cette injonction simultanée du travail et de la famille ?

Il y eut des doutes, des ratés et des réussites : comment former massivement des managers habitués à contrôler sur place l'activité de leurs salariés pour qu'ils apprennent à manager à distance, structurer autrement le travail d'équipe, communiquer en visioconférence, faire confiance et soutenir leurs salariés ? Comment organiser le travail des salariés qui n'avaient pas d'abonnement internet ou habitaient dans des zones blanches ? Comment éviter que s'installe une coupure entre « cols blancs » en télétravail (dont certains étaient dans leurs résidences secondaires) et « cols bleus », au front, dans les usines, les champs, les transports et les commerces sur les bateaux ?

Malgré ces conditions soudaines et dégradées par rapport à l'organisation du télétravail concertée et négociée dans l'entreprise qui prévaut dans nos ordonnances, et compte tenu du caractère indispensable du télétravail pour maintenir une partie des emplois en pleine crise sanitaire, la plupart des entreprises, et surtout des salariés, ont apprécié cette expérience un peu forcée. Sans Internet ni la capacité à partager visioconférences, données et e-mails, la rupture de l'activité et le repli économiques auraient été beaucoup plus importants. Au sortir du confinement en juin 2020, plusieurs sondages ont montré qu'environ sept salariés sur dix qui avaient pratiqué le télétravail voulaient continuer selon des modalités aménagées.

Certains envisageaient de déménager en famille dans de petites villes pour améliorer leur qualité de vie tout en conservant leur activité professionnelle. Du côté des entreprises, la plupart avaient des réticences, parfois liées à une vision assez traditionnelle du management en matière de contrôle, exigeant la présence des salariés. Elles ont découvert que la productivité et l'efficacité sont accrues pour certaines activités en télétravail. En revanche, dans les mêmes sondages, presque tous les salariés envisageaient de ne le pratiquer qu'entre deux et quatre jours par semaine, et non à temps plein. Le télétravail à temps plein peut générer un sentiment d'isolement, une désocialisation et la perte de l'esprit d'équipe. En creux, par rapport à l'expérience du confinement, nous avons tous retrouvé le goût et même la nécessité de l'interaction professionnelle parfois abîmée par les *open spaces* intrusifs ou les bureaux individuels isolés. La visioconférence reste pauvre par rapport aux multiples signaux visuels et corporels d'une proximité physique qui crée la relation de confiance et la capacité à se sentir partie prenante de la même aventure. Le bon sens est réapparu : on ne se parle pas de la même façon par écran interposé ou autour d'une machine à café. Le travail comme producteur de liens sociaux, de coopération et de convivialité est réapparu au grand jour. Je suis persuadée qu'au-delà de la crise épidémique qui l'impose pour une assez longue durée, le futur du travail inclura une dose pertinente de télétravail. Encore faut-il que le dialogue social et économique dans chaque entreprise, facilité et encouragé par nos ordonnances travail, en définisse les modalités opérationnelles sur le plan matériel, managérial et humain : mise à disposition d'ordinateurs, de logiciels et d'abonnement haut débit à Internet, application du droit à la déconnexion, management fondé sur la confiance a priori. La loi a fixé le cadre général. Les partenaires sociaux l'ont précisé en renvoyant les modalités concrètes à la négociation d'entreprise car c'est sur le terrain que cela se jouera, comme toutes les innovations qui touchent à nos manières de vivre.

Cette évolution du télétravail est encourageante pour le futur. On peut imaginer la revitalisation de villages et de petites villes grâce au télétravail si la 4G (au moins) couvre rapidement tout le territoire et que les moyens de transport permettent facilement de se rendre un jour ou deux par semaine dans une métropole pour retrouver ses collègues. L'emploi des travailleurs handicapés peut s'en trouver facilité. Il me paraît aussi utile de développer massivement les tiers lieux ou espaces de coworking (il va falloir travailler sérieusement sur la sémantique des nouvelles formes d'organisation collective si l'on veut éviter le franglais...).

La visite de l'espace de coworking à Méré, dans les Yvelines, le 30 mars 2018 m'en a convaincue : ces lieux de travail près de chez soi, dans des locaux souvent mis à disposition par les mairies, où se côtoient salariés, indépendants, étudiants ou fonctionnaires peuvent permettre de développer le télétravail sans renvoyer chacun à l'isolement, ni pénaliser ceux qui ont des logements exigus ou un accès limité à Internet. Le lien social peut se créer autrement que dans une approche pyramidale et hiérarchique. L'heure est aux réseaux ? Osons-les dans l'organisation comme dans les espaces de travail.

Quelles perspectives ?

La première préoccupation de nombreux salariés et entrepreneurs reste néanmoins la situation de l'emploi. Quelle perspective peut-on envisager, au moment où les plans sociaux se multiplient dans les grandes entreprises et que de nombreuses PME, moins visibles mais essentielles à l'emploi partout sur le territoire, envisagent de fermer, de licencier ou d'arrêter leurs recrutements ? Laurence Boone, la cheffe économiste de l'OCDE, a mis en lumière les premières conséquences de la crise sanitaire. Même si, après une récession de 4,2 % en 2020, les perspectives de croissance mondiales sont positives pour les deux années à venir (5,6 % en 2021 et 4 % en 2022), la marge d'incertitude est gigantesque : elle est estimée à 7 000 milliards d'euros de richesses créées entre le scénario le plus optimiste et le plus pessimiste. Fait notable : la reprise devrait être plus rapide en

Chine et probablement aux États-Unis que dans les autres grandes zones économiques.

En France, il s'agit de la crise économique la plus forte que nous ayons connue depuis la grande récession de 1929 : nous avons perdu 8,3 % de la richesse nationale en 2020. La Seconde Guerre mondiale, paradoxalement, a eu des conséquences moins lourdes. Cette récession, plus sévère dans les pays du Sud comme l'Espagne, l'Italie ou la Grèce que dans les pays d'Europe du Nord, est due à l'importance du tourisme dans notre modèle économique, incluant l'hôtellerie-restauration, le secteur événementiel et le monde culturel : 8 % de notre richesse nationale et 7 % de nos emplois en dépendent. Les pays fortement industrialisés ont quant à eux mieux résisté. L'État a supporté les deux tiers de cette baisse historique, s'endettant grâce au pacte conclu au niveau européen. Les entreprises ont porté un quart de ce poids. Les particuliers, largement protégés par les mesures d'aide publique, n'ont subi que 10 % de l'effort total, mais avec d'importantes disparités : les plus pauvres, les plus précaires et les jeunes ont payé le prix fort, tandis que d'autres ont épargné 130 milliards d'euros depuis le début de la crise, selon la Banque de France. Cette épargne, si elle se transforme en consommation de produits et de services en France, devrait largement contribuer à la relance économique et à la remontée de l'emploi.

En mars 2021, avant le troisième confinement, les perspectives françaises de croissance sont estimées par l'OCDE à + 5,9 % en 2021 dans l'hypothèse la plus optimiste, et 3,8 % pour 2022. Mais l'intensité de ce rebond décisif pour l'emploi n'est pas garantie. Cela dépendra d'abord de la situation sanitaire, de l'ampleur et de la rapidité de la vaccination, de l'émergence ou non de nouveaux variants résistants aux vaccins, de la nécessité ou non de reconfiner pour enrayer l'épidémie. Cela dépendra beaucoup aussi de notre capacité à anticiper, préparer et soutenir la reprise, ce que les plans de relance exceptionnels adoptés par la Commission européenne et le gouvernement français ont prévu en matière de budget public. Ce qui suppose pour réussir l'engagement de tous les acteurs économiques.

Selon l'Organisation internationale du travail, 255 millions d'emplois ont été détruits dans le monde en 2020. La situation sociale est dramatique dans de nombreux pays. En France, selon l'Insee, après trois années continues de création d'emplois, 360 000 postes ont disparu. La baisse est moins importante que ce qui était craint au départ, en raison de l'effet « bouclier » de l'activité partielle financée par l'État qui a protégé massivement les emplois en CDI ou CDD longs. Néanmoins, les emplois précaires, le plus souvent occupés par les jeunes et les femmes, ont été la première « variable d'ajustement » de l'économie dans la crise. Le risque le plus important concerne 2021. L'OCDE estime qu'un pic de chômage dépassant les 10 % (certaines analyses parlent de 12 %) pourrait être atteint mi-2021, et que le retour à la situation de l'emploi d'avant la crise ne devrait pas être complet avant le deuxième semestre 2022. Longtemps contenus par les mesures de protection de l'emploi mises en place par l'État, les plans sociaux, les défaillances parfois invisibles mais nombreuses dans les petites et moyennes entreprises et la chute du nombre de recrutements rendent indispensable le soutien public à la relance, à la formation et à l'investissement dans les secteurs numériques et écologiques porteurs d'avenir. La crise est arrivée brutalement. Quand elle se sera estompée, dans les deux ou trois ans à venir, les mesures d'accompagnement ne devront être diminuées que progressivement pour ne pas compromettre tous les efforts consentis et permettre aux entreprises et aux salariés de saisir les opportunités d'un rebond économique.

Les leçons de la crise

Nous avons rapidement compris que l'après-Covid ne serait pas le retour à la situation d'avant, et que demain ne serait pas comme hier. Cette crise sanitaire mondiale, qui se prolonge et s'amplifie en crise économique et sociale, ne sera pas une parenthèse. Nous n'en sortirons pas indemnes sur le plan de la croissance, du pouvoir d'achat, de l'emploi et de l'inclusion des plus vulnérables, mais sur bien d'autres registres aussi. Notre rapport individuel et collectif à la mort, au sens de la vie, à notre besoin de lien social, à l'espace, à nos modes de production, de mobilité et de consommation, au travail, aux libertés du quotidien, à nos sources de bonheur personnel, nous les revisitons déjà. Cette crise est décapante, elle met à nu beaucoup de représentations, de fonctionnements et d'illusions.

Nous avons eu la confirmation qu'en temps de crise il faut réagir vite, calmement, massivement, de façon concertée et cohérente au plan interministériel. La communication régulière et précise d'Édouard Philippe a contribué à la confiance. Les administrations comme leurs parties prenantes, conscientes des enjeux, ont accepté de changer immédiatement leur mode d'action et de décision. Il nous reste à analyser dans le détail tout ce que nous avons fait de mieux au nom de la crise pour améliorer les politiques publiques et les échanges avec les partenaires économiques et sociaux : nous avons été au moins plus rapides et plus agiles en mettant de côté certains *process* et habitudes assez bureaucratiques. Depuis des années, les gouvernements successifs lancent des programmes de simplification de l'État, plus ou moins réussis. Au printemps, sans mettre en place de multiples commissions de simplification, nous avons réussi à simplifier sans perdre de vue l'essentiel. Une analyse détaillée de ce qui a été fait et des résultats obtenus pourrait aider à réformer l'État.

Ensuite, nous avons appris que faire confiance est un puissant moteur d'efficacité, comme nous l'avons prouvé avec l'activité partielle. Le contrôle a priori devrait marquer le pas au bénéfice du contrôle a posteriori dans de nombreux domaines concernant les citoyens, les associations, les collectivités territoriales ou les entreprises. Il ne s'agit pas de naïveté, mais de rapidité, d'efficacité collective, et de libération des énergies au service du bien commun.

Plus encore, nous avons appris que la crise accentue les inégalités et fragilise les plus vulnérables et que la dimension psychique du confinement a été sous-estimée au départ : les personnes âgées ont souffert profondément de solitude voire d'un sentiment d'abandon affectif dans les Ehpad lorsque les visites de leurs proches ont été interdites ou limitées pour sauver des vies ; les plus précaires et les jeunes de milieux modestes ont perdu lien social et source de revenus quand la crise s'est traduite dans un premier temps par un effondrement du nombre de CDD et de missions d'intérim, regagnés aux deux tiers depuis ; les célibataires ont vécu le confinement comme une perte des multiples liens affectifs qui nourrissaient leur quotidien ; le nombre de femmes maltraitées par leur conjoint ou leur compagnon a crû dramatiquement avec une hausse terrible de 30 % des violences conjugales, le domicile familial devenant un dangereux piège pour elles et leurs enfants ; les besoins d'aide alimentaire ont doublé chez les plus pauvres, avec notamment la fermeture des cantines scolaires ; le nombre de sans domicile fixe a atteint 300 000 personnes ; le nombre de personnes en état dépressif a doublé pour atteindre 20 % de la population. Face à toutes ces urgences et ces défis sociaux, la réponse se doit d'être à la fois économique et solidaire, mais aussi humaine et sensible.

Le comité scientifique qui conseillait le gouvernement traitait uniquement de la question épidémiologique et non de la santé psychique qui fait pourtant pleinement partie de la santé globale, comme l'OMS l'a démontré depuis longtemps. Je pense que la composition initiale de ce comité y est pour beaucoup : seulement deux femmes parmi ses membres. Les experts qui se sont précipités sur les plateaux télévisions étaient en très grande majorité des hommes. La parole d'autorité dans la crise a été immédiatement et inconsciemment associée aux hommes sans que personne s'interroge sur ce fait, alors que les personnes les plus touchées par la difficulté de vivre confinées étaient les femmes seules avec enfants ou les personnes âgées dont elles s'occupent, et que les soignants dans les hôpitaux et les Ehpad sont en majorité des soignantes. Où a été entendue leur parole sur le vécu quotidien des différentes générations ?

Nous avons appris ou confirmé que le mode de gouvernance influence profondément le type de décision prise. Par exemple, en Nouvelle-Zélande, la Première ministre a pris en compte la dimension humaine et le gouvernement a autorisé des « bulles » affectives, permettant aux personnes seules de continuer à voir quelques personnes clairement identifiées dans la famille et les amis et cruciales pour leur équilibre psychique et affectif. La décompensation psychique liée à l'état de confinement et de solitude semble avoir été bien moindre dans la population. Pour des raisons culturelles et d'éducation, un comité d'hommes pensera son rôle sous l'angle des décisions, des règles et des contrôles, et rarement celui de la bienveillance, de l'intelligence émotionnelle et du vécu quotidien. Le rôle des femmes dans la gestion des crises reste un impensé puissant de nos sociétés : aux hommes la guerre, aux femmes le soin des blessés. Le secrétaire général de l'ONU s'est récemment ému du faible nombre de femmes parmi les leaders des gouvernements et les médiateurs de paix. Quand apprendrons-nous à faire coopérer en même temps que les deux hémisphères de notre cerveau, les deux moitiés de notre humanité ? De là viendront, j'en suis persuadée, de nouvelles solutions, de meilleures coopérations et un foisonnement d'innovations.

Enfin, nous avons vu à quel point il est crucial que l'information soit précise, transparente et sans déni, mais sans considérer que la communication se réduise simplement à une « pédagogie descendante ». Le mot « pédagogie » dérive du grec et signifie conduire et éduquer les enfants. Mais les citoyens ne sont pas des enfants. On ne peut gérer une crise simplement « d'en haut ». La responsabilisation est un mot inopérant s'il devient un simple impératif externe dépréciant la capacité d'engagement et d'imagination des citoyens. Non seulement les parlementaires et les partenaires sociaux doivent être écoutés, mais l'association de citoyens à la recherche de solutions concrètes par thématiques ou sur le plan local me paraît aussi précieuse pour pouvoir opérer des choix pragmatiques respectés par tous et garantir une meilleure cohésion nationale. Il faut parier sur l'intelligence collective, impliquer les citoyens à tous les niveaux.

C'est la condition de leur adhésion et de leur respect des institutions. L'acceptabilité de règles contraignantes ne peut pas se réduire à un système de sanctions. Décider ensemble, c'est s'engager, c'est réussir ensemble. Cette implication des citoyens, c'est beaucoup plus qu'un sujet de communication, c'est faire vivre la démocratie même en pleine tempête. Si la crise se traduit par la seule restriction ou suspension de libertés face à la multiplication des crises sanitaires, climatiques et économiques à venir, nous risquons d'abîmer durablement la confiance dans notre pacte démocratique. Sauf à mobiliser l'intelligence et le courage de tous non pas par injonctions, mais par une coopération et des espaces de citoyenneté augmentés. Nous connaissons la réalité augmentée. En période de crise, nous avons besoin d'inventer la démocratie augmentée. Gouverner pas seulement « pour » mais « avec ».

11

Le futur est urgent

> « Partout dans le monde juste après 1945, il y avait un ferment d'idées et d'initiatives nouvelles : nous avons besoin de la même explosion de pensée nouvelle maintenant. »
>
> Gordon Brown,
> Premier ministre du Royaume-Uni,
> pendant la crise financière
> de 2008-2009

Transmettre, c'est peut-être se laisser porter par la voix des enfants et tenter de leur répondre avec nos mots, nos expériences, nos convictions, nos doutes, notre tête et notre cœur. Je voudrais tenter de répondre aux jeunes que je rencontre et qui m'interrogent sur l'avenir. Je voudrais trouver les mots pour répondre à la question de ma petite-fille, la fille de ma fille : « C'est quoi le futur ? »

Quel monde transmettrons-nous aux générations suivantes ? Comment en partager les clés avec les jeunes d'aujourd'hui pour qu'ils le façonnent demain ?

On ne reviendra pas à la vie d'avant la crise de la Covid-19. Ne viser que cela, c'est accepter d'avance une récession, une régression, des révoltes et un mal-être général. Traiter la crise actuelle comme une simple parenthèse serait la pire des erreurs car l'emballement du capitalisme mondial comporte, de manière de plus en plus évidente, des effets négatifs sur le plan social et écologique.

Même dans sa phase de redressement qui risque d'être longue et inégale selon les pays et les secteurs, le paysage économique va profondément changer suite à l'irruption de l'intelligence artificielle et à la numérisation accélérée de l'économie. Il subira l'effet des mutations douloureuses à venir des secteurs du tourisme, du transport aérien et automobile, de l'hôtellerie-restauration, de l'événementiel, des industries culturelles et créatives. En revanche, l'importance des emplois pour faire face aux besoins de santé et de services à la personne sera accrue. Enfin, ce paysage économique sera confronté à la situation critique des jeunes qui subiront les conséquences de leurs études tronquées et d'un marché du travail en repli.

Dans le même temps, certains secteurs ont, eux, largement bénéficié de « l'économie du confinement » et entendent bien conserver cet avantage lors de la reprise : en tête, les grandes plateformes sur Internet (+ 38 % de chiffre d'affaires mondial pour Amazon avec 320 milliards d'euros de ventes, soit l'équivalent du budget de l'État français, ou encore + 33 % pour Facebook sur quatre mois). Les achats en ligne représentent désormais 13 % des ventes totales, avec un impact positif sur les activités de logistique, livraison et transports de marchandises. Sont également en forte hausse la consommation dans les hypermarchés et l'achat de produits tels que l'électroménager, les ordinateurs, les produits de bricolage et de jardinerie, les machines à coudre, les vélos électriques, les consoles de jeux, les jeux de hasard, les médicaments anxiolytiques, et jusqu'aux bandes dessinées et aux puzzles... Les Français, confinés ou assignés à domicile après le couvre-feu, ont modifié profondément leurs habitudes de travail, d'éducation, de consommation et de loisirs. Une partie de ces nouvelles pratiques, qui étaient en germe et dont la crise a brutalement accéléré la progression, resteront importantes dans nos modes de vie futurs.

Il est très clair que la pandémie va bouleverser fortement la donne sur le plan économique. La sortie de crise nécessitera un soutien fort de la puissance publique pour la relance, la mutation vers une économie plus numérique et décarbonée, les reconversions massives et le développement des compétences pour redonner une chance d'emploi à chacun dans cet univers en plein bouleversement.

La crise sanitaire qui occupe l'essentiel du paysage médiatique depuis mars 2020 ne doit pas masquer l'autre enjeu essentiel pour l'humanité : l'écologie et ses défis majeurs en matière de climat, de ressources énergétiques, de biodiversité et de protection des océans. Même si sa progression a connu une pause provisoire pendant la crise du fait de la diminution de l'activité économique et humaine, le réchauffement climatique est désormais une tendance lourde et avérée. Si la réponse n'est pas à la hauteur des menaces, cette tendance bouleversera la géopolitique, par exemple si des guerres sont déclenchées pour posséder « l'or bleu » que sera l'eau, ou si la Sibérie devient une immense zone cultivable. Elle entraînera de nouveaux types de flux migratoires avec notamment des dizaines de millions de réfugiés climatiques fuyant les zones inondées ou désertifiées. Elle accentuera les inégalités entre pays et entre catégories sociales selon qu'ils sont armés ou non pour faire face à ces défis et profiter des opportunités de ce « nouveau monde ». Elle pèsera sur l'état sanitaire de l'humanité déjà menacé par la pollution et la prolifération des perturbateurs endocriniens.

Maîtriser et réguler le système capitaliste

Depuis vingt ans, je tente de me battre sur deux fronts : contre ceux qui pensent que le capitalisme doit être seulement libéral, mondialisé, sans régulation ni entrave, pour produire son plein potentiel de richesses qui tirera mécaniquement vers le haut le progrès et le partage d'une partie des revenus ; et contre ceux qui pensent que le capitalisme est un épouvantail, qui croient que l'État peut tout et doit tout régler, que les nationalisations sont la solution pour l'emploi, que l'argent se génère par lui-même et qu'il faut répartir les richesses sans se préoccuper d'abord de comment les produire. Je suis convaincue depuis toujours que les entrepreneurs apportent une valeur essentielle à la société en matière de dynamisme et de création constante de nouveaux biens et services. Les entrepreneurs sociaux, qu'ils œuvrent dans le secteur privé « classique » ou non lucratif, sont tout aussi importants et contribuent à la création de valeur sociétale. Je pense qu'un développement économique durable doit être fondé sur la liberté, l'innovation, la solidarité et le partage de la création de valeur.

À gauche, j'ai longtemps été perçue de droite. À droite, de gauche. Les démarches nordiques, sociales-démocrates sur le plan politique et sociales-libérales sur le plan économique me parlent plus que les débats franco-français souvent schématiques de part et d'autre. Faire converger le social et l'économique est devenu mon fil rouge.

L'emballement du système capitaliste, de plus en plus centré ces dernières décennies sur des résultats financiers privilégiant le rendement à court terme, nous emmène dans le mur. Cette approche restrictive de l'activité économique, aveugle quant à ses impacts sociaux et écologiques, est également préjudiciable à l'activité économique elle-même puisqu'elle fait fi de la durabilité de la performance.

Lors de la crise financière des subprimes de 2008, le système bancaire a été renfloué sans empêcher d'importantes pertes d'emplois, mais en permettant de sauver l'économie réelle et l'euro, et d'enrayer ainsi ce qui aurait pu devenir un effondrement économique et social systémique. Nous avons mis onze ans en France pour retrouver, à la fin de 2019, le niveau d'emploi d'avant cette crise, et il a fallu pour cela un climat de confiance, des réformes vigoureuses et une mobilisation de tous les acteurs.

Pendant la crise financière, le système bancaire dont dépend l'économie réelle a été sauvé, mais il n'y a eu aucune remise en question des causes profondes ni des fondamentaux du système. On a remédié aux menaces de défaillance des banques avec de nouveaux protocoles de gouvernance de la gestion des risques sophistiqués, certes nécessaires, mais sans se réinterroger sur les mécanismes de création de valeur. On a colmaté mais pas transformé le système qui avait généré cette déroute. La finance est nécessaire car c'est un carburant de l'économie mais elle ne doit pas être sa finalité, sauf à nous perdre tous. Elle doit évoluer profondément et rapidement dans la prise en compte de toutes les dimensions de la société, pour devenir l'outil au service de l'humain et d'un développement durable qu'elle devrait être.

En janvier 2020 à Davos, j'ai échangé avec le Prix Nobel d'économie Joseph Stiglitz. Nous étions d'accord sur la nécessité d'une régulation de la mondialisation face à l'appauvrissement des ressources naturelles et au risque mondial d'accroissement de la violation des droits sociaux et des inégalités sociales. Je lui ai présenté notre index sur l'égalité professionnelle entre les femmes et les hommes, ainsi que la recommandation d'instaurer un accès universel à la protection sociale que nous avions négociée et décidée quelques mois auparavant avec les pays membres du G7 et les partenaires sociaux mondiaux.

Une dizaine d'années auparavant, j'avais été très intéressée par sa proposition sur le BNB, le « bonheur national brut ». Critiquant les conséquences sociales, écologiques et, à terme, économiques de la focalisation unique sur le PNB, indicateur centré sur la production et la consommation marchandes et monétaires, et aveugle quant à la destruction de valeur, il avait recommandé de s'inspirer du Bhoutan, ce petit pays qui avait mis en place un indice BNB, « bonheur national brut », dans les années 1970. L'idée est de placer l'individu au centre de l'économie, et de ne pas le considérer seulement comme une ressource ou une variable d'ajustement. Le BNB utilise de multiples critères constitutifs du bien-être, qui se sont invités au cœur de l'actualité avec la crise actuelle : santé, sécurité, éducation, démocratie, durabilité des ressources naturelles, inégalités de revenus et de patrimoine, capital humain, vie associative, bénévolat... L'indice du développement humain établi (IDH) par l'ONU va dans le même sens, mais se limite au PIB par habitant, à l'espérance de vie à la naissance et au niveau d'éducation des jeunes au-delà de 17 ans. La France ne s'y classe d'ailleurs que 26e sur 189 pays en 2020, loin derrière la Norvège qui est en tête. Avec Joseph Stiglitz, nous nous sommes accordés sur la nécessité de mesurer la performance économique, le progrès social et la durabilité des ressources naturelles, tout en agissant vigoureusement pour bâtir un modèle de développement durable dont l'urgence et l'ampleur avaient plus que jamais du sens. La régulation de la mondialisation est au cœur de ce sujet.

L'accroissement des inégalités

Le sujet de la mondialisation des échanges divise l'opinion publique. Certains pensent qu'elle est la cause de tous les maux, d'autres estiment que l'ouverture des marchés porte en elle-même et par nature une dynamique de croissance généralisée. Qu'en est-il ? Pendant longtemps, la mondialisation a contribué à la sortie de la pauvreté d'une partie importante de la population mondiale. Les échanges commerciaux internationaux ont représenté des sources de développement pour de nombreux pays dans le monde. Au Brésil par exemple, 29 millions de personnes sont sorties de la pauvreté entre 2003 et 2014 du fait de l'ouverture des marchés. Cependant, depuis une vingtaine d'années, cette dynamique de « ruissellement de la croissance » ne fonctionne plus globalement, et à tout le moins reste fragile et ne résiste pas à un événement extérieur considérable comme une pandémie.

L'OCDE, l'OIT, la Banque mondiale et le FMI alertent sur trois risques sociaux majeurs liés à la crise de la Covid-19, potentiellement dramatiques sur le plan humain :

– Dans une majorité de pays, les élèves et les étudiants accusent déjà un retard de plusieurs mois de scolarité et de nombreux jeunes de milieux populaires connaissent un risque de décrochage irréversible. Avant la pandémie, dans plusieurs pays dont la France, les jeunes avaient un revenu moyen inférieur à celui des retraités et leur taux de chômage était deux fois plus élevé que celui des adultes. Un jeune sur dix était considéré comme « NEET », ni employé, ni apprenti, ni étudiant. En France, avant la crise, 1,3 million de jeunes étaient dans cette situation de *no man's land* qui freinait leur accès à l'autonomie. La majorité d'entre eux provenaient de milieux sociaux, de groupes ethniques et de quartiers défavorisés. Ce nombre a significativement diminué ces dernières années grâce aux plans d'action d'insertion et de formation mis en place. Désormais, leur accès aux études supérieures et à l'emploi étant au mieux retardé, au pire définitivement entravé, l'horizon est bouché. La perte d'espoir et de chances de réussir peut avoir des conséquences dommageables sur toute leur vie. C'est une bombe à retardement pour toute la société.

– Le risque de famine a doublé, concernant désormais 270 millions d'êtres humains dans le monde. Le nombre de personnes vivant sous le seuil de pauvreté de 1,9 dollar par jour de revenu s'est accru de 100 millions. 700 millions de personnes dans le monde vivent désormais dans cette situation matérielle extrêmement précaire. Malgré nos systèmes de protection sociale plus développés que ceux de nombreux autres pays, nous ne sommes pas épargnés en France où de nombreuses associations et fondations alertent l'opinion publique. La situation des personnes mal-logées ou des sans domicile fixe, les longues files d'étudiants contraints pour la première fois de leur vie de venir chercher des repas à l'aide alimentaire, en disent long sur cette détresse qui s'amplifie.

– L'accroissement des inégalités est visible entre les pays riches et pauvres, et entre les catégories sociales. Partout dans le monde, les plus pénalisés sont les femmes et les jeunes. Les femmes sont les plus touchées car elles réalisent 90 % du travail dit « informel » (non déclaré) dans le monde, alors que ces activités précaires sont les premières à disparaître sans être compensées par des aides financières. En France, un tiers des femmes vivent seules avec des enfants et beaucoup connaissent une situation très précaire. Elles occupent majoritairement des emplois moins rémunérés, à temps partiel ou non déclarés. Les jeunes des classes populaires sont pénalisés parce qu'ils étaient déjà la catégorie d'âge la plus pauvre avant la crise : un jeune Français sur cinq vivait en dessous du seuil de pauvreté, ce chiffre terrible risque de doubler. En outre, les jeunes travailleurs ou étudiants tirent souvent leurs revenus de petits jobs dans les secteurs les plus touchés (tourisme, hôtellerie et restauration, événementiel, culture) qui ont disparu en grande partie depuis un an.

Les personnes précarisées par la crise actuelle sont souvent aussi les premières à subir les conséquences du réchauffement climatique. La pollution, les logements considérés comme des « passoires thermiques », les conséquences en matière d'emplois des mutations dans l'agriculture, les transports, l'industrie et l'énergie impactent d'abord les plus précaires. Ne pas tenir compte à la fois du modèle économique, des impacts sociaux et de l'indispensable transformation écologique vouerait toute action politique à l'échec. Le point de départ doit être la prise de conscience partagée de l'ampleur et de l'urgence des enjeux humains et environnementaux. Urgence aggravée par la crise actuelle, dont les premières alertes remontent à plusieurs décennies.

Nous aurons à répondre à deux questions vertigineuses posées par nos enfants et petits-enfants : pourquoi a-t-il fallu attendre cinquante ans pour que les alertes sur le climat et l'environnement des années 1970 soient suivies de décisions politiques, au demeurant encore insuffisantes ? Faudra-t-il attendre cinquante ans pour arriver à la neutralité carbone et sauver notre planète ?

L'urgence écologique

Le désastre écologique est manifeste. Réchauffement climatique, destruction d'une partie de la biodiversité de la planète, dégradation des océans, risques de désertification des terres et de submersion des côtes, les premiers signes avant-coureurs sont déjà sous nos yeux. Nous vivons depuis un siècle sur un enrichissement du monde lié à l'énergie carbonée. Les ressources d'origine fossile, pétrole et charbon, ont permis ce développement mais en deviennent aujourd'hui le talon d'Achille, car elles produisent de façon exponentielle des « externalités négatives », c'est-à-dire de graves conséquences écologiques, sociales et sanitaires souvent irréversibles.

Le passage à l'action d'un grand nombre d'États, d'organisations internationales et d'une partie des entreprises est engagé.

La prise de conscience a commencé au premier Sommet de la Terre organisé en 1972 à Stockholm par l'ONU. La même année, le premier rapport du Club de Rome, « Les limites à la croissance », évaluait quant à lui que la poursuite de la croissance économique selon le modèle actuel entraînerait une chute brutale de la population vers 2100 en raison de la pollution, de la raréfaction des ressources énergétiques et de l'appauvrissement des sols cultivables. Cela fait froid dans le dos de voir qu'il y a cinquante ans, des esprits précurseurs dessinaient déjà les tendances lourdes de ce qui se produit aujourd'hui et s'amplifie chaque année.

En 1987, la Conférence des Nations unies sur l'environnement et le développement (le nom officiel du Sommet de la Terre), présidée par la Première ministre d'État norvégienne Gro Harlem Brundtland, est à l'origine du texte fondateur sur le développement durable. À l'époque, cette notion paraissait à beaucoup à peine sérieuse, teintée d'un humanisme utopique et naïf. Le rapport de Gro Harlem Brundtland affirmait notamment : « Le développement durable est un mode de développement qui répond aux besoins des générations présentes sans compromettre la capacité des générations futures de répondre aux leurs. » Nous n'avons pas trouvé une meilleure définition depuis. Le triptyque économie-écologie-social, les notions de durabilité et de responsabilité intergénérationnelle constituaient déjà le socle du développement durable. Comme le dit un proverbe : « Nous n'héritons pas de la terre de nos ancêtres, nous l'empruntons à nos enfants. »

L'action corrective à l'échelle mondiale débute réellement en l'an 2000 quand, pour la première fois, l'ensemble des États s'engage au sein de l'ONU en faveur des objectifs de développement durable. Pourtant, il a fallu attendre 2015 pour que dix-sept objectifs opérationnels à l'horizon 2030 soient adoptés à l'unanimité afin de répondre aux défis mondiaux en matière de pauvreté, d'inégalités, de climat, de dégradation de l'environnement, de prospérité, de paix et de justice. Ces « ODD » (objectifs de développement durable) ont commencé à orienter les politiques publiques et les normes mondiales et nationales, mais leur pleine réalisation est encore loin d'être acquise.

La prise de conscience de l'opinion publique s'est accélérée récemment, d'une part parce que les effets de la pollution et du réchauffement climatique commencent à être visibles dans l'environnement, la santé et la vie quotidienne, et d'autre part parce que les jeunes se saisissent massivement du sujet. L'écho suscité par le mouvement de « grève scolaire pour le climat », lancé par la jeune militante écologiste suédoise Greta Thunberg en 2018, est rapidement devenu universel. Elle a fait le tour du monde pour alerter les dirigeants et les jeunes sur la gravité et l'urgence de la situation. Quoi qu'en pensent ses détracteurs, elle a popularisé l'idée que la jeunesse allait injustement subir les dégâts irréversibles causés par les générations précédentes.

La COP 21, présidée en 2015 par Laurent Fabius alors ministre des Affaires étrangères, secondé par Laurence Tubiana, a abouti à l'accord de Paris, qui a constitué une étape historique de réponse collective à la menace mondiale du réchauffement climatique. Les États y ont pris des engagements précis pour contenir l'élévation de la température moyenne de la planète, plafonner les émissions de gaz à effet de serre, apporter un soutien financier et technologique aux efforts d'adaptation, et mesurer les progrès à travers un bilan mondial transparent tous les cinq ans. Cinq ans plus tard, la dynamique est lancée, mais les résultats sont encore loin de l'ambition affichée. Selon l'EpE (l'Association française des entreprises pour l'environnement), atteindre la neutralité carbone d'ici à 2050 à l'échelle de la planète est encore possible sans décroissance économique mais requiert des engagements beaucoup plus forts et une action solidaire de tous les acteurs.

Fait significatif de la prise de conscience des dirigeants également, les sujets du climat, de la biodiversité et du développement durable sont désormais au cœur des débats du Forum économique mondial (WEF) de Davos. Klaus Schwab, son fondateur et président, y a parlé de « grande réinitialisation », insistant sur la nécessaire résilience des économies et des sociétés afin de rendre le monde durable au niveau environnemental et social. J'ai participé au WEF à plusieurs reprises, d'abord comme directrice générale de Business France pour y rencontrer des investisseurs actuels ou potentiels susceptibles de créer de l'activité et de l'emploi en France, puis comme ministre du Travail pour présenter nos réformes en matière d'égalité professionnelle femmes-hommes et de compétences. En janvier 2020, j'ai constaté que les leaders politiques et économiques mondiaux comme les entrepreneurs, les syndicalistes et les ONG réunis à Davos débattaient largement de la question climatique qui menace l'humanité et la nature. Il reste à transformer l'essai dans le quotidien des décisions des entreprises comme des gouvernements. Et pour cela, entrer dans le cœur de la compréhension et de la transformation de notre modèle économique. J'ai constaté la même évolution progressive du centre de gravité des discussions aux Rencontres économiques d'Aix-en-Provence organisées par Jean-Hervé Lorenzi, le président du Cercle des économistes, et aux Rencontres de l'avenir présidées par l'économiste Nicolas Bouzou.

Jean-Marc Jancovici, spécialiste reconnu sur les thèmes de l'énergie et du réchauffement climatique, a montré que « le système se nourrit de la dégradation de l'environnement et non de ses seuls intérêts ». C'est le nœud du problème.

La neutralité carbone

Depuis les années 1970, la conscience de la finitude de la ressource d'origine fossile, avec les tensions commerciales et géopolitiques qu'elle génère, existe. Les « guerres du pétrole » ont rythmé ces dernières décennies. Les risques liés à la concentration et à la raréfaction de la ressource pétrolière ont conduit à la création en 1974 de l'Agence internationale de l'énergie au sein de l'OCDE. L'AIE, dirigée par Fatih Birol, analyse les perspectives de moyen long terme sur le pétrole, le gaz et le charbon, mais fait aussi désormais des recommandations sur les énergies renouvelables et l'efficacité énergétique. Selon l'AIE, 80 % des gaz à effets de serre proviennent de la consommation d'énergie, c'est le cœur du problème et de la solution.

Depuis le printemps 2021, la « Global Commission » de haut niveau mise en place auprès de l'AIE, présidée par la Première ministre danoise, et dont je suis membre, a pour mission d'éclairer la réflexion de la communauté internationale sur les modalités de transition vers une énergie durable, « propre », juste et inclusive. Cela signifie que le futur modèle de mix énergétique « vert » en gestation devra intégrer les impacts sociaux et économiques pour compenser les effets négatifs de la transition écologique vis-à-vis des plus vulnérables en matière de pouvoir d'achats ou d'emplois, et devra développer la participation des citoyens dans les processus de décision comme dans leurs comportements individuels.

Sur le plan de la transition écologique, nous manquons aussi d'instruments pour estimer et piloter les progrès. Le GIEC rapporte les mesures du réchauffement climatique et joue un rôle d'alerte, l'accord de Paris et les COP fixent l'ambition globale et les engagements de chaque pays, mais nous n'avons pas d'instruments pour mesurer et comparer l'efficacité des politiques publiques afin d'atteindre cet objectif. La France a pris l'initiative en 2020 de proposer à l'OCDE de se doter d'un tableau de bord pour y parvenir en intégrant les aspects fiscaux, économiques et sociaux, et permettre ainsi une évaluation annuelle de tous les pays, des échanges de bonnes pratiques et de recommandations de politiques publiques nationales. En tant que présidente du groupe informel des pays « amis du climat » au sein de l'OCDE, j'impulse et anime l'élaboration de cette proposition que nous espérons voir aboutir dans les prochains mois.

Pour atteindre la neutralité carbone en 2050 comme elle s'y est engagée, l'Europe doit diminuer drastiquement son recours aux énergies fossiles et investir massivement dans les énergies renouvelables (solaire, éolien, géothermie, hydraulique, hydrogène vert...), tant en matière d'infrastructures que de capital humain. C'est une des priorités du plan de relance post-Covid. Elle doit soutenir l'innovation sur le plan technologique de façon radicale. L'AIE estime que la moitié de la réduction des émissions carbone ne pourra venir que de technologies qui n'existent pas encore sur le plan industriel. Il faudra par exemple savoir stocker l'électricité produite par les énergies renouvelables dont la production, par essence intermittente, ne peut exister qu'en étant complétée par d'autres sources. Il faudra également investir massivement dans les technologies de l'hydrogène, et progresser encore dans le retraitement et le stockage des déchets issus de l'énergie nucléaire, qui est beaucoup moins émettrice en CO_2 que les énergies fossiles. Il faudra enfin systématiser l'éco-conception. Il y a quinze ans chez Dassault Systèmes, nous intégrions déjà l'éco-conception et la gestion du cycle de vie dans nos logiciels, conscients que l'essentiel se joue en amont.

La compétitivité européenne (et donc ses emplois) doit également être préservée par un prix du carbone incitatif à la transformation du modèle énergétique global, et par une « taxe carbone » aux frontières sur les produits importés d'autres régions du monde qui ne se donneraient pas cette contrainte environnementale. En outre, comme l'a montré l'économiste Patrick Artus, sauf à tolérer une forte augmentation du prix de l'énergie pénalisant les consommateurs et les entreprises les plus vulnérables, l'accès de tous à l'électricité « verte » posera des questions de redistribution entre les gagnants et les perdants de la transition, au sein de chaque pays, et entre les pays. Un Africain sur deux n'a pas accès aujourd'hui à l'électricité. C'est particulièrement pénalisant pour les femmes qui ont la charge des enfants et des tâches domestiques.

L'accès aux métaux rares comme le lithium, indispensables à la transition écologique et numérique (pour la production de véhicules électriques, éoliennes, batteries, ordinateurs et téléphones portables...) devient un enjeu stratégique de souveraineté européenne, et doit faire l'objet d'une surveillance sociale mondiale pour y éradiquer le travail des enfants.

En effet, un des risques majeurs de cette prise de conscience écologique indispensable est qu'elle n'escamote la dimension sociale de la transformation du modèle. Or la transition écologique n'a de sens et ne peut être réalisée, sans se transformer en désastre social, que si elle est juste et prend pleinement en compte la dimension humaine en matière d'emplois, de revenus, de modes de vie, d'accès aux sources d'énergie et de consommation. Le mouvement des Gilets jaunes en France a débuté en novembre 2018 en réaction à l'augmentation du prix du carburant en raison de la hausse d'une taxe écologique, perçue comme insupportable par ceux qui habitent en zone rurale ou périurbaine et pour lesquels la voiture est essentielle à leur liberté, leur travail et leurs loisirs.

Dans de nombreux pays dans le monde, la ressource énergétique provient quasi exclusivement du charbon qui représente des dizaines de millions d'emplois. Pour décarboner, seule est viable une mutation complète du modèle économique pour créer de nouvelles activités et de nouveaux emplois, permettant à chacun de se reconvertir par la formation et l'aide aux projets de créations d'entreprises.

La même tension entre les impératifs écologiques, économiques et sociaux se retrouve dans la mutation du secteur agricole en France. Christiane Lambert, agricultrice et présidente de la FNSEA, défend le rôle des paysans dans l'aménagement des territoires et des paysages, et milite pour une agriculture « raisonnée » plus respectueuse de l'environnement mais évoluant par étapes. Comment en effet combiner d'une part la fin de l'usage des produits chimiques de synthèse et des OGM, la limitation des intrants, le bien-être animal, la biodiversité, et la préservation de la qualité des sols, de l'air et de l'eau, avec d'autre part l'évolution des techniques d'exploitation, les débouchés commerciaux, le prix à la consommation, la souveraineté alimentaire, le revenu des agriculteurs et l'attractivité de la profession au début d'une décennie où la moitié des agriculteurs vont prendre leur retraite ? La vision de l'objectif est claire, mais tout le défi est de construire avec les agriculteurs le chemin pour accélérer et accompagner cette transition écologique indispensable.

Défendre la dimension sociale

La dimension sociale est encore à renforcer dans ces débats internationaux. À Davos, j'ai revu également Muhammad Yunus, Prix Nobel de la paix, qui a développé au Bangladesh un système de microcrédit qui a permis l'accès à l'autonomie économique à des dizaines de millions de femmes. Pour lui, « les injustices sociales sont des bombes à retardement ». Jeunes, femmes, personnes vulnérables : plus que jamais dans la crise que nous vivons, les décideurs politiques et économiques doivent intégrer la dimension sociale au cœur du projet de société et non pas la considérer seulement comme une conséquence.

Trouver des lignes de force commune sur le plan international n'est pas une mince affaire. Il reste beaucoup de chemin à parcourir pour qu'une régulation sociale mondiale soit véritablement intégrée au système économique et financier, même si de nombreux accords et conventions existent en matière de droits sociaux au sein de l'OIT et dans le cadre du socle des droits sociaux européens adopté par les chefs d'État à Göteborg fin 2017.

De nouvelles coalitions d'acteurs se dessinent dans ce sens. Avec Sharan Burrow, secrétaire générale de la Confédération syndicale internationale (CSI) qui fédère avec une énergie sans relâche les organisations syndicales dans le monde, nous avons œuvré activement ensemble au G7 et au G20 sur les questions de protection sociale, d'emploi des jeunes et d'égalité professionnelle. La première des inégalités, dont le caractère crucial est rendu plus visible encore par la pandémie, est le non-accès de la moitié de la population mondiale à une couverture sociale en matière de santé. Les femmes et les enfants sont les plus concernés.

J'en connaissais la dimension vitale et aussi la faisabilité pour en avoir fait l'expérience, en initiant et en mettant en place le programme Dan'Cares, lequel a permis aux 90 000 salariés de Danone dans le monde de bénéficier d'une couverture santé, alors que les deux tiers n'en bénéficiaient pas auparavant. Cet accord inédit, qui fut une première mondiale, a été repris comme exemple par l'OIT et imité ensuite par de nombreuses entreprises. L'investissement social ne relève pas de la charité, c'est l'idée que l'humain doit être au cœur du modèle de croissance.

Au G7 social que je présidais en 2019 avec l'aide d'Anousheh Karvar, déléguée du gouvernement français auprès de l'OIT, nous avons proposé et négocié une recommandation pour l'accès universel à la protection sociale. Cette déclaration tripartite entre les pays membres du G7 et les organisations syndicales et patronales mondiales, une première, a été portée et décidée au G7 par les chefs d'État. Outre les pays du G7, nous avons eu le soutien actif des partenaires sociaux mondiaux et européens, comme l'OIT, le FMI (dont la directrice générale Kristalina Georgieva s'est personnellement impliquée), l'OCDE (grâce au leadership de son secrétaire général Angel Gurría), et la Banque mondiale. Cela a renforcé notre coalition d'acteurs pour une régulation sociale mondiale. Il faut maintenant transformer l'essai, et nous restons mobilisés sur la traduction de cette recommandation en action. Cela fait désormais partie des priorités portées par la France sur le plan international.

L'OIT aura à jouer un rôle majeur dans la lutte contre les inégalités dans les décennies à venir. Cette organisation internationale tripartite, codirigée par les gouvernements, les organisations syndicales et les organisations patronales, est le lieu où s'élaborent et se négocient les normes sociales mondiales majeures comme celles qui concernent le travail décent, la prohibition du travail des enfants ou le droit syndical. Les conséquences de la crise et la transformation de notre modèle de croissance vers une économie numérique et décarbonée vont requérir un renforcement de cette régulation sociale mondiale, de nouvelles initiatives et des programmes innovants pour façonner un futur du travail qui soit juste, efficace et accessible à tous.

Cette idée de coalition « pour des vies meilleures », comme le dit la mission de l'OCDE, je l'ai aussi expérimentée sur le plan européen, en négociant en octobre 2017 la directive sur les travailleurs détachés. En juin, fraîchement arrivés au gouvernement, nous avions pris la décision de refuser l'adoption imminente d'une révision de la directive de 1996, dite « des plombiers polonais », qui nous semblait trop peu ambitieuse, insuffisamment protectrice des salariés et pénalisant une concurrence loyale. La position de la France fit des remous. Le président Emmanuel Macron usa de son influence auprès de nombreux chefs d'État, tandis que je négociais avec mes homologues. En négociation internationale, il n'y a pas de petit pays. Bâtir de larges coalitions d'acteurs est la clé des transformations audacieuses. Aidée par ma conseillère diplomatique et les diplomates, je fis une tournée physique ou téléphonique dans une vingtaine de pays. Il fallait concilier les intérêts en apparence contradictoires de l'Europe de l'Ouest, et de l'Europe centrale et orientale, et au sein de chacun de ces groupes, selon qu'un pays était plus « exportateur » ou « importateur » de main-d'œuvre détachée. Au final, le 23 octobre, après treize heures de négociation en continu, incluant de nombreux apartés bilatéraux dans les couloirs, la directive instituant le principe de justice sociale « à travail égal, salaire égal dans le même lieu (primes incluses) entre travailleurs détachés et locaux » était votée. De nombreux protagonistes de cette négociation épique et réussie m'en reparlent encore tant le suspense sur l'issue était fort. La directive est en application depuis juillet 2020. La prochaine étape serait d'obtenir le principe « à travail égal, coût égal » pour les employeurs en alignant le niveau des charges patronales grâce à un système de compensation entre pays, afin de protéger l'emploi local et de cibler le travail détaché sur sa véritable raison : la pénurie de main-d'œuvre dans certains métiers.

Faire bouger les lignes en matière sociale ou écologique requiert le même type de coalitions : pas seulement des accords entre institutions, mais aussi une dynamique impulsée en leur sein ou dans leur écosystème par des personnes résolues et connectées entre elles. L'expression *changemakers* développée par l'ONG Ashoka, qui fédère des innovateurs sociaux, acteurs de changement, exprime cette importance de l'engagement personnel qui catalyse, accélère et amplifie l'engagement collectif pour transformer la société.

Qu'en est-il des coalitions pour une économie verte et inclusive entre ceux qui détiennent le plus de pouvoir pour transformer le modèle économique, les gouvernements, les organisations internationales et les institutions financières ?

Dans le cadre de Davos 2020, j'ai réuni pour une séance de travail une dizaine d'acteurs financiers clés, banques, assurances et fonds d'investissement, afin d'échanger de façon ouverte et directe sur la manière dont ils pourraient intégrer dans leurs critères de gestion des objectifs et des indicateurs environnementaux et sociaux. Un tel débat aurait été impensable cinq ans auparavant. J'ai été frappée par leur demande de référentiels et de normes négociés sur le plan mondial afin d'atteindre une efficacité globale et d'éviter le risque de concurrence déloyale que génèreraient les seuls efforts dispersés de quelques acteurs financiers. Cela a contribué à ma vision de ce que nous pouvons et devons faire aujourd'hui dans le cadre de l'OCDE.

Dans les entreprises où j'ai été membre du comité exécutif (Dassault Systèmes et Danone), dans celles où j'ai été membre du conseil d'administration (Orange, ADP et SNCF), chez Business France où je rencontrais des industriels et des fonds d'investissement du monde entier pour les convaincre d'investir en France et d'y créer des emplois, j'ai beaucoup appris sur les modes de raisonnement, les « logiciels » des différents types d'actionnaires : fonds de pension, fonds d'investissement à court ou à long terme, fonds souverains, banques d'investissement, banques de développement, assurances, fonds mutualistes, États, actionnaires institutionnels, fondations, particuliers... Tous ont un rôle dans l'économie réelle. Contrairement à l'opinion générale assez évasive et péjorative en France sur « les actionnaires », chaque catégorie d'acteurs a ses types d'objectifs, ses modes d'analyse, ses méthodes et critères de décision. Les comprendre est le point de départ pour contribuer à les faire évoluer.

Un modèle de croissance « propre », juste et inclusif est-il possible ?

Comprendre pour transformer, c'est la première étape. Mais dans quel but ? Peut-on amender le modèle de croissance ou faut-il le changer radicalement ? S'agit-il d'adaptation à la marge ou de réelle transformation ?

L'actionnaire seul au centre du système est devenu le socle idéologique de la financiarisation de l'économie et progressivement de ses objectifs court-termistes. Pour transformer cette conception incapable de nous aider à répondre aux défis actuels et à venir, il nous faut produire un effort colossal et conjoint de trois types d'acteurs, qu'on pourrait appeler le triangle de la gouvernance, et qui doivent bouger en même temps :

- Les acteurs privés, entreprises et investisseurs : ils sont indispensables car au cœur de la ressource en capital, de l'investissement et de l'innovation technologique.
- Les régulateurs, États et organisations internationales : ils doivent fixer le cap et le cadre, et définir les normes mondiales, européennes et nationales.
- Les salariés et leurs organisations syndicales au premier chef, mais aussi les clients, les fournisseurs et la société civile à travers les associations et les collectivités locales impactées par l'activité de l'entreprise :

ils doivent contribuer à la recherche des solutions, avoir une forme de contrôle sur le partage de la valeur, et veiller à la contribution de l'entreprise au bénéfice de tous à court et à long terme.

En résumé, il faut passer d'un capitalisme centré sur les *shareholders* (capitalisme des actionnaires) à un modèle économique centré sur les *stakeholders* (capitalisme des parties prenantes). Cela implique un changement culturel, juridique et financier important.

Pendant longtemps, les trois critères essentiels de la responsabilité définis par le principe de l'ISR, l'investissement socialement responsable, c'est-à-dire l'écologie, le social et la gouvernance, ont été perçus par les acteurs économiques dominants comme de bonnes intentions mais qui ne favorisaient pas la performance. ISR ou investissement à impact : aujourd'hui, la preuve est faite que ces investissements dans le développement durable sont aussi performants que les autres, voire pour certains plus résilients et constants dans leurs résultats.

Une des difficultés majeures de la transformation du modèle capitaliste a été formulée en 2015 par Mark Carney, alors gouverneur de la Banque d'Angleterre : c'est la « tragédie des horizons ». Comment jeter un pont entre les intérêts à court terme de la finance et ceux à long terme de l'écologie ? Son discours, suivi d'une action résolue sur le *reporting climat* au sein du Conseil de stabilité financière, avait pour but d'alerter les investisseurs et les épargnants sur un nouveau type de risques. Le risque climatique peut se chiffrer désormais en milliards d'euros de pertes potentielles : impact financier des catastrophes naturelles, procès intentés par des victimes du changement climatique, perte de valeur des actifs liés aux énergies fossiles... Investisseurs et épargnants auraient donc intérêt, y compris sur un plan financier, à opter pour un « verdissement » de leurs investissements. Malgré cette alerte qui a eu un fort retentissement, les *green bonds*, c'est-à-dire les obligations vertes qui financent des projets de transition énergétique, représentent encore moins de 1 % du marché mondial des obligations. L'action réglementaire des États, conjointement à l'évolution des pratiques des investisseurs, est indispensable pour avancer, car chaque acteur peut être le levier ou le frein de l'autre.

Cependant, la tragédie des horizons ne concerne pas seulement les risques liés au climat. Les enjeux de performance économique, les résultats en matière environnementale et les conséquences en matière sociale ne sont pas alignés sur le même cycle de temps. Par exemple, fermer les centrales à charbon a dans un premier temps un coût économique et social très élevé en matière d'emplois. Ou encore, le réchauffement climatique génèrera des coûts catastrophiques à long terme pour le monde de l'assurance, alors que la logique des placements à court terme est de ne pas en tenir compte. Même constat pour la gestion de la crise sanitaire ou de la relocalisation de certains actifs stratégiques des chaînes de valeur mondiales, qui répondent à des impératifs politiques et sociétaux mais s'accommodent mal d'une vision économique classique. Pour progresser, il faut être en mesure d'analyser et de comptabiliser la gestion des risques à différents horizons de temps en valorisant ce qui au bout du compte sera le plus efficient financièrement, socialement et écologiquement.

L'intérêt de l'humanité est évidemment de construire un modèle de développement qui soit durable et inclusif, mais la tragédie est que tous les acteurs n'ont pas les mêmes intérêts à court terme. Rechercher les convergences entre ces différents enjeux et horizons de temps est crucial.

La finance peut-elle être responsable ?

La question centrale concerne la place de la finance puisqu'elle est aujourd'hui au cœur du système. Peut-elle contribuer aux enjeux sociaux et écologiques au lieu de se comporter comme un prédateur qui se nourrit de ce qu'il détruit ?

La finance n'est ni bonne ni mauvaise, elle est un outil : « Domestiquée, la finance est un bon serviteur, laissée à elle-même elle devient un mauvais maître », explique Bertrand Badré que j'ai invité au ministère du Travail en février 2020. Ancien directeur général finances de la Banque mondiale, auteur notamment d'un livre intitulé *Voulons-nous vraiment changer le monde ?*, il appelle à repenser la finance après la crise de la Covid-19, à passer du diktat du retour sur investissement à court terme pour bâtir une économie durable. La prise de conscience semble désormais gagner une partie des investisseurs financiers du secteur privé. Larry Fink, patron de BlackRock, le plus grand fonds d'investissement au monde, a affirmé que « le culte actuel de l'hystérie des bénéfices trimestriels est totalement contraire à l'approche de long terme dont nous avons besoin ». Et d'ajouter : « Une entreprise ne peut garantir ses projets à long terme si elle n'a pas de raison d'être et si elle ne prend pas en considération les besoins plus larges des parties prenantes. » Chiche !

Cela pose une question incontournable : si une partie des investisseurs mondiaux, qui représentent les intérêts des grandes institutions, de leurs clients et *in fine* des centaines de millions d'actionnaires et d'épargnants, considèrent désormais eux-mêmes que le court-termisme nous emmène tous dans le mur, que font-ils dès maintenant pour changer la situation ? Quels nouveaux types de critères de décision mettent-ils en place pour intégrer les impacts à long terme ? Quel est leur pouvoir de conviction vis-à-vis de leurs clients ? Quelles coalitions construisent-ils pour bâtir collectivement un cadre fondé sur une vision de long terme afin de se prémunir d'une concurrence fatale s'ils sont les seuls à penser au long terme ? À l'hystérie et à la myopie du court-termisme, il faut répondre par une sagesse collective qui regarde haut et loin, avec pour boussole ce que nous lèguerons aux générations suivantes. Comme celle des gouvernements, la responsabilité des grands investisseurs et des institutions financières est engagée.

Pendant longtemps, du fait de notre histoire occidentale, nous avons cru que capitalisme et démocratie étaient intrinsèquement liés. La Chine nous a prouvé le contraire. Elle a mis une forme de capitalisme économique au service du communisme politique. Le plus paradoxal, c'est que cette combinaison l'autorise à mener des stratégies de long terme plus aisément que les démocraties, soumises à la succession de cycles électoraux rapides, comme les entreprises cotées le sont à la dictature des résultats financiers trimestriels. En 1995, la Chine a annoncé ouvertement son plan stratégique à trente ans : dix ans pour devenir le meilleur *low cost* industriel du monde, dix ans pour nouer des partenariats de transfert de technologies avec les meilleures entreprises du monde dans chaque secteur (le nucléaire pour la France par exemple), et dix ans (ce dernier cycle n'est pas achevé) pour dominer économiquement le monde dans certains secteurs en exportant des produits à haute valeur ajoutée technologique. Cette vision à trente ans, ils l'ont accomplie. Pourquoi les démocraties et les entreprises ne pourraient-elles par rivaliser à armes égales avec la Chine ?

Que serait une finance durable ? Ce serait un système financier qui prendrait en compte les impacts écologiques et sociaux dans ses modes de décision et qui considérerait que le capital financier doit non pas détruire mais renouveler, renforcer et valoriser le capital naturel et le capital humain dont il dispose pour que sa performance globale soit durable. Une finance maîtrisée par une gouvernance responsable, qui deviendrait un moyen et non une fin.

Dans le secteur de l'investissement socialement responsable, en progression mais encore très minoritaire dans l'ensemble du secteur financier, et dont on pourrait espérer qu'il serve de laboratoire à l'évolution du modèle global, trois modes d'approches coexistent. Une partie des investisseurs commencent à intégrer les critères ESG (environnement, social, gouvernance) dans leur processus de décision pour les investissements, soit en adhérant à des normes mondiales, soit en les intégrant à leur gestion des risques. D'autres investisseurs recommandent plutôt de privilégier les placements dans des activités à caractère durable par nature, soit négativement en évitant d'investir dans certains secteurs tels que le tabac ou les armes, soit en investissant dans les énergies renouvelables. Certains enfin privilégient l'investissement dans des sociétés ayant pour but de générer un impact social ou environnemental (investissement dit « à impact »). Des agences comme Vigeo Eiris, créée par Nicole Notat, ont eu un rôle important en montrant que des outils de mesure permettent de prendre de décisions sur tous ces fronts.

Cependant, les gestionnaires de fonds ISR oublient ou minorent trop souvent la performance sociale et le développement du capital humain dans les critères de décision. Certains commencent à les prendre en compte, mais principalement au niveau local et interne. Sans qu'aucune norme référentielle commune se soit imposée, ils privilégient tel ou tel critère : conditions de travail, relations sociales, qualité du management, attractivité et rétention des talents, développement des compétences, égalité professionnelle entre les femmes et les hommes, bien-être et santé au travail. La mesure de la performance sociétale reste elle aussi largement sous-évaluée dans les entreprises : la prise en compte des droits humains dans les chaînes de valeurs et la sous-traitance mondiales, la mesure des impacts positifs et négatifs en termes d'emplois et d'insertion sociale dans les territoires d'implantation, le soutien aux minorités et aux communautés locales, le mécénat d'entreprise sont encore rarement considérés comme des critères de performance managériale.

Pour accélérer ce changement, les gouvernants doivent fixer une ambition à la hauteur des enjeux. Lors du centenaire de l'OIT à Genève en juin 2019, Emmanuel Macron a dénoncé les dérives d'un « capitalisme devenu fou », qui privilégie les ajustements économiques aux droits sociaux. Il a appelé au retour d'une économie sociale de marché où chacun trouve sa part, au lieu d'une captation des richesses par quelques-uns. Il a appelé tous les pays à se doter d'ici à 2030 d'un système de protection sociale pour tous et à instaurer un « ordre public social » incluant un salaire minimum. Avec la crise actuelle, ces ambitions deviennent une impérieuse nécessité pour sauver les conditions de vie, voire de survie des plus vulnérables, et assurer la cohésion sociale. Il nous faut agir à tous les niveaux simultanément : France, Europe, OCDE, G7, G20, Nations unies. Ne rien lâcher de ces ambitions, forcer le tempo pour en faire une réalité.

Le verdissement de l'économie passe aussi par la fiscalité internationale et l'aide au développement. À la demande du G20, les pays membres de l'OCDE et de nombreux autres qui souhaitent un cadre fiscal international pour mieux réguler l'économie mondiale, soit cent trente-sept pays au total, négocient actuellement le principe d'une taxe minimale dans tous les pays, qui permettrait notamment de financer les investissements nécessaires à la croissance verte, et, sujet emblématique essentiel, une taxe numérique pour faire participer les entreprises numériques à l'effort commun alors qu'elles échappent encore globalement à l'impôt, celui-ci étant historiquement fondé sur le concept d'implantation physique. C'est aussi au sein de l'OCDE que nous négocions les critères de l'aide au développement des pays riches envers les pays émergents, qui devraient prendre en compte progressivement l'abandon des énergies fossiles.

Un autre levier de changement de la finance est celui des normes comptables. Ce sujet, apparemment très technique au premier abord, est pourtant décisif : aujourd'hui, les banques évaluent les actifs d'une entreprise selon leur valeur marchande immédiate et ce que l'on appelle le capital n'est que le capital financier. Si une entreprise consomme son capital financier, elle doit se donner les moyens de le restituer, sinon elle est déclarée en faillite. Mais si elle consomme du capital naturel (air, sol, eau, biodiversité) ou si elle le dégrade, ou bien si elle dégrade du capital humain (santé physique et mentale, employabilité des salariés), elle n'est pas tenue pour responsable. En définitive, c'est finalement la puissance publique qui répare ou qui met en place les mesures de prévention.

Pour accélérer la transformation, nous devrions donc modifier les normes comptables au niveau européen pour intégrer ces dimensions. À l'heure actuelle, le travail humain et les ressources naturelles, lorsqu'elles sont payantes, ne sont considérées comptablement qu'en tant que coûts et charges. Elles sont donc perçues comme « jetables », remplaçables et sans valeur. Le capital naturel, c'est-à-dire les ressources du bien commun qu'est la nature, et le capital humain, c'est-à-dire tous les salariés car leur travail crée de la valeur, doivent être protégés, entretenus et valorisés. Jacques Richard, professeur à l'université Paris Dauphine, a simulé un modèle de comptabilité « *care* » qui redéfinit la structure du bilan comptable et ajoute, à côté du capital financier, le capital naturel et le capital humain. Une telle approche permettrait un pilotage global de la performance de l'entreprise et de la création de la valeur impliquant l'ensemble des parties prenantes et pas seulement les actionnaires. Il faut radicalement changer d'approche au niveau de l'entreprise.

« L'entreprise, objet d'intérêt collectif »

Disons-le clairement : les ressources naturelles sont un bien commun et peuvent être « prêtées » par la collectivité à l'entreprise à condition que celle-ci les protège et les renouvelle. Les personnes sont des ressources et non pas des dépenses ou des charges. On ne réussit pas avec le seul capital financier, c'est la nature qui nous offre des possibilités de développement, et ce sont les personnes qui créent de la valeur. Regarder le capitalisme sous cet angle est la condition nécessaire à sa durabilité ainsi qu'à sa transformation profonde.

Nous sommes très loin d'un consensus sur cette vision. Seules des coalitions d'acteurs déterminés, agiles et constructifs pourront repousser les murs que nous nous sommes construits au fil des décennies : des coalitions de bonne volonté entre gouvernants, élus locaux, investisseurs, entreprises, syndicats, associations et ONG, jeunes et adultes, femmes et hommes, acceptant les débats et les contradictions, et dont le courage collectif sera à la hauteur du défi de l'action résumé par Confucius et rappelé par Churchill : « Lorsque tu fais quelque chose, sache que tu auras contre toi ceux qui voudraient faire la même chose, ceux qui voulaient faire le contraire, et l'immense majorité de ceux qui ne voulaient rien faire. »

Sur le plan juridique et des normes, la France a été souvent précurseure. Dès 2001, avec la loi NRE (« nouvelles régulations économiques »), les entreprises ont dû publier des informations environnementales et sociales dans leurs rapports de gestion. En 2015, suite à la COP 21, les entreprises ont eu l'obligation de faire un vrai *reporting* sur l'ESG. Depuis 2017, avec la loi sur le devoir de vigilance, elles doivent mettre en place des dispositifs afin de prévenir les risques en matière de droits humains entre les donneurs d'ordre et les sous-traitants.

Nous avons voulu aller plus loin. En 2018, suite à une mission sur l'évolution de l'entreprise qui leur a été confiée par le gouvernement, Nicole Notat, et Jean-Dominique Senard, alors président du groupe Michelin, nous ont remis leur rapport, « L'entreprise, objet d'intérêt collectif », après une large consultation. Ils ont explicité les dangers du court-termisme et de la financiarisation, la nécessaire valorisation de la participation de l'entreprise à l'intérêt collectif, les enjeux importants dans les domaines environnementaux et sociaux sur lesquels beaucoup d'entreprises étaient prêtes à s'engager mais aussi l'inadaptation du droit des sociétés à cette réalité des entreprises.

Les propositions de ce rapport ont largement nourri la loi PACTE (plan d'action pour la croissance et la transformation des entreprises) de 2019, qui a fait évoluer le Code civil : son article 1833 affirme désormais que « la société est gérée dans son intérêt social en prenant en considération les enjeux sociaux et environnementaux de son activité ». Ce principe de responsabilité semblera un jour de bon sens mais il fut l'objet de très vives discussions avec les organisations patronales.

L'article 1835 du Code civil a également été modifié pour permettre aux entreprises d'introduire « une raison d'être » dans leurs statuts. Une raison d'être, cela signifie que la finalité de l'entreprise n'est plus seulement d'augmenter la profitabilité pour ses actionnaires, mais qu'elle se fixe librement des objectifs en matière sociale, sanitaire ou environnementale – objectifs qu'elle définit avec ses actionnaires, ses salariés et ses parties prenantes. La même loi leur permet aussi de se constituer en « entreprise à mission », en s'inspirant des exemples du droit des pays nordiques et des États-Unis. L'entreprise à mission signifie que l'entreprise inscrit ses objectifs environnementaux et/ou sociaux dans ses statuts et qu'elle accepte d'être jugée sur ces résultats qui auront autant de valeur que ses résultats financiers.

J'échange régulièrement avec le « club » de la trentaine d'entreprises à mission qui s'est constitué :

organismes mutualistes et PME familiales, les profils sont variés. Leur enthousiasme à essayer d'inventer un nouveau modèle n'est pas exempt de défis et de contradictions, c'est un véritable « laboratoire » de l'évolution de l'entreprise.

Il faudrait aussi s'inspirer des pratiques d'autres pays. En Allemagne par exemple, de nombreuses grandes entreprises appartiennent à une fondation, ce qui leur apporte une vision à plus long terme, et a contribué au maintien d'un secteur industriel plus puissant qu'en France.

La tension entre le court terme et le long terme, notamment en cas de hiatus entre l'économique et le social, reste une réalité qui nous oblige à imaginer de nouvelles réponses. Par exemple, lorsque l'entreprise est en grande difficulté, plutôt que de licencier avec un coût humain élevé pour les salariés, une perte de compétences pour les entreprises et un coût financier pour l'assurance chômage, l'intervention publique gagnerait à intervenir en amont pour financer les formations de reconversion en demandant à l'entreprise de conserver les salariés en emploi. Dans le cadre de la crise de la Covid-19, c'est ce que nous avons prévu en permettant le financement de formations par le fonds national de l'emploi (FNE) du ministère du Travail pendant les périodes d'activité partielle, ou encore dans le dispositif d'activité partielle de longue durée APLD. Cela suppose une évolution forte des mentalités : investir sur les compétences en période de crise paraît contre-intuitif à beaucoup, c'est pourtant exactement ce qu'il faut faire. Cependant, de façon plus structurelle, les entreprises devraient provisionner les moyens nécessaires au maintien et au développement de l'employabilité de leurs salariés.

Le rôle majeur de l'Europe

De son côté, l'Union européenne se positionne désormais très clairement sur la finance verte et l'investissement dans les compétences. Les pays européens se sont engagés à atteindre la neutralité carbone d'ici à 2050 et à réaliser les ambitions de l'accord de Paris d'ici à 2030, c'est-à-dire la réduction de 40 % des émissions de gaz à effet de serre. Nous sommes encore loin de cette trajectoire mais les instruments de mesure existent et les plans d'action se renforcent. Le 14 janvier 2020, la Commission a présenté au Parlement européen un plan de 1 000 milliards d'investissements sur dix ans, le Green Deal, pour la transition écologique, dont 100 milliards sont consacrés aux aspects sociaux et humains.

L'Europe gagnerait à pousser encore plus loin un modèle économique respectueux du climat, de l'intérêt des salariés, des territoires et des citoyens. Un modèle européen qui se distingue du capitalisme anglo-saxon classique comme du capitalisme d'État chinois. Avec une taxe carbone aux frontières, un socle partagé de droits sociaux qui évite le *dumping* social interne, l'Europe pourrait aider ses entreprises à être compétitives mondialement tout en équilibrant mieux les impératifs économiques, écologiques et sociaux.

Les défis de l'évolution des entreprises

La convergence de trois défis, protéger et valoriser l'humain, préserver le patrimoine naturel commun et mobiliser le capital financier, permettra une croissance juste et pérenne. Cette transformation du capitalisme passe aussi et immédiatement par l'évolution des entreprises.

Pendant et à la sortie de la crise de la Covid-19, trois défis se posent à elles simultanément : comment développer un modèle économique et social résistant et résilient sur le long terme, en particulier dans les secteurs fortement touchés par la crise épidémique ? Comment mener la transition écologique ? Comment mener la transformation numérique ? Jamais dans l'histoire autant de changements aussi profonds n'ont concerné dans un délai aussi rapide l'ensemble du secteur productif.

La transition écologique concerne en effet le cœur du modèle de production et de commercialisation des entreprises de très nombreux secteurs : agriculture, agroalimentaire, énergie, industrie, bâtiment, travaux publics, tourisme, transports, gestion de l'eau et des déchets, recyclage… La transition numérique concerne la totalité des entreprises, quelles que soient leur activité, leur taille et leur localisation. Dans toutes mes discussions fréquentes avec différents réseaux d'entreprises de toute la France, je constate cette prise de conscience de l'accélération du changement, perçu comme un mélange d'opportunités et d'inquiétudes.

Pour soutenir ces transformations dès l'origine, les enjeux d'éducation et de formation seront largement à revisiter, dans leurs contenus comme dans leurs méthodes d'apprentissage.

Deux exemples le montrent. Il y a dix ans, j'avais d'abord été sensibilisée aux approches de l'agriculture biologique et de la permaculture par ma fille qui avait passé plusieurs mois en woofing dans le Sud de la France, puis un an dans un vaste projet de permaculture d'arbres fruitiers porté par l'ONG Naandi sur le plateau du Dekkan en Inde. Travaillant dans le secteur agroalimentaire, je m'étais intéressée à la diversité des approches en agroécologie et en agriculture raisonnée. Lorsque je fus élue présidente du conseil d'administration d'AgroParisTech, l'Institut des sciences et industries du vivant et de l'environnement, reconnu comme la meilleure école d'agronomie en France, j'appris que tous les cours sur la composition des sols avaient été supprimés depuis des années : le sol n'était plus considéré comme un allié, comme une ressource précieuse et vivante à entretenir de façon durable, mais comme une base neutre sur laquelle il fallait apporter les intrants chimiques nécessaires à son exploitation. Aujourd'hui, cette grande école publique d'ingénieurs et de chercheurs affirme son ambition de « nourrir durablement les hommes en gérant les ressources naturelles, en innovant et intégrant la bioéconomie ». Mais il est fort probable que l'ensemble des contenus de formation sur l'économie, l'écologie et le social au collège, au lycée, à l'université, en écoles d'ingénieurs et de commerce nécessitera un réexamen, qui a commencé mais n'est pas encore généralisé.

Le deuxième exemple est évidemment l'enseignement numérique à distance et à la maison, forcé par le confinement. Les risques d'inégalités sociales et de décrochage scolaire de certains élèves sont patents. Cependant, cette expérimentation grandeur nature pourrait aussi être l'opportunité d'explorer comment la ressource d'un système hybride présentiel/numérique permettrait de développer un accompagnement sous forme de tutorat plus personnalité pour les élèves en difficulté, et d'enrichir notre modèle éducatif. Certains pays nordiques réfléchissent à ce sujet.

J'ai longuement parlé de la transformation écologique. La numérisation de l'économie et l'irruption de l'intelligence artificielle, déjà inéluctables avant et accélérées de façon irréversible par la crise de la Covid-19, auront, quant à elles, des conséquences sur le futur du travail aussi importantes que la révolution industrielle au XIXe siècle, ou que l'arrivée de l'électricité à l'orée du XXe siècle. Ce n'est pas seulement le contenu de l'activité qui sera concerné, mais la nature même de la création de valeur. La révolution du travail s'accélère.

Certains métiers vont être fortement impactés par l'IA : les travailleurs de l'industrie et de la logistique, en particulier pour toutes les tâches routinières facilement automatisables, mais aussi des métiers à haute qualification. Ainsi, les scientifiques pourront faire établir par l'IA leurs protocoles de recherche. Les avocats pourront s'appuyer sur de très larges bases de données modifiant une partie significative de leur travail. De nombreux emplois seront créés en matière scientifique, de gestion sophistiquée de données ou d'expertise en apprentissage automatique afin d'établir des programmes de *machine learning*. En revanche, certaines activités seront peu impactées qualitativement et continueront à croître en nombre : les métiers de relations humaines, de la santé et des services à la personne, et ceux qui reposent sur la créativité et l'ingéniosité humaines. Selon l'OCDE, le solde net d'emplois devait être neutre, les emplois supprimés étant compensés par les emplois créés, mais au prix d'une mutation sectorielle et d'une mobilité professionnelle d'ampleur inédite.

Quel sera l'impact de l'intelligence artificielle sur la productivité et sur ce qu'on a coutume d'appeler la relation homme-machine ? Les experts estiment que l'IA va accroître la productivité globale d'un tiers d'ici à 2035, par l'effet de l'automatisation et de la réduction du besoin de contrôle humain sur les systèmes. Fait encourageant pour l'emploi, il semble que le binôme humain-intelligence artificielle soit plus efficace que la seule automatisation. Ainsi, BMW a augmenté de 85 % la productivité de ses sites industriels en combinant les deux. À la différence de l'ordinateur tel que nous le connaissons, l'IA peut réaliser des tâches complexes mais ne peut pas reproduire la créativité et la relation humaine.

Cela demandera un effort très important au système éducatif, qui devra devenir un lieu où l'esprit d'équipe, la coopération, la créativité, l'imagination et la recherche de solutions devront être valorisés et développés, et moins la reproduction conforme de modèles cognitifs préétablis.

La vitesse d'évolution des savoirs et des cursus de formation devra également nous amener à remettre en cause le fétichisme du « diplôme à vie », c'est-à-dire d'un déterminisme de la trajectoire professionnelle de la vie entière fondée sur la scolarité initiale, singulièrement prégnant en France, et nous apprendre à construire avant tout sur le désir, la motivation et l'ensemble des qualités de chacun. La « diplômite » française ne reconnaît qu'une seule forme d'intelligence et de succès. Elle fige les trajectoires et les possibilités d'évolution pour les diplômés, et de façon bien plus grave encore pour les autres. Elle n'est plus adaptée à un monde en constante et rapide évolution.

L'enjeu des compétences de tout ordre, déjà essentiel, va donc encore s'accentuer. Le risque d'un décrochage durable d'une partie de la population par rapport au travail existe, mais n'est pas une fatalité, y compris dans l'accès de tous aux compétences numériques. Tout dépendra de la volonté des pouvoirs publics et des entreprises de maintenir voire d'intensifier le soutien social et l'investissement massif dans les compétences que nous avons lancé.

Parmi les risques majeurs, l'OCDE estime que seuls 11 % des adultes ont aujourd'hui une maîtrise de la langue supérieure à celle d'un système expert en IA. Là aussi, le défi des compétences pour tous devient crucial. Bâtir une société inclusive, ce qui me paraît le fondement même de la cohésion sociale et de notre capacité à maintenir nos démocraties, va donc devenir une nécessité impérieuse. Cette cohésion sociale est le résultat d'un équilibre fragile à reconstruire en permanence. Le risque d'archipellisation et de tension entre groupes sociaux, ethniques, générationnels et territoriaux est ancien et profond. La démocratie tient à notre capacité de recoudre en permanence le tissu social qui se déchire et à inventer de nouvelles solidarités.

Dans un contexte de modification substantielle du marché du travail, la protection de l'employabilité de chacun et non des emplois existants est de loin la plus pertinente. L'approche danoise « Protéger les travailleurs, pas les emplois » est plus adaptée que l'approche française. En France, protéger les emplois veut souvent dire protéger les emplois tels qu'ils sont et remettre les décisions à plus tard, créant ainsi les conditions d'une plus grande complexité et de drames sociaux ultérieurs. Pour les partenaires sociaux des pays nordiques, les Danois en particulier, protéger l'emploi c'est protéger la personne en lui donnant les moyens de se former à tout moment, de se reconvertir au sein de l'entreprise comme au-dehors. C'est ce que nous avons commencé à construire. La mise en place du PIC et du compte personnel de formation a été une avancée majeure à ce titre. Entreprises et pouvoirs publics devront coopérer pour intensifier ce type d'approches.

La numérisation de l'économie combinée aux mesures de protection sanitaire porte en germe de fortes évolutions de l'organisation du travail. Tout d'abord, la généralisation probable d'un mix de présentiel et de télétravail pour le tiers des salariés dont l'activité le permet, et la refonte en conséquence de la gestion des emplois du temps et des espaces de travail, comme des modes de management. Ensuite, l'accroissement déjà manifeste du nombre d'autoentrepreneurs qui, pour la plupart, ne souhaitent pas devenir salariés mais demandent à juste raison une meilleure protection. Nous avons commencé à définir ce cadre en matière de formation, de sécurité au travail et d'assurance chômage. Il faut aller plus loin par la voie de la négociation collective et de l'évolution des normes européennes. La précarisation accrue par la crise de la Covid-19 rend plus urgent encore ce chantier pour l'agenda social européen.

Les chantiers du futur du travail

L'art de l'entrepreneur devient l'art de la transformation. La culture entrepreneuriale et la culture du changement vont devoir se combiner pour absorber la double transformation écologique et numérique. Malgré l'ampleur de ce défi, il n'épuise cependant pas la question du futur du travail. Sur le plan humain, cinq chantiers me paraissent également indispensables.

La question du sens au travail

Le management de demain devrait être un management centré et porteur de sens pour être légitime. Il y a une quinzaine d'années, Jérôme Duval-Hamel, Renaud Sainsaulieu, Éric Albert, Franck Bournois, Sylvie Roussillon et Jacques Rojot publiaient un ouvrage collectif intitulé *Pourquoi j'irais travailler ?*. Ce fut un best-seller. Aujourd'hui une majorité de jeunes ne veulent plus travailler en grande entreprise, ni d'ailleurs forcément davantage dans la fonction publique. Leur demande de sens porte d'une part sur la finalité de l'entreprise, sa raison d'être, et d'autre part sur la qualité des relations et des organisations du travail. Ils aspirent en outre à un management beaucoup plus « coaching » que hiérarchique et pyramidal, et à une certaine cohérence entre les valeurs affichées et les actes. Le sens même du travail, le « pourquoi on se lève le matin » est devenu très important chez les jeunes, mais il s'est également accru chez de nombreux adultes à l'épreuve du confinement, comme on le constate à travers les projets de reconversion volontaires rendus possibles notamment par le CPF. Le confinement a révélé au grand jour qu'une partie des réunions et des déplacements étaient inutiles, et qu'inversement la convivialité était nécessaire et participait de la performance sociale. Demain, malgré la crise, pour attirer et recruter, il faudra proposer un management qui mobilise les salariés autour d'un sens qui se construit avec eux et avec l'ensemble de l'écosystème de l'entreprise.

Antoine Riboud, dans un discours prononcé à Marseille en 1972 qui avait choqué une majorité de dirigeants patronaux, disait déjà : « La croissance ne devra plus être une fin en soi mais un outil qui, sans jamais nuire à la qualité de la vie, devra au contraire la servir. »

L'impératif de diversité

Depuis quatre ans, je n'ai eu de cesse d'inviter les entreprises à ouvrir leurs « chakras » : à oser embaucher des jeunes, à payer les femmes autant que les hommes, à intégrer des salariés issus de la diversité qui représentent le pays.

Les entreprises ne peuvent pas en même temps déplorer qu'elles ne trouvent pas les ressources dont elles ont besoin tout en continuant à rémunérer les femmes 9 % de moins que les hommes pour le même travail et à leur proposer de bien moindres perspectives de carrière. L'index égalité hommes-femmes que nous avons mis en place en 2010 est désormais généralisé et les entreprises doivent atteindre l'égalité professionnelle d'ici à trois ans : l'obligation peut devenir une chance pour les entreprises qui, à l'instar des premières, décideront de faire de l'égalité un outil d'attractivité des talents.

Sur la diversité sociale et ethnique, la France n'est pas à la hauteur. Il y a clairement des discriminations à l'embauche, conscientes ou inconscientes. Des initiatives comme celles de Mozaïk RH, cabinet de recrutement axé sur la diversité fondé par Saïd Hammouche, démontrent ces biais à l'embauche, mais aussi la valeur ajoutée de la diversité pour l'entreprise. On peut ajouter la discrimination géographique, qui se cumule avec la plus faible qualification et la ségrégation sociale : les habitants des quartiers populaires, « QPV » (quartiers prioritaires de la ville) en zone urbaine et « ZRR » (zone de revitalisation rurale) à la campagne, ont deux fois moins de chances d'être embauchés que les autres, dans toutes les catégories d'âge confondues. Même chose pour le handicap. Nous avions une des législations les plus avancées il y a trente ans, sauf que la loi a autorisé un choix pervers : les entreprises doivent soit embaucher des personnes en situation de handicap soit payer une contribution à un organisme paritaire spécialisé. Le résultat est que 40 % des entreprises préfèrent payer une « amende » plutôt que de trouver des solutions pour s'adapter sans réaliser que les personnes handicapées sont des ressources avec une motivation, un appétit et une volonté de s'insérer qui crée de la valeur dans l'entreprise, comme en témoignent celles qui ont franchi le pas.

Le sujet des biais discriminants inconscients demandera également une grande vigilance dans les algorithmes d'IA en matière de gestion de ressources humaines, comme l'a montré Aurélie Jean, enseignante au MIT, leurs modèles prédictifs étant fondés sur les occurrences passées. Sans une action volontariste, les femmes et les candidats issus de la diversité continueront d'être pénalisés, sous-estimés et discriminés.

Le dialogue social et économique

Le troisième enjeu est de développer un dialogue social et économique plus ambitieux et plus fluide en s'appuyant sur la liberté donnée aux acteurs dans les ordonnances travail de 2017. L'attente est forte dans certains domaines, notamment sur la question de la santé et du bien-être au travail, et son rapport avec l'efficacité et la performance. Dans notre rapport « Bien-être et efficacité au travail » de 2010, Henri Lachmann, Christian Larose et moi avions montré leurs liens étroits. Le sujet de la santé au travail réconcilie le social et l'économique.

Les risques de stress, de burn-out ou de harcèlement représentent un lourd coût humain et pourraient ainsi être traités préventivement. Le bien-être et la fierté des salariés au travail signifient aussi la valorisation de la principale ressource de l'entreprise, le capital humain. C'est un investissement qui génère un retour sur le plan de l'engagement, et donc de la performance.

La cohérence de la gouvernance

Le quatrième enjeu est celui de la cohérence de la gouvernance. Le montant extrêmement élevé de la rémunération des dirigeants des grands groupes internationaux, lequel a crû fortement depuis une vingtaine d'années, a été paradoxalement renforcé par les obligations de transparence qui ont amené les dirigeants à se comparer entre eux. Dans de nombreux pays, l'ampleur de l'écart entre les rémunérations les plus élevées et les plus basses est perçue comme injustifiable aux yeux des salariés. Le « marché du travail » des dirigeants étant par nature international, introduire une règlementation limitative dans un seul pays y pénaliserait l'attractivité des talents et le maintien d'une partie des sièges sociaux. La solution pour une régulation de nature normative ou fiscale ne peut être trouvée que sur le plan international et singulièrement européen. Avant tout, ce sont aux assemblées générales d'actionnaires de se saisir du sujet, à l'instar de certaines d'entre elles qui ont récemment limité les augmentations de rémunération de dirigeants ou suspendu certains émoluments en raison de la crise. En outre, accroître le nombre de femmes et de représentants des salariés dans les conseils d'administration, les conseils de surveillance et les comités de rémunération serait de nature à limiter les excès en opérant une pression et une régulation internes.

Afin d'être cohérents et efficaces pour accompagner la transformation du modèle, les critères d'évaluation de la performance des dirigeants devront demain prendre en compte les performances sociales et environnementales au lieu de la seule performance financière, à l'instar de ce que nous avions expérimenté chez Danone avec des rémunérations variables fondées sur trois critères : objectifs économiques et financiers, objectifs écologiques (baisse d'émissions de CO_2) et sociaux (baisse des accidents au travail) et objectifs de management et d'innovation. Les résultats ont été largement probants. Il faudra aussi introduire dans la rémunération des actionnaires (les dividendes) comme dans celle des dirigeants une part significative de résultats et de mesure d'impacts à moyen et long terme.

Le très faible nombre de femmes dans les comités exécutifs et comités de direction est aussi un signe d'incohérence injustifiable au regard de la performance constatée, des discours égalitaires tenus et des viviers de ressources désormais disponibles. L'application de l'index Égapro doit permettre de faire des progrès.

Enfin, la généralisation de l'intéressement, de la participation et de l'actionnariat salarié permettra de distinguer les entreprises « modernes », qui considèrent qu'elles appartiennent aussi en partie à leurs salariés et pas seulement à leurs actionnaires.

On le voit, les enjeux de gouvernance sont et seront centraux pour refonder la place de l'entreprise dans la société et attirer les jeunes de demain.

L'entreprise, cœur d'un écosystème

Le cinquième et dernier enjeu est de considérer l'entreprise non pas comme une « île » mais comme le cœur d'un écosystème de parties prenantes : actionnaires, salariés, clients, fournisseurs, collectivités locales, acteurs du territoire, société civile... L'apprentissage de la coopération transversale et du travail en réseau sera essentiel à la performance durable de l'entreprise de demain, en particulier pour la gestion des ressources naturelles et du capital humain.

En résumé, la période est à la fois extrêmement difficile, intéressante et déterminante pour l'avenir de la régulation mondiale du capitalisme et la transformation des entreprises.

La crise de la Covid-19 amplifie les fractures et les contradictions, intensifie les inégalités et les fragilités, dévoile de nouvelles pratiques et suscite de nouvelles attentes. Comme tous les bouleversements, elle comporte aussi le risque de fragiliser nos démocraties.

12

Avec et pour, éloge de la citoyenneté

« Je ne suis ni Athénien, ni Grec, mais un citoyen du monde. »

Socrate

Juillet 2018. Dans une cuisine jaune et bleu, nous entamons un long et passionnant débat sur l'avenir du dialogue social et économique. Nous sommes quatre, assis autour de tasses de thé et de café fumantes pour le petit déjeuner : le patron des patrons, le leader des syndicats, un journaliste et moi. Liberté de pensée et de parole, écoute mutuelle, partage des interrogations sur le futur, débat animé sur les solutions. Sans conseillers. Sans officiers de sécurité. Sans intrusions. Et pourtant, ce petit déjeuner est au programme officiel, publié dans la presse, et il nourrira mes propos à la télévision le soir même.

Où sommes-nous ? Pas en France. J'en rêverais. Nous sommes à Visby, sur l'île de Gotland en Suède. Plus de quarante mille Suédois s'y retrouvent chaque année pendant une semaine début juillet. Olof Palme a initié il y a cinquante ans ce temps fort qui nourrit et fait vivre la démocratie suédoise. Les partis politiques, les syndicats, les organisations patronales, des entreprises, des ONG, des médias, des étudiants, des lycéens, des militants de tous types et de simples citoyens envahissent les rues, les pelouses et les maisons ouvertes de ce petit village pour débattre entre eux. De façon organisée, annoncée en avance, comme de façon spontanée et improvisée. Almedalen, c'est un mélange de festival d'Avignon « on » et « off », de Woodstock et d'université d'été politique qui serait transpartisane, mêlant toutes les obédiences et le grand public. La « Semaine Almedalen », c'est un condensé d'intelligence collective, un véritable laboratoire de la démocratie vivante. Et pour une ministre française qui fait partie des rares invités étrangers, une respiration pour débattre et réfléchir collectivement sans les contraintes et limitations du quotidien.

Les enjeux de préservation et de renouvellement de nos démocraties en période de crise sont nombreux, mais la priorité me paraît de retrouver et d'inventer des espaces de débats citoyens. La démocratie, c'est faire société ensemble. La démocratie, c'est définir ensemble les règles et les solidarités, les droits et devoirs de chaque citoyen. C'est expérimenter à chaque instant la richesse et les conditions à réunir pour bâtir des liens sociaux de qualité différents de ceux que nous avons avec nos proches, nos amis, notre famille et nos collègues. C'est vivre les contradictions et la fécondité du débat public. C'est oser imaginer ensemble des possibles inédits et les mettre en œuvre.

Des laboratoires de démocratie directe fondés sur le débat entre les parties prenantes existent dans d'autres pays, par exemple en Suisse. Ce modèle démocratique est stimulant pour notre réflexion car il est à l'opposé du modèle français, et les forces et faiblesses respectives de nos deux systèmes sont inversées. En Suisse, le mouvement part d'en bas, avec des débats et l'implication des citoyens à tous les niveaux. Le niveau cantonal est la base du système, et les « votations » en sont un des aspects importants, ainsi que les budgets participatifs d'initiative citoyenne. L'implication des citoyens dans les questions relatives à la vie de la cité est forte. Une instance de gouvernance composée d'un conseil de sept conseillers fédéraux, qui se succèdent à la présidence chaque année et prennent des décisions collégiales, est inconcevable dans un pays comme la France. Il ne constitue pas toujours le meilleur instrument lorsqu'il s'agit de prendre des décisions nationales rapidement, mais pour nous qui connaissons les forces et les limites d'un État omniprésent et d'un régime présidentiel, nous aurions beaucoup à en apprendre.

Il est difficile de voir comment une démocratie pourrait rester robuste, solide sur ses fondamentaux, sans s'appuyer sur les citoyens, notamment dans une époque frappée par la peur du futur et la crise de la représentativité. L'adhésion individuelle de la majorité des citoyens à nos valeurs républicaines est essentielle mais ne suffit pas à traverser les tempêtes si elle n'est pas accompagnée d'une pratique concrète et partagée de ce que signifie la citoyenneté.

Gabriel, le fils d'une amie, qui a 9 ans, me demande sans cesse : « Mais comment on fabrique la loi ? » Question légitime que se posent beaucoup de citoyens. Cela me rappelle la première mention de la loi faite par mon fils lorsqu'il était en grande section de maternelle. Un jour, il revient tout fier de l'école et me dit : « Aujourd'hui, on a voté une loi. » « C'est quoi, une loi ? » lui demandé-je. Il prend le temps de réfléchir : « Eh bien, c'est quand on décide tous ensemble d'une règle, et puis qu'on est tous d'accord et qu'on la respecte. » Je pousse plus loin : « Et vous avez voté quoi, comme loi ? » ; « On a voté que si on a envie de lancer une pierre sur un copain qui nous énerve, on pose la pierre et on la met sur le tas de cailloux sous l'escalier. » Il sourit : « On a voté aussi une deuxième loi : et si par hasard j'ai quand même un caillou dans ma main, je le remplace par une balle en mousse et je peux la lancer sur le copain. » Après avoir admiré le talent de la maîtresse pour lutter contre les violences à l'école, je me dis que l'éducation à la citoyenneté commence là, dès lors qu'on débat et définit les règles de la vie en société, à échelle humaine.

La démocratie citoyenne encore à inventer

De prime abord, la démocratie citoyenne directe semble le point faible du système français. La parole des citoyens est structurellement peu entendue malgré l'appétence de nombreux citoyens à participer à la vie de la cité. Les sapeurs-pompiers sont pour beaucoup bénévoles, le service civique attire de nombreux jeunes, la réserve citoyenne est en expansion et le secteur associatif est très dynamique, notamment grâce à ses treize millions de bénévoles, sans compter les sept autres millions de Français qui, selon une étude de France Bénévolat de 2019, se déclarent engagés dans des actions de solidarité de proximité en dehors d'une structure, ou militent pour une cause ou dans une organisation syndicale, politique ou religieuse. Au total, près de quatre Français sur dix de plus de 15 ans participent concrètement à une action au service du bien commun. Il est erroné de penser que les Français seraient ou seraient devenus purement individualistes. Cependant, l'expression politique de cette appétence pour la démocratie citoyenne directe reste très ténue. Les consultations citoyennes et les pétitions en ligne sur Change.org se multiplient, mais sans satisfaire pleinement le désir de façonner ensemble notre société. Les partis sont perçus comme des machines à gagner (ou à perdre) des élections, pas comme un moyen de faire société pour trouver ensemble des solutions aux problèmes rencontrés.

J'ai néanmoins apprécié les moments vifs et vivants de débat direct avec les citoyens les plus motivés partout dans les territoires, à l'occasion de mes nombreux déplacements, lors du grand débat national qui a suivi le mouvement des Gilets jaunes, ou encore lors des meetings électoraux de la campagne européenne et de la campagne municipale, où je suis allée soutenir certains de nos candidats de la majorité présidentielle. Les meetings avec les JAM (Jeunes avec Macron) étaient particulièrement toniques, comme l'EuroJAM qui a eu lieu le 2 mars 2019 dans la Somme. Ils avaient pris l'habitude de m'accueillir en imitant ma posture en équilibre dynamique parue dans l'article de *Paris Match* et en lançant « 1, 2, 3, Pénicaud ». L'humour n'est pas antinomique avec la politique, c'est sur le plan humain rassurant pour la démocratie.

La démocratie représentative au défi de l'accélération du temps

La démocratie représentative fondée sur l'élection par le peuple de ses représentants pour gouverner et légiférer est l'un des aspects les plus structurants de la démocratie. C'est la colonne vertébrale de notre système de gouvernance collective. J'en ai souvent débattu avec Richard Ferrand, le président de l'Assemblée nationale. Mais dans un monde où les changements sont très rapides et où la tyrannie de l'instant envahit les médias et les réseaux sociaux, la délégation de pouvoir des citoyens à ceux qu'ils élisent pour quatre, cinq ou six ans, président, parlementaires et élus territoriaux, n'est plus suffisante et génère une désaffection croissante envers le processus électoral, comme on le voit d'élection en élection. Cela se vérifie même désormais aux élections municipales qui suscitaient auparavant le plus de participation électorale avec l'élection présidentielle. Une des raisons de ce désamour est peut-être que la réforme des institutions locales n'est pas allée jusqu'au bout : les citoyens élisent un maire, mais les compétences et décisions les plus importantes ont été transférées aux métropoles, agglomérations et communautés de communes, dont les présidents ne sont pas élus au suffrage universel direct. Le regroupement avait du sens, mais le système électoral aurait dû être réformé en conséquence.

Cette désaffection vis-à-vis du vote, qui s'intensifie dans toutes les démocraties comme si nous avions oublié la grande victoire qu'a représenté le droit de vote pour tous, notamment les femmes pour lesquelles il est récent (à qui il n'a été accordé qu'en 1944 en France !), fragilise en partie la légitimité de celles et ceux qui ont été élus, et donc les fondations de notre démocratie.

La démocratie sociale à renforcer

La troisième dimension, c'est la démocratie sociale, qui est fondée sur la représentativité et le rôle des partenaires sociaux patronaux et syndicaux. Certaines de leurs organisations, mais pas toutes, subissent elles aussi une certaine désaffection des salariés et des entrepreneurs vis-à-vis des élections et du militantisme, notamment chez les jeunes. Le dialogue social structuré dans l'entreprise ou dans une branche professionnelle est indispensable. Cependant, la démocratie ne peut pas se bâtir sur la méfiance et l'avalanche de textes mal ou peu appliqués du fait de leurs excès même. Une démocratie qui ne donnerait pas aux acteurs économiques et sociaux directement concernés la capacité d'innover et de trouver des solutions par la négociation, et qui ferait reposer l'intégralité de la norme sociale sur le réglementaire décidé par l'État, se mettrait elle-même en danger à terme. C'est ce que nous avons modifié substantiellement dans les ordonnances travail, avec pour finalité de donner plus d'espace au dialogue social et économique entre acteurs de terrain.

Démocratie représentative essentielle mais peu à peu délaissée par de nombreux électeurs, démocratie sociale longtemps entravée et sous-estimée, démocratie citoyenne trop souvent ignorée : ces trois formes de démocratie sont souvent mal articulées entre elles : elles s'ignorent ou s'opposent. Plus que jamais en période de crise, dans un pays comme la France où le pessimisme et l'anxiété sont plus répandus qu'ailleurs, nous avons besoin d'une démocratie forte. Mais la démocratie est-elle le système le plus robuste en temps de crise ?

Les défis de notre avenir démocratique

La démocratie demande du débat contradictoire, du temps pour atteindre un consensus, de la maturation collective des idées et des projets, autant de choses antinomiques avec la nécessité de prendre des décisions rapides et vigoureuses en temps de crise. Le monde étant désormais promis à des crises de tous ordres à répétition, le champ des pratiques démocratiques risque de diminuer sur la planète, renforçant les tentations autoritaires. Lois d'urgence qui durent, restrictions des libertés publiques pour sauver des vies... Dans tous les pays où elle est en vigueur, la démocratie est questionnée par la nécessité antinomique d'une efficacité dans la gestion de crise. Les injonctions et les attentes contradictoires se multiplient.

Il faudrait pouvoir prévoir « en temps de paix » les modalités démocratiques de la gestion des crises, débattre et inventer ensemble des manières d'articuler participation des citoyens, unité d'action et rapidité de décision, à commencer par le niveau local. Pourquoi ne pas imaginer des modalités de gestion de crise convenues à l'avance et utilisant des protocoles de concertation accélérée comme nous l'avons improvisé sur le chômage partiel et les protocoles sanitaires ? Car il y aura d'autres crises sanitaires, écologiques, économiques, sociales. La France est un pays démocratique avec un État puissant et centralisé. Mais il ne peut pas tout résoudre tout seul, même si le vertige du pouvoir et la tentation de l'omnipotence guettent parfois. Alexis de Tocqueville disait déjà : « La plupart estiment que le gouvernement agit mal mais tous pensent que le gouvernement doit sans cesse agir et mettre à tout la main. » Apprenons à sortir de ce cercle qui laisse citoyens et gouvernements déçus, et parfois amers ou en colère.

La parité

Cela commence par une question décisive, point aveugle de la plupart de nos démocraties : faudra-t-il attendre cinquante ans pour que les femmes soient à parité dans toutes les instances de gouvernance afin d'y apporter leur regard indispensable au changement du monde ? Plusieurs gouvernements des pays nordiques, le Parlement français et récemment l'administration Biden témoignent d'un véritable changement qui je l'espère portera ses fruits en apportant des modèles d'identification positive aux jeunes filles et jeunes femmes, mais aussi par leur contribution décisive à la société. Nous serons attentives et attentifs à la réalité de la place des femmes dans les instances de gouvernance territoriales, nationales et mondiales. C'est une condition nécessaire et essentielle à l'exercice démocratique. Nous serons attentives et attentifs également à la composition réelle des cercles de pouvoir, de décision et d'influence, qui n'apparaissent pas toujours dans les organigrammes des gouvernements ou des institutions. Le combat est loin d'être gagné. Il est essentiel pour les générations qui nous suivront. Il est crucial de le mener immédiatement pour sortir par le haut de cette crise.

La loi du plus fort numérique ?

L'omnipotence supranationale des grandes plateformes de réseaux sociaux pose une question redoutable à la démocratie : comment les réguler pour empêcher les pressions sur les États, la manipulation d'élections, la fraude internationale, l'invasion de *fake news* et l'instauration d'une société de surveillance généralisée ? Une fois de plus, l'humanité est confrontée au défi d'avoir engendré une innovation technologique remarquable par ses potentialités et ses impacts positifs, mais qui peut devenir une redoutable machine d'asservissement. Il est urgent que le G20, le G7 et toutes les instances de gouvernance mondiale statuent sur ce sujet, avec la difficulté qu'aucune d'entre elles ne dispose aujourd'hui des leviers de régulation sur ce sujet transversal.

La transformation de l'État

J'ai déjà évoqué l'endogamie des élites quant à l'origine sociale et la formation intellectuelle car elle comporte un risque majeur de cécité à l'endroit de certaines problématiques. Lorsque j'ai quitté le cabinet de Martine Aubry, je suis tombée par hasard sur mon dossier administratif. Le jour de ma nomination, mon dossier avait été barré d'une alerte : « Connaît le terrain, se méfier. » Tout était dit… L'ENA devrait disparaître sous sa forme actuelle et renaître comme une école d'excellence visant l'intérêt général et où les recrutements seraient fondés sur le mérite et sur une diversité sociale et de genre assumée, et où se croiseraient des profils divers, des agents publics de l'État et des collectivités territoriales, des entrepreneurs, des élus locaux, des responsables associatifs et syndicaux et des fonctionnaires d'autres pays européens. Certains entreraient dans la fonction publique pour y faire carrière, d'autres pour contribuer quelques années à l'intérêt général, participant ainsi au brassage et à la vue à 360° qui manquent si cruellement dans les filtres d'analyse et d'action actuels. Les risques « d'angles morts » des politiques publiques, c'est-à-dire d'échecs dus à un manque d'anticipation des impacts négatifs ou des freins possibles, se trouveraient largement diminués par cette diversité de regards et d'expériences.

Évidemment, toute la logique actuelle d'appartenance corporatiste et d'allégeance à un « grand corps » (Conseil d'État, Cour des comptes, ingénieurs X et Ponts...) en contrepartie d'une carrière assurée à vie, serait à transformer. Agissons sans attendre que des grands corps, malades par manque d'ouverture, ne perdent toute légitimité ou attractivité. Les carrières n'en seront que plus passionnantes pour les élites publiques dont notre pays a besoin. Tout un vivier « d'ingénieurs (et ingénieuses) sociaux » et d'acteurs du changement beaucoup plus large et travaillant en équipe pourrait ainsi être constitué au service de l'intérêt général et de la construction de solutions avec et pour les élus et les citoyens.

Une gouvernance de qualité est la garantie du respect de l'intérêt général. Moderniser l'État, c'est aussi clarifier son rôle dans la gouvernance des entreprises. Mon expérience de membre de conseils d'administration dans le secteur privé comme dans des entreprises publiques, en tant qu'administratrice indépendante ou comme représentante de l'État, m'a convaincue d'une chose : l'État ne peut pas être à la fois actionnaire, stratège industriel, gestionnaire, régulateur, et contrôleur. Ces cinq rôles sont tous utiles mais antinomiques et les combiner conduit à les jouer tous assez mal, avec une perte d'efficacité et d'impact, voire des contradictions insolubles. Dans la pratique, c'est souvent le rôle de l'actionnaire voulant valoriser à court terme les actifs de l'État qui l'emporte, au détriment de la stratégie industrielle de long terme. Lorsque l'État est actionnaire, il doit s'imposer des règles de gestion avisée privilégiant la pérennité de l'entreprise et s'interdire le cumul de certains rôles.

Moderniser l'État, c'est aussi reprendre le fil de la réforme qu'avait initiée Michel Rocard lorsqu'il était chef du gouvernement en instaurant des relations quasi contractuelles entre les directions centrales et les administrations territoriales d'État. La méthode induit le résultat. J'ai vécu à 30 ans cette expérience passionnante et motivante, trop rapidement interrompue par la décision de François Mitterrand de congédier ce Premier ministre novateur.

Changer la donne dans l'État, c'est changer les critères et les échéances de décision : tout d'abord, déconcentrer un nombre important de décisions, éviter les boucles sans fin de saisines croisées entre administrations où personne n'endosse de responsabilité. C'est passer ensuite du contrôle a priori à la confiance a priori *et* au contrôle a posteriori, tant vis-à-vis des citoyens que des entreprises et des organisations, comme nous avons commencé à le faire dans la loi dite « Confiance », et dans les mesures d'urgence telles que le chômage partiel. C'est aller au-delà de la sacro-sainte annualité budgétaire qui n'a pas de sens véritable dans un grand plan de relance. J'avais une grande admiration pour André Ramoff, dont j'étais l'adjointe quand il était délégué national à la formation professionnelle. Un jour où il s'énervait de la petitesse de raisonnements budgétaires de Bercy face à nous dans une vaste réunion interministérielle sur un programme important, il se leva, marcha jusqu'à la porte de sa démarche dégingandée à la Tati et eut, juste avant de la claquer, cette parole tonitruante : « Cette République est gouvernée par des comptables ! »

L'égalité des chances

Une des autres dimensions qui me paraît miner de l'intérieur l'adhésion aux valeurs de notre pays, ce sont les inégalités de destin qui se figent et perdurent. Elles sont contraires à l'esprit démocratique même. Celui-ci n'est pas fondé sur une illusoire égalité de naissance mais contient la promesse d'une égalité des droits et des chances. Une société qui reproduit massivement les destins sociaux de génération en génération peut sembler démocratique en droit, mais elle n'est pas perçue comme telle. Quand l'écart entre la promesse démocratique d'égalité des chances et la réalité devient trop grand, les peuples se détournent des valeurs démocratiques, ne voyant en elles au mieux que des incantations sans effet, au pire un discours permettant de masquer et perpétuer les injustices. Pendant trois ans, nous avons commencé à faire reculer dans les faits cette assignation à résidence sociale, cette perception d'une fatalité de destin. Cette action de longue haleine doit se mener sur une ou deux décennies pour atteindre pleinement son but. La crise soudaine risque de compromettre cet espoir qui renaissait chez les jeunes dans les quartiers populaires notamment. Pour eux comme pour la démocratie en général il va donc falloir, en sortie de crise sanitaire, redonner un souffle, un élan aux chances d'émancipation de chacune et chacun sous toutes ses formes.

« Quand souffle le vent du changement, certains construisent des murs, d'autres des moulins », dit un proverbe chinois. Face à un monde où les peurs, les inégalités et les conflits se multiplient, face aux rejets qui nous referment sur nous-mêmes et rétrécissent notre horizon, ouvrir les possibles signifie refuser la fatalité, revendiquer le droit pour chacun de vivre librement, appeler à une révolution pacifique de notre société, avoir l'audace de choisir ensemble notre destin. C'est pour participer à ce combat, pour avoir un impact sur ces enjeux, qu'avec tant d'autres je suis entrée en politique.

« Qu'est-ce que le bonheur sinon l'accord vrai entre un homme et l'existence qu'il mène ? », disait Albert Camus. C'est pour cela aussi que je soutiens des artistes, des femmes et des jeunes en priorité, ou engagés auprès d'eux dans des projets sociétaux, à travers le fonds Sakura que j'ai créé il y a neuf ans. Henri Cartier-Bresson disait : « Photographier, c'est une attitude, une façon de vivre, une manière de vivre. Photographier, c'est mettre sur la même ligne de mire la tête, l'œil et le cœur. » L'image instantanée renvoie paradoxalement à l'éternité. Un haïku en trois lignes condense une expérience de vie. Plus que jamais, au moment où il nous faut réinventer le monde pour sortir de la crise qui nous enlise moralement et matériellement, nous avons besoin de l'imaginaire, de l'interpellation et de l'audace des artistes. Ils nous font repousser les limites de nos sensibilités, de nos émotions et de notre compréhension des différents univers. Ils nous aident à oser inventer le futur.

« Oser c'est perdre pied momentanément. Ne pas oser, c'est se perdre soi-même », écrivait Kierkegaard.

La démocratie est l'affaire de tous et de chacun. Gouverner *avec* et pas seulement *pour*, sera la marque des démocraties futures. Notre Constitution proclame que la France est une République sociale. Pour que cette promesse reste crédible, pour que tous nos concitoyens retrouvent confiance en la France et en ce qui nous unit en dépit de la crise actuelle, nous devons faire un pari encore plus grand sur l'humain et ses potentialités de dépassement, à commencer par les jeunes.

Lorsque j'étais ministre, nous avons avec succès transformé l'apprentissage pour qu'il devienne une voie de réussite pour un plus grand nombre de jeunes, nous avons investi dans la formation à l'emploi de centaines de milliers de jeunes supplémentaires grâce au PIC, nous avons renforcé les dispositifs d'insertion et la mobilisation des entreprises auprès des jeunes en difficulté et nous avons amplifié ces dispositifs en réponse à la crise de la Covid-19 pour qu'elle n'obère pas l'élan et l'avenir des jeunes. La situation que vivent aujourd'hui les jeunes est néanmoins inédite depuis des générations.

Une mobilisation citoyenne pour et avec les jeunes

Lorsque nous étions jeunes, le combat contre les inégalités et pour les libertés était notre priorité. Je me rappelle la liesse lorsque les radios libres ont été créées. J'ai eu la chance d'arriver à l'âge adulte dans la décennie 1970-1980 où nous, les filles, avons obtenu le droit de disposer de notre corps et de notre fécondité avec les lois sur la contraception et l'avortement, sans connaître le VIH, cette terreur de mourir pour avoir fait l'amour. Nous n'avions pas d'ordinateurs ni de consoles de jeux, nos voitures d'occasion étaient un peu pourries, voyager était une aventure, les relations parents-enfants étaient assez distantes, nous pensions que l'école était méritocratique, nous n'avions pas la peur du chômage qui commençait juste à poindre et, pour ceux qui voulaient s'engager, les mouvements de jeunesse syndicaux, politiques et religieux représentaient encore quelque chose.

Ce que vivent les jeunes d'aujourd'hui, dans toute leur diversité, a radicalement changé. Comparer les colères, les espoirs, les joies, les doutes et les souffrances entre générations n'a pas de sens. Ce qui importe, ce qui est urgent, c'est d'écouter les jeunes, de leur permettre de prendre la parole et de nous influencer. Si la vague de décisions pour une prise en compte de l'écologie à tous les niveaux enfle si fortement, c'est bien grâce à la jeunesse. Qu'avons-nous à apprendre, que nous disent les jeunes qui vivent depuis un an une expérience inédite de vie rétrécie, empêchée et bloquée en raison d'une épidémie qui touche en premier lieu les générations plus âgées ? Quand les entendrons-nous autrement que pour les plaindre ou les culpabiliser ? Quand inventerons-nous les solutions avec eux ?

> « Vos enfants ne sont pas vos enfants.
> Ils sont les fils et les filles de l'appel de la Vie à elle-même.
> Ils viennent à travers vous mais non de vous ;
> Et bien qu'ils soient avec vous, ils ne vous appartiennent pas.
> Vous êtes les arcs par qui vos enfants, comme des flèches vivantes, sont projetés. »
>
> Khalil Gibran

En France, comme dans de nombreux pays dans le monde, les conséquences de la crise de la Covid-19 pour la jeunesse sont potentiellement dévastatrices : décrochage scolaire et universitaire, freins à l'entrée sur le marché du travail, souffrance psychologique et isolement, impossibilité de créer des liens sociaux, privation à l'accès au sport et à la culture, et pour certains un pauvreté accrue avec des difficultés critiques pour se nourrir, se loger ou se soigner.

Faudra-t-il attendre cinquante ans, après avoir sacrifié la jeune génération actuelle, pour que les jeunes soient écoutés en ayant le pouvoir de participer à la transformation du monde ? En février 2021, à la suite de multiples échanges avec un groupe de citoyens et des personnalités de la société civile, il nous a semblé important d'appeler à une mobilisation citoyenne pour des états généraux de la jeunesse en France, en Europe et dans le monde.

Les adultes d'aujourd'hui et d'hier ont une dette considérable envers les jeunes générations : dette écologique, dette financière, dette sociale. Cette dette doit être honorée par la mobilisation massive et urgente des esprits et des actes de tous les citoyens.

La crise sanitaire, économique et sociale la plus grave depuis près d'un siècle s'installant dans la durée, le risque de déperdition d'énergie et d'espoir de la jeunesse est devenu une menace majeure imminente, impactant le devenir même de notre société et sa marche vers davantage de progrès collectif. Le risque de décrochage de la jeunesse n'est pas moins grave que le risque écologique, il est cumulatif.

Nous devons, toutes et tous, nous mettre au service de l'envol des jeunes. Se dérober serait entériner leur abandon. Dans toute leur diversité, ils sont les garants et les acteurs du monde de demain.

Les conséquences de la pandémie entravent la capacité des jeunes à se projeter dans l'avenir, et amplifient les fractures de la société, au sein de la jeunesse, et entre les générations. Malgré les progrès majeurs de ces dernières années, la plupart des jeunes sont empêchés d'étudier, de travailler, de se cultiver, de se rencontrer, d'aimer, et pour certains, de se nourrir, de se soigner et de se loger. Le risque sanitaire de la pandémie cache un autre risque encore plus considérable : le risque sociétal et l'effondrement même de structures de la citoyenneté et des fondations démocratiques. Il faut donc résolument changer d'ambition et décréter la jeunesse comme grande cause citoyenne en France, en Europe et dans le monde. Même si des actions ont déjà été engagées par des gouvernements et des entreprises sur certains sujets immédiats, le risque d'une génération durablement sacrifiée est intolérable.

Cela implique une mobilisation de toutes et tous. Chacune et chacun, entrepreneur, salarié, retraité, indépendant, agent public, ouvrier, agriculteur, artisan, enseignant, chercheur, employé, cadre, investisseur, chômeur, étudiant, apprenti, artiste, journaliste, militant syndical, bénévole associatif, parent ou grand-parent, visible comme invisible, doit pouvoir répondre à deux simples questions :

- Qu'est-ce que je fais, moi, personnellement et concrètement pour les jeunes ?
- Quelles décisions pour la jeunesse doivent être prises par les pouvoirs publics, les dirigeants d'entreprises et les institutions internationales ?

La promotion de cette cause concerne au même titre les individus, les ONG et les associations, les gouvernements et les collectivités territoriales, les entreprises, les investisseurs, les institutions publiques et privées, les partis politiques et les organisations syndicales.

Il serait absurde, inutile et dangereux de décréter la mobilisation générale pour la jeunesse, sans la participation des jeunes eux-mêmes. Étudiants, lycéens, apprentis, alternants, jeunes professionnels, jeunes en insertion, stagiaires, demandeurs d'emploi, urbains ou ruraux doivent être le moteur et l'âme de cette dynamique. Tous les vecteurs de communication doivent être mobilisés, à commencer par les réseaux sociaux, les médias traditionnels, les associations, ainsi que les circuits informels.

Pour lancer la dynamique, avec d'autres acteurs de changement, nous proposons que soient organisés, à l'initiative de la société civile, partout dans les territoires en France et en Europe, des états généraux de la jeunesse rassemblant toutes les parties prenantes de cette prise de conscience active. Ils auront pour but d'élaborer avec, par et pour les jeunes un projet de plan Marshall de la jeunesse, dans toutes les dimensions de la vie. Notre ambition et notre audace collectives doivent être à la hauteur de ce qui a prévalu pour reconstruire l'Europe après la Seconde Guerre mondiale. L'enjeu est l'avenir de la jeunesse, l'enjeu est notre avenir.

Ce cri du cœur, cet appel à la mobilisation générale, je l'ai lancé après avoir vu et entendu pendant des semaines, comme bien d'autres, tant de signaux de détresse, de colère et d'incompréhension de la part de jeunes. Je pensais réunir une trentaine de signatures. En dix jours, nous étions cent soixante-deux personnalités de la société civile, chefs d'entreprises, artistes, sportifs, responsables associatifs, dirigeants d'organisations internationales, engagés ou prêts à s'engager pour et avec les jeunes dans toute leur diversité. Nous avons publié cette tribune collective le 4 mars, qui a fait la une du *Parisien* et de ses éditions régionales *Aujourd'hui en France*. Depuis, une dynamique d'engagement collective se met en place, amplifiant, valorisant et connectant les nombreuses initiatives existantes. De nombreuses propositions d'actions affluent. Nous préparons des états généraux d'un type nouveau, pleinement numériques, mais s'appuyant sur l'humain à travers des rencontres inspirantes et du mentorat, tournés vers des solutions concrètes dans tous les domaines, et favorisant des espaces de débats et propositions. À côté et en complémentarité des pouvoirs publics, chacun d'entre nous, et toute la société civile, pouvons beaucoup. Un nouveau chapitre s'ouvre…

#avenirdesjeunes est le vecteur de la communication et de diffusion de cet appel citoyen.

Conclusion

> « Vis comme si tu devais mourir demain. Apprends comme si tu devais vivre toujours. La vie est un mystère qu'il faut vivre, et non un problème qu'il faut résoudre. »
>
> Gandhi

Depuis l'âge de 15 ans, l'action est mon antidote au désespoir. Le refus des déterminismes donne un sens à ma vie. La liberté est une flamme contre l'obscurité. Le courage, une solution contre la violence. L'humanisme, la seule voie possible.

Agir avec lucidité pour que l'avenir soit meilleur, pour que chacun y trouve sa place, son sens, sa joie d'être. Femme d'action et observatrice, parfois tiraillée entre la transformation et la contemplation, je suis nourrie depuis près de cinquante ans par toutes ces femmes et ces hommes, ces amis, proches ou lointains, passés ou présents, qui chaque jour se battent ou se sont battus pour améliorer notre vivre-ensemble au quotidien, pour réparer le présent et inventer le futur, pour faire société.

Ici ou là, sur le plan local, régional, national ou international, dans l'entreprise comme dans la fonction publique, dans la vie associative comme dans l'engagement politique, j'ai trouvé des motifs de révolte et des raisons d'espérer.

Le désir d'impacter la société pour améliorer la vie de tous est mon moteur depuis près de cinq décennies. Pour limiter les conséquences sociales et économiques de la crise actuelle, il va falloir abandonner nos certitudes tout en ouvrant en grand les portes de l'innovation et en chamboulant nos modes de pensée et d'action.

Si je n'ai jamais baissé les bras, si je ne « lâche rien », c'est parce que nous ne sommes pas seuls. Nous sommes reliés à tous les êtres vivants, à l'univers, pour la petite part d'histoire que l'humanité partage dans un espace-temps dont la mesure est hors de notre entendement.

Et que ce haïku de Kobayashi Issa vous accompagne, tel un viatique :

> « À l'ombre des fleurs de cerisier
> Il n'est plus
> D'étrangers. »

Remerciements

À toutes celles et tous ceux qui sont engagés au quotidien.

À Élisa, Françoise, Julia, Pierre, Rachel et Xavier pour leurs conseils avisés.

À Muriel Beyer et Séverine Courtaud pour leur confiance.

Table

Composition et mise en pages
Nord Compo à Villeneuve-d'Ascq

CET OUVRAGE
A ÉTÉ ACHEVÉ D'IMPRIMER
SUR ROTO-PAGE
PAR L'IMPRIMERIE FLOCH
À MAYENNE EN AVRIL 2021

N° d'impression : 98241
Imprimé en France